les grands initiés
de notre temps

Du même auteur

L'Initiation, voyage chez les derniers lamas tibétains, 1975
Stock 2, collection Vivre

La Poésie concrète, in *La Créativité en noir et blanc*, 1973
(en collaboration avec Max Chaleil), N.E.P.

ANDRE CHALEIL

les grands initiés de notre temps

PIERRE BELFOND
3 bis, Passage de la Petite-Boucherie
Paris 6e

Nous tenons à remercier tout particulièrement MM. Alain Juillan, et Lucien Biton, pour leur aide précieuse, et Mlle Catherine Bellest, pour son aimable collaboration.

Si vous souhaitez recevoir notre catalogue
et être tenu régulièrement au courant de nos publications
envoyez vos nom et adresse en citant ce livre
Editions Pierre Belfond
3 bis, passage de la Petite-Boucherie
75006 Paris

ISBN 2.7144.1152.5

© Belfond 1978

TABLE DES MATIERES

Avertissement	9
Avant-propos	13

I. LES PRECURSEURS
Théosophes et illuministes du XVIIIe siècle	23
Quelques profils	28

II. FABRE D'OLIVET ET LE XIXe SIECLE
Fabre d'Olivet (1768-1825)	37
Un préromantique dans le « torrent napoléonien »	37
L'œuvre de Fabre d'Olivet et la Renaissance traditionnelle	45
La philosphie pythagoricienne : Les Vers dorés de Pythagore	46
Le problème du langage : le Sepher et le Verbe de Dieu	58
La musique, science fondamentale de l'initiation	61
L'épopte	63
Les perpétuateurs de Fabre d'Olivet. Son influence	65
Hoëne Wronski et la « Recherche de l'Absolu »	66
Saint-Yves d'Alveydre et l'Agarttha, ou la Synarchie universelle	68
Eliphas Levi, ou les chemins de l'occultisme	77
L'occultisme et les rose + croix : occultisme et martinisme	84
Edouard Schuré et les Grands Initiés	90
L'aventure théosophiste, et la personnalité de H.P. Blavatsky	93
Le spiritisme et le « commerce des esprits »	101
Le spiritisme, les médiums et la contre-indication	107

III. LES AUTEURS SELON LA TRADITION
René Guénon
L'œuvre de rigueur   115
L'homme, sa vie   116
L'œuvre, la fonction du spirituel
   dans le monde contemporain   128
Critique de l'occident   130
Redressement occidental et ésotérisme chrétien   136
Le symbolisme et l'initiation   139
Métaphysique orientale et connaissance traditionnelle   141
Apport de René Guénon   143
Julius Evola
L'Homme différencié   145
L'œuvre, l'Eveil et la Puissance   158
L'apport de Julius Evola   182

IV. MAGES ET THAUMATURGES   187
Aleister Crowley (1875-1947)   189
Aleister Crowley, magia sexualis et Golden Dawn   189
Magick   195

Georges I. Gurdjieff
L'« homme qui ne dort pas »   203
L'œuvre : l'éveil de l'« homme vrai »   216
L'« Homme-machine », le travail et son but   217
Les voies traditionnelles et celle de l'« Homme rusé »   220
Gurdjieff et la « parole putanisée »   225
« Sans sel, pas de sucre »,
ou conclusion sur le thaumaturge moderne   227

CONCLUSION

Antonin Arthaud et l'alchimie poétique   233
La Beat Generation et le psychédélisme   237
La « vague » orientale et les sectes   240
Rôle et nature de l'élite spirituelle   241

BIBLIOGRAPHIE   245

Quand il y a une personne, il n'y a point de délivrance ; quand il y a une délivrance, il n'y a plus personne, car c'est de la personne que la délivrance délivre.

Maître Eckhart

AVERTISSEMENT

Toute existence, dans le monde actuel, est liée à la plus grande angoisse, que cache mal un optimisme parodique. Et comment en serait-il différemment en ces temps où achève de se désagréger toute structure sociale, religieuse ou encore morale, à l'heure où une certaine anarchie d'« en-bas » s'installe, triomphante ? On peut toutefois reconnaître que ces structures appartenaient, depuis longtemps, à un univers profané et vide.

Certains, pourtant, veulent voir dans notre époque une ère de renouveau, de gésine fertile, s'aveuglant ainsi sur les conditions de la vie authentique.

On ne manquera pas de relever que nous usons beaucoup, dans le présent ouvrage, du mot de Tradition. N'est-ce pas parce que toute vie authentique procède directement de la vie traditionnelle, où l'Homme, bien qu'apparemment prisonnier de structures contingentes, trouve indubitablement sa place au sein du seul ordre cosmique établi ? Pour comprendre cela, il faudrait pouvoir percevoir clairement une « autre » dimension de la vie, il faudrait se créer des sens neufs, une sensibilité plus subtile, et expérimenter une véritable ouverture spirituelle, toutes choses que nous sommes certes bien loin d'atteindre ! Il faudrait sortir de la fascination et considérer — une fois pour toutes — le monde dit moderne.

Or, qu'en est-il aujourd'hui, sinon que délire absurde, au sein d'un univers déserté par le sacré et la divinité ? Situation limite, ne laissant pas d'être dangereuse, mais qu'il faut bien désormais affronter.

On assiste, convenons-en, à la tentative de liquidation de toute connaissance encore digne de ce nom. Les moyens actuels d'investigation scientifique, les divers courants « philosophiques », idéologiques ou artistiques profanes n'offrent rien d'autre qu'une cacologie désespérée et détergente. Dresser une critique du matérialisme actuel serait un inutile pensum, tant sur le plan de l'analyse que des remèdes espérés : le véritable mal du monde contemporain vient d'un passé lointain et de causes plus subtiles et plus sombres.

Beaucoup se perdent, ou se perdront, dans les mirages de ce monde. D'autres, ce qui ne présente guère plus d'intérêt, cherchent avidement au sein de pseudo-sectes, ou de pseudo-spiritualités, les remèdes à un inquiétant présent, faisant montre par là d'une émotivité infantile, vraiment hors de saison.

S'agit-il pour autant de tenir un discours moralisant, et tenter de se préserver ainsi d'une dissolution multiforme ? La simple morale, projection extérieure d'un état de principe à l'usage du plus grand nombre, ne s'inscrit pas dans notre propos. Il importe plutôt de retrouver à des fins immédiates les principes spirituels éclairant l'opacité des choses, et, pour reprendre une expression de Julius Evola, il ne s'agit pas en effet de se tourner et de se retourner sur un lit d'agonie, mais de s'« éveiller et de se mettre debout ».

Filiations initiatiques, philosophes hermétiques, illuminés, spirituels, initiés pythagoriciens, disciples platoniciens, rose-croix du Moyen Age, Agrippa, Geber, Paracelse, Avicenne n'ont jamais tendu à un autre but que celui de perpétuer le Secret de Lumière. C'est qu'il y a un sens métaphysique de l'existence, une réalité différente de celle fournie par les corps gravitant dans le temps et l'espace, enfin d'autres enseignements que les savoirs universitaires inutiles à la vie réelle.

Il reste que les grands instructeurs du passé ne peuvent aujourd'hui être utiles qu'une fois explicitée, réactualisée la démarche — intemporelle — qui les animait. Dans le siècle présent, spirituellement inerte et contraire à tout redressement, cela ne pouvait être chose facile. Cette tâche fut justement la fonction et le sens de ceux que nous nommons les « Grands Initiés de notre temps ». Que leur enseignement semble voilé, ou surchargé parfois de symboles obscurs et d'apparentes affabulations, que l'approche de celui-ci s'avère délicate, on pourrait tout d'abord le penser. N'est-ce point justement que notre compréhension intérieure directe s'affaiblit dangereusement, que nous allons, en un mot, vers une « sous-humanité » et une conscience inférieure, totalement inapte à l'abstraction ou à la contemplation ? La différence — essentielle — existant entre Fabre d'Olivet, Saint-Yves d'Alveydre, Guénon, Evola, Gurdjieff, voire Crowley, et quelques autres... et certains vulgarisateurs délétères tient dans *cette notion d'effort qu'impose l'approche spirituelle, et qui caractérise leur œuvre. Le rêve apparaît ici superflu et contraire ; ainsi la portée, l'influence directe de ces maîtres ne s'accommode pas de la facilité habituelle.*

L'histoire de l'Humanité, en tant que telle, paraît bien proche de sa fin ; il semble urgent de se désolidariser des faux « mythes » progressistes et évolutionnistes. Au contraire, la réunification intérieure doit être envisagée avant toute autre chose. Dans cette perspective, il importe surtout de laisser un noyau, de susciter l'éveil au sein des consciences capables et faire front enfin aux années qui approchent. Qu'on ne relève pas ici de pessimisme facile ; rien, au regard de l'Esprit, n'est jamais irrémédiable ni désespéré. Bien plus, ce « dernier âge » pourrait nous offrir, par sa mouvance et la destruction formelle, des possibilités insoupçonnées, si l'on peut les saisir. Encore faut-il se hisser à ce niveau.

Puisse le présent ouvrage, consacré à l'élite spirituelle de notre temps, tracer mieux qu'une épure de celle-ci, éveiller une réaction indispensable et salutaire.

AVANT-PROPOS

Le titre de notre ouvrage paraîtra peut-être servile à l'égard d'Edouard Schuré et de sa fresque *Les Grands Initiés*. Cela n'est pas sans intention. Les personnages mythiques romancés de Schuré : Rama, Krishna, Hermès... sont par essence ce qu'en Inde on nomme *avataras*, ou descente périodique de la Providence sous forme héroïco-humaine afin d'aider l'humanité. Or, pour de telles entités, il ne saurait être question d'initiation, cette dernière restant un « retour au principe » de l'être décentré. A plus forte raison, nous ne suivrons pas davantage Schuré lorsqu'il inclut dans cette liste idéale un mélange de « philosophes » tels que Platon, de maîtres spirituels ou de divinités même tels que Bouddha, le Christ...

On le voit, notre ouvrage, antithétique à son titre, ne saurait suivre la pensée directrice de cet auteur, selon laquelle l'« Ame est la clef de l'Univers », par laquelle on reconnaîtra ce spiritualisme cher à certains milieux du XIXe siècle.

Parler de Grands Initiés est pur repère. Il existe, certes, des initiés majeurs, maillons d'une chaîne spirituelle assurant la transmission de la Connaissance : il ne leur est d'ailleurs pas dévolu forcément un rôle d'instructeurs. Néanmoins, ceux que nous nommons ainsi représentent, en Occident, les maîtres spirituels qui, par leur œuvre écrite ou leur enseignement pratique, ont assuré la perpétuation de la Tradition ésotérique jusqu'à nos jours.

Si nous commençons l'étude de ceux-ci à l'époque de la Révolution française, c'est que la chaîne initiatique parut alors sur le point de se rompre, et nous ne pouvons que rendre à ceux que nous nommons les « Précurseurs » un hommage reconnaissant. La majeure partie de cet ouvrage pourra sembler réservée aux seuls ésotéristes ayant transmis leur message par l'écriture, peut-être parce que l'enseignement oral ne peut, au sein de l'époque actuelle, si défavorable à toute discipline ou organisation initiatique, que laisser place à la partie visible, écrite de la Tradition et pouvant servir plus généralement.

Dans chaque parcelle de lumière se reflète une parcelle d'ombre.

Ainsi, au cours des deux derniers siècles, on a vu se lever des forces désagrégatives de toute spiritualité authentique, qui appartiennent justement à ce que l'on nomme la « néo-spiritualité ».

Notre propos, s'appuyant sur les Grands Initiés (1) de notre temps, s'emploiera donc à délimiter les frontières entre « vraie » et « fausse » spiritualité contemporaine, en prenant pour référence les données traditionnelles.

Traiter — même extérieurement — de spiritualité n'est pas chose facile ; et moins encore aujourd'hui, où les forces chaotiques du monde « moderne » ont envahi le domaine des formes et des institutions traditionnelles, naguère relativement préservées. Démêler l'écheveau, retrouver le fil conducteur est donc une tâche ardue.

Nous avions envisagé, au premier abord, d'éclairer pour chaque terme ces rapports entre le passé et le présent ; mais de peur de manquer de clarté nous avons dû y renoncer. Certes, quelques-uns penseront peut-être que la perte des rites et de la fonction traditionnelle n'est pas si importante, et qu'au fond la spiritualité se situe bien au-delà de toute forme.

Opinion dangereuse que celle-ci (même si elle devient « vraie » à un certain niveau), car si la Tradition est de nature intemporelle et ultra-humaine, si elle peut se révéler ou s'occulter selon les moments historiques, il serait assez aveugle de séparer les moyens du but... On peut aisément voir où cette attitude conduit, que ce soit à Byzance, lors de la querelle des icônes, et plus près de nous, avec la laïcisation du Sacré entraînée par la Réforme. Jung, à ce sujet, selon G. Matzneff, déplore « que des Eglises issues de la Réforme, le dogme et le rituel soient devenus si pâles et si chétifs qu'ils ont perdu en grande partie leur efficacité ». Et, surtout, Jung précise que, « en abolissant les remparts protecteurs (ecclésiastiques)... le protestantisme a libéré les forces de l'inconscient, et c'est ainsi que l'Europe devint la mère des dragons qui dévorèrent la plus grande partie du monde (2) ».

Cette assertion prend tout son sens, si l'on songe que la plupart de ces mouvements (spiritualisme, théosophisme, « néo-hindouisme ») naquirent dans les pays anglo-saxons, de tradition ou à tendances protestante. Ce qui démontre bien la nécessité

---

(1) Fabre d'Olivet, René Guénon, Julius Evola, Aleister Crowley, Georges I. Gurdjieff, et d'autres personnages d'importance moindre : Martinez de Pasqually, Claude de Saint-Martin, Wronski, Saint-Yves d'Alveydre, Eliphas Levi...

(2) G. Matzneff : « Le Dieu intérieur », *Planète Plus,* numéro spécial Jung.

ontologique du rituel et de la personne du père spirituel, présents dans le catholicisme.

On sera peut-être étonné, par ailleurs, du parti pris apporté à ne pas inclure dans notre étude les grands maîtres hindous justement fameux en Europe, tels Shri Ramakrishna, Shri Aurobindo (3), Meher Baba, ou encore Ramana Maharshi. Et pourquoi, sinon que ces êtres, réalisés, ne dispensaient pas en fait d'enseignements ésotériques, et les « leçons », tant orales qu'écrites qu'ils nous ont léguées, en font foi. Si de tels maîtres rayonnaient spirituellement (et rayonnent encore), leur enseignement s'apparenterait plutôt à l'*adyatma-yoga*, c'est-à-dire à une *maïeutique* proche de celle de Socrate, et en accord avec un aspect dévotionnel populaire et accessible à tous, et cela n'est pas, une fois encore, la voie ésotérique à proprement parler.

Si, dans le cours de cet ouvrage, nous nous référons souvent à la tradition indienne, nous le ferons la plupart du temps à travers un nombre choisi d'auteurs occidentaux qui, ayant assimilé auparavant les formes de l'ésotérisme européen (et sémite), possèdent une vue synthétique susceptible de nous « éclairer ». Il faut, en ce domaine, s'en tenir à la plus grande prudence, car ce que Spengler nommait la « deuxième religiosité » est née, il y a un siècle environ, avec la pseudo-découverte de l'Orient et de l'Inde en particulier. La distance géographique permettait alors les divagations, et le mystère de la nouveauté lui assurait une véritable « promotion ». Et, si l'on pouvait espérer qu'avec le temps cette appétit exotique se modérât, c'est au cours des dernières années que la « tentation » indienne se révélait dans toute son ampleur... Or, la tradition indienne, préservée pendant très longtemps, s'est tout à fait occultée et ne subsiste plus que dans un état très fermé, en tout cas peu facilement accessible. Que reste-t-il de l'Orient aujourd'hui, sinon les formes religieuses et populaires que découvrent tous les Européens, déçus ou rejetés par un monde contemporain, certes bien peu réjouissant ; attitude dramatique et futile à la fois, conduisant au mélange de mentalités occidentales liées à des formes religieuses différentes d'elles, ce qui est bien le visage du syncrétisme, exactement à l'opposé d'une spiritualité authentique (4).

« Et combien, dit Arnaud Desjardins, parlent de leur gourou à

---

(3) Encore que nous nous permettions d'émettre une réserve sur les théories évolutionnistes et la notion de « supramental » de ce dernier.

(4) N'oublions pas le fait que l'Orient lui-même suit un processus d'involution.

tort parce qu'ils n'ont ni l'étoffe d'un disciple, ni l'héroïsme d'un disciple, ni l'engagement profond du disciple, ni ce qui fait le véritable disciple, c'est-à-dire vouloir seulement la libération et rien d'autre (5) ? » L'Orient de toute façon suit à grands pas la route sur laquelle nous nous trouvons, comme l'écrit J. Evola : « Ce ne sera donc qu'une question de temps pour que ces civilisations nous rejoignent (6)... » « Le mythe de l'Orient, en dehors des cercles de savants et de spécialistes de disciplines métaphysiques, est donc fallacieux », conclut cet auteur (7). Fallacieux et éminemment dangereux, car cet Orient, idéalisé suivant les goûts de chacun, a permis les pires aberrations, de ces sectes et cercles où se donnent libre cours la sentimentalité débridée, le vague des idées et le manque de lucidité, quand ce n'est un déséquilibre psychique profond.

La plupart du temps, ce mythe reste moyen d'évasion ou de parodie de la Connaissance. « Il faudrait dire une chose, ajoute Arnaud Desjardins, c'est que la voie, la véritable voie orientale... consiste à mener un être humain, qui a déjà atteint à la perfection d'être humain, à un état suprahumain ; à aller de l'état normal à l'état supranormal ou supernormal, alors que la plupart des êtres... ne sont pas des êtres humains normaux (8). » Et, bien plus que le simple matérialisme ou l'athéisme tels qu'on pouvait les rencontrer au début de ce siècle, les tenants de cette spiritualité édulcorée et factice collaborent, consciemment ou non, à la dissolution générale. Mais l'Inde elle-même, nous le verrons dans le cours de l'ouvrage, s'est ingéniée, avec le concours de certains individus, proches ou « disciples » du théosophisme, à collaborer à ce mouvement général. Ainsi le *Brahma Samaj*, Eglise fondée par Ram Mohun Roy, ou encore les interprétations déformées du *Vedanta*, et dans lesquelles l'intelligence transcendantale n'a aucune part. « Une autre branche plus déviée encore, dit R. Guénon, et plus généralement connue en Occident, est celle qui fut fondée par Vivekananda, disciple de Ramakrishna, mais infidèle à ses enseignements... Le Vedanta est devenu là... une religion sentimentale et " consolante ", avec une forte dose de moralisme » protestant, et, sous cette forme déchue, il se rapproche étrangement du " théosophisme "... Les allures évangé-

---

(5) Arnaud Desjardins : « Opinion d'un pèlerin », *Planète plus*, numéro spécial Ramakrishna.
(6) J. Evola : *Chevaucher le tigre*, Ed. La Colombe.
(7) J. Evola, *Ibid.*
(8) Arnaud Desjardins, *op. cit.*

liques « de cette pseudo-religion lui assurent un certain succès dans les pays anglo-saxons..., car la tendance tout occidentale au prosélytisme sévit avec intensité dans ces organisations qui n'ont d'oriental que le nom (9)... ».

Ajoutons, pour conclure, au sujet de ces mouvements tendancieux et de leurs adeptes, que la recherche spirituelle qu'ils semblent suivre se fonde — malgré de creuses déclarations de principe — sur le souci de la personne et du moi individuel, ce qui les rapproche justement d'une religiosité très primaire. Il n'est que de voir le succès rencontré par toutes les théories réincarnationnistes, ou les promesses de « réalisations supérieures » (!), pour s'en convaincre. Il n'est alors plus question de voie métaphysique réelle, mais du visage avéré de la seule médiocrité intellectuelle.

Ainsi, cette « immortalité de l'âme », qui semble une promesse inéluctable pour la multitude passive, est aux yeux de l'initié l'affadissement et la vulgarisation d'une certitude qu'il a, lui, conquise de haute lutte. Aux individus profanes, *non préparés* durant l'existence terrestre, ne peut se présenter qu'une survivance provisoire, et tout à fait résiduelle, qui correspond à une existence soumise à la nature et à l'opacité.

Un des aspects parmi les plus caractéristiques de ces pseudo-métaphysiques est justement ce souci du devenir après la mort, de ce futur problématique et intéressé (10), alors que l'initié — considéré universellement — vit l'éternel présent spirituel, et *sait qu'il est — sans L'être lui-même — la possibilité de Dieu de se « réintégrer »*.

Cet avant-propos pourrait, devrait se lire en fait, comme une conclusion, puisqu'il reste tout de même à définir les termes employés ici. Néanmoins, cette mise en garde semble utile, pour demander au lecteur la rigueur et la sincérité qui s'imposent. Certes, il lui serait plus aisé de rêver à bon compte avec les « productions » de la pire littérature néo-spiritualiste ou néo-mystique : enseignements de pseudo-lamas tibétains, révélations de l'Au-Delà, quand il ne s'agit pas tout simplement de travestissements de formes religieuses traditionnelles.

Une constatation s'impose : la fin du XIXe siècle et notre époque sont toutes deux caractéristiques par les essors du

---

(9) René Guénon : *Introduction générale à l'étude des doctrines hindoues*, Ed. Vega.

(10) Et comme l'enseigne un prêtre tarahumara : « Déjà les nôtres n'aiment plus Dieu... » Tout son ancien amour de Dieu, l'homme actuel l'a reporté vers lui-même, s'est amputé vivant de l'Etre.

machinisme, de l'industrialisation et de la technocratie, alors que, dans le même temps, s'instaure la plus grande confusion au sein du monde de la spiritualité.

Un des défenseurs de l'authenticité en ce domaine, J. Evola, décrit ainsi cet amphigouri actuel : « Des doctrines exotiques, en tout genre, sont importées, et, plus elles présentent les caractères de l'étrangeté et du mystère, plus elles exercent une sorte de fascination... En général, il suffit que quelque chose sorte des rangs de l'ordre de la simple normalité et présente les caractères du sensationnel, de l'arcane, du mystique et de l'irrationnel pour qu'une quantité notable de nos contemporains s'intéresse au monstre avec une remarquable facilité. Dernière de toutes, la science ne pouvait manquer d'apparaître parmi ces basses nuées (11)... » Tout se passe comme si, en chacune de ces époques, l'homme cherchait une compensation, par des exutoires faciles, à l'angoisse qui le tenaille, et qui traduit bien le propre de ces temps de dissolution.

Ce que nous confirment d'ailleurs la survie de l'œuvre théosophiste, les rééditions d'occultistes comme Eliphas Levi, quand ce n'est des spirites Kardec et autres Rochas. Pourtant, et ce sera l'objet de cet ouvrage, dans le même moment que se développent à l'envi ces courants frelatés se perpétue un enseignement réel de la Tradition à un nombre réduit d'adeptes aptes à le recevoir. Nous appuierons notre étude sur des personnalités improprement nommées ésotéristes et qui maintiennent la Tradition dans leur œuvre écrite.

Si l'on se réfère à des « auteurs », c'est qu'en ce siècle et pour notre propos il est seulement possible de considérer les maîtres de la Voie écrite. Cela est évidemment fonction du degré initiatique du lecteur. Ainsi, Guénon écrit que, pour l'adepte authentique. « Le contenu du livre n'est plus alors proprement qu'un support de méditation, au sens même qu'on pourrait dire rituel... et il serait assurément incompréhensible que des écrits traditionnels qui sont nécessairement... symboliques, dans l'acception la plus stricte de ce terme, ne puissent jouer aussi un tel rôle (12) »... Eux seuls peuvent être utiles au plus grand nombre de nos contemporains, aujourd'hui où la transmission initiatique (tant en Occident qu'en Orient) se retire dans l'ombre, et, d'orale et individuelle, laisse place aux textes, sans que ceux-ci puissent la

---

(11) Julius Evola : *Masques et Visages du spiritualisme contemporain*, Ed. de l'Homme.

(12) René Guénon : *Initiation et Réalisation spirituelle*, Ed. Traditionnelles.

remplacer vraiment. Plus loin, le même auteur ajoute qu'« il ne saurait absolument en aucun cas s'agir d'une initiation par les livres, mais seulement... d'un usage initiatique de ceux-ci (13) » ; ajoutons qu'ils ne peuvent dispenser d'une initiation réelle.

Quant à la *vulgarisation* — énorme contresens —, que l'on voudrait à toute force introduire au sein du domaine ésotérique, elle ne peut que traduire l'ignorance ou le plus grossier mercantilisme, dont certes on ne peut dire qu'il ait un quelconque rapport avec la spiritualité vraie, ni même avec la simple honnêteté.

Notre propos n'était pas de décrire le contenu (!) de ces enseignements, mais de retracer les courants divers, positifs ou nuisibles, ayant traversé le domaine de la spiritualité depuis l'orée des « Temps modernes » jusqu'à nos jours (14).

Ce sera, depuis l'illuminisme et les précurseurs, dont Fabre d'Olivet, jusqu'aux auteurs traditionnels comme René Guénon et Julius Evola, la succession d'individus et de sectes diverses : personnages étranges ou proprement lucifériens (nous pensons là au courant magiste des Crowley, Mathers et autres), religions syncrétistes inventées de toutes pièces comme le théosophisme, divagations du spiritisme... On n'oubliera pas enfin les implications politiques évidentes à propos de certains mouvements : de l'activisme anglo-saxon des théosophistes, du socialisme spirite à la société Thulé et ses rapports avec le nazisme. Enfin, il importait de souligner la situation du monde actuel, dans ses dernières tentatives de redressement spirituel.

Nous avons, en définitive, tenté d'apporter un peu de lumière dans un domaine en soi infiniment complexe et rendu plus obscur encore par le chaos croissant. C'est peu de dire que beaucoup aspirent à cette clarté dans les ténèbres de l'époque. C'est peu de dire aussi notre espoir d'y avoir contribué par l'étude de ceux qui transmettent par leurs écrits le dernier message encore recevable.

A.C.

---

(13) *Ibid.*
(14) Comme les apports orientaux authentiques, etc.

I
LES PRECURSEURS

Théosophes et illuministes du XVIIIᵉ siècle

Il serait certes difficile, sinon impossible, de comprendre notre époque, et les différents aspects spirituels qu'elle a pu tour à tour assumer, sans chercher à retrouver dans ce siècle bouillonnant et « révolutionnaire » à tous les sens du mot les prévisions de son actuel visage. Et tout d'abord, comme l'explique excellemment Antoine Faivre (1), l'illuminisme du XVIIIᵉ siècle comme la théosophie de cette époque sont les deux principaux visages de l'ésotérisme que l'on nommait alors *acroamatique*. On ne saurait imaginer à quel point cette période historique fut riche en possibilités, en choix et en moments forts. Tout le devenir de l'Occident se trouvait alors engagé, et, bien avant la Révolution française, les esprits européens sentaient quelle époque troublée, aux possibilités multiples, ils allaient devoir traverser.

Après le classicisme du Grand Siècle, après les derniers sursauts de l'Ordre ancestral établi, c'était maintenant que les Temps modernes approchaient, et allaient devoir être enfantés dans la douleur et l'angoisse d'un monde qui se meurt.

On ne saurait oublier que, depuis la Renaissance, l'Occident tout entier était profondément transformé, que la Réforme ensuite correspondait à un détachement de l'homme par rapport au Sacré, et qu'enfin la Révolution venait, qui assurerait en Europe un bouleversement et une transition entre les siècles passés et le futur encore inconnaissable. Entre les trois grands R, Renaissance, Réforme, Révolution, s'articulait plus qu'une simple distribution économique et politique, c'était le destin de chacun qui se jouait, l'enjeu spirituel de l'Homme, qui allait revêtir le visage effrayant de la désagrégation, conformément à la loi des cycles involutifs. Déjà, depuis la Renaissance, l'Eglise catholique avait dû relâcher son emprise, et il n'est pas niable que l'individu s'affirmait déjà peu à peu, même si dans le domaine spirituel cela avait pu donner naissance aux chercheurs de l'Absolu, aux initiés

---

(1) Antoine Faivre : *L'Esotérisme au XVIIIᵉ siècle,* Ed. Seghers, La Table d'Emeraude.

véritables, aux grands mages, aux illustres cabalistes chrétiens, aux spirituels authentiques, tels que furent Arnaud de Villeneuve, Raymond Lulle, Pic de la Mirandole et Cornélius Agrippa.

Et ce foisonnement, comment s'annonçait-il, sinon par la recherche, dès la fin du XVIIe siècle, de ce que l'on a nommé l'Eglise intérieure ? Car, enfin, que signifient les vocables illuminisme et théosophie (à ne pas confondre bien entendu avec le théosophisme d'H. Blavatsky et autres) ? L'illuminé, étymologiquement, c'est celui « qui a reçu la lumière », spirituelle, s'entend, alors que le concept de théosophie recouvre le concept de la science secrète, intérieure, de Dieu. Selon la définition d'Hervé Masson (2), le « théosophe connaît Dieu de l'intérieur et possède la Gnose immédiate par quoi la divinité et l'univers n'ont plus de secret pour lui ». Il est bien évident que ces deux concepts se recoupent et connaissent des affinités et des pratiques vécues tout à fait étroites ; tout au plus pourrait-on reconnaître plus d'éléments mystiques chez l'illuministe, plus de rapports aussi avec la pensée poétique, l'intuition et l'imaginaire exalté que chez le théosophe qui cherche, ésotériquement, la Vérité absolue sous les diverses apparences ésotériques. Fabre d'Olivet, Dutoit-Membrini, par exemple, déclarent en plusieurs endroits que la théosophie commence où finit la philosophie rationnelle.

Cet ésotérisme, qu'il prenne naissance chez les illuministes ou les théosophes, est généralement chrétien, même s'il n'est pas lié à une Eglise en particulier. Si nous précisons ce dernier point, c'est qu'évidemment, après la Réforme, qui correspondait à une soif spirituelle réelle, il se crée un sentiment de déception, d'autant plus vif que l'Eglise catholique, de son côté, a toujours tendance à condamner toute forme parallèle de religiosité, surtout si elle est extériorisée, et sans condamner la connaissance ésotérique en soi, elle s'affirme constamment contre tout ce qui tend à se constituer en tant que groupe ou communauté.

Enfin, et ce sera le dernier point, le sentiment de la désagrégation prochaine de la société monarchique, et l'avènement d'un monde, nouveau autant qu'incertain, règne dans tous les esprits, bien avant que n'éclate 1789.

Dans ce climat général, trop rapidement esquissé, les sectes et les sociétés initiatiques et secrètes foisonnent ; on tente bien avant les philosophes rationalistes d'expliquer la nature, la symbolique et la pensée analogique ; on se passionne pour le Merveilleux et l'Imaginaire, on se tourne avec une curiosité intellectuelle accrue

---

(2) H. Masson : *Dictionnaire initiatique,* Ed. Belfond, coll. Sciences secrètes.

vers les autres civilisations, ainsi de la Salette ou Bougainville, ou les érudits comme Anquetil du Perron, Court de Gèbelin, Cyrano de Bergerac, Tiphaigne de la Roche.

Comment pourrait-on nommer tous ces esprits d'une époque vue trop souvent unilatéralement ? Bien mieux, comme le remarque Guy Marcy (3), les relations entre le Microcosme et le Macrocosme telles qu'on pouvait les concevoir dans la société traditionnelle médiévale ne peuvent plus être tout à fait les mêmes : le microscope et la lunette sont passés par là, et ce n'est pas pour rien que se situent à cette époque le déclin astrologique et les dernières recherches alchimiques authentiquement traditionnelles. Et si la Connaissance ésotérique veut survivre en tant que forme, elle doit s'adapter et prendre un visage plus ou moins rationaliste, car : « Les visions du monde, quand une époque désemparée les réactualise, ne doivent-elles pas, pour remplir leur fonction, se colorer toujours de modernité (4) ? »

Autour de ce rapport s'échafaude une théorie de la Connaissance, fondée sur l'analogie et les analogies. Tout dans le Cosmos est correspondance de l'Univers à l'esprit humain, et de l'esprit humain à l'Univers : c'était déjà la vision de Paracelse ou Fludd, ce sera celle d'un Swedenborg, par exemple. On ne peut toutefois déclarer que cela soit tout à fait nouveau : ainsi, dans les siècles passés, les œuvres de Tritheim, de N. de Cusa, d'Eckart sont de nature théosophique ; la philosophie thomiste, elle, ne l'est pas du tout. Et l'idée de cette analogie entre l'homme et le monde, pour qu'elle gardât son efficacité, devait s'inscrire dans un cadre nouveau : ce fut le vitalisme (5), mouvement d'idées plus profond qu'on ne croit, et qui dirige toute l'ambition et l'ampleur des systèmes lyrico-philosophiques de l'illuminisme précurseur du romantisme. Certes, la césure dualiste du sujet et de l'objet, annoncée par Descartes, est réelle, et reste annonciatrice de ces temps troublés, où l'homme, de plus en plus coupé de Dieu, se tourne vers l'agitation existentielle et solitaire. Or, ces théosophes, ces illuministes, de quels horizons viennent-ils et sont-ils seulement reliés à ce qu'on peut nommer la Tradition ?

Le XVIIIe siècle est comparable à l'époque de la Renaissance, ou plutôt en est une résurgence : l'Eglise connaît son déclin définitif à

---

(3) Cf. Guy Marcy : *Tiphaigne de la Roche, magicien de la Raison,* Ed. Le Méridien.

(4) *Ibid.*

(5) A ce sujet, consulter A. Viatte : *Les Sources occultes du romantisme,* Ed. Champion, Paris 1928.

la suite de la monarchie. Siècle d'humanisme certes, où ressurgissent les études classiques, les curiosités intellectuelles accrues, le Merveilleux aussi et surtout, peut-être : « L'humanisme des XVIIe et XVIIIe siècles reste très inférieur à celui du XVIe », dit L. Benoîst (6), bien qu'au cours de ce siècle classique, puis révolutionnaire, la longue chaîne des spirituels, initiés ou illuministes ait relié le passé traditionnel.

Le siècle de la Raison, il faudra bien un jour se décider à l'admettre, c'est aussi et avant tout celui du Merveilleux, et, comme l'écrit R. Amadou : « En face des progrès de la Raison " philosophique ", souvent déraisonnable, le mystère revendique ses droits (7) » ; et Voltaire lui-même écrit : « Sous la raison, les grâces étouffées livrent nos cœurs à l'insipidité. » Il reste qu'une structure sociale, politique, religieuse ne peut s'effondrer sans entraîner dans tous les domaines un prodigieux tourbillon, particulièrement dans le domaine intellectuel, pour ne rien dire du domaine spirituel. Or, on ne retrouve pas aussi aisément la Tradition qui, au fond, est indissociable d'une société régie par ses principes. Le XVIIIe siècle, dans ce domaine au moins, est un siècle d'anarchie et de mélange, où le pire côtoie bien souvent le meilleur ; la tâche de nos spiritualistes ne sera pas si facile, et R. Amadou résume bien la situation en écrivant que : « Puisque les doctrines mystagogiques des théosophes intègres, la superstition et le charlatanisme se joignirent pour faire échec au culte croissant d'une raison réputée tyrannique, il faut distinguer dans l'arsenal des philosophes antiphilosophiques des mouvements et des attitudes qui, relevant le défi du rationalisme, tantôt restituaient à la raison ses droits essentiels (8). »

Amas d'idées parallèles, contradictoires, généreuses ou folles : il n'empêche que toutes les formes spiritualistes de l'Occident contemporain viennent et sont nées de cette époque, et grâce à tous ceux qui ne voulurent pas céder devant le culte destructeur de la Raison.

Précisons à présent quelques lignes. L'ésotérisme, on le sait, n'est pas le Merveilleux ou l'Imaginaire, même si l'on peut noter toutes ses mitoyennetés avec le monde poétique et esthétique. L'ésotérisme, au XVIIIe siècle, use toutefois de la rationalité, comme pur moyen de progression, au contraire du futur mouvement

---

(6) L. Benoîst : *L'Esotérisme*, P.U.F., coll. Que sais-je ?
(7) R. Amadou : « L'Illuminisme au XVIIIe siècle », numéro spécial de *La Tour Saint-Jacques,* 1960.
(8) R. Amadou, *op. cit.*

romantique, où l'homme, étouffé par un écrasant machinisme, se libère par le rejet, la vision poétique pure, l'exaltation et le lyrisme. Nous n'en sommes pas encore là, bien que déjà on puisse deviner avec les Saint-Martin, Lavater et Swedenborg, les futurs tournants du spiritualisme. Le théosophe, lui, apparaîtrait plutôt comme un mystique doublé d'un rationaliste, poète spéculatif et scientifique. Ce type d'être ne peut se résoudre à voir la nature expliquée par le froid mécanisme mental. Qu'on en juge : au moment où Diderot et d'Alembert finissent d'établir l'*Encyclopédie,* la franc-maçonnerie prend un essor jusqu'alors insoupçonné, Mesmer, avant Puységur, fait accourir les foules à ses séances de magnétisme animal, Dom Pernety fonde la fameuse secte hermétique des *Illuminés d'Avignon ;* viennent aussi dans le même temps, ou à peu près, Joseph Balsamo, dit Cagliostro, et le comte de Saint-Germain, admirables et mystérieux aventuriers, charlatans ou authentiques *Supérieurs Inconnus.*

Le pasteur Lavater, un des premiers à être déçu par la Réforme et son rationalisme, émet l'idée de l'Eglise intérieure, alors que Swedenborg, le Bouddha du Nord selon Balzac, tente de donner un système cohérent à ses étranges visions ; Boehme, décédé depuis longtemps déjà, voit son influence grandir, surtout depuis la traduction de ses œuvres par L. Claude de Saint-Martin, influence durable et fort importante sur les courants théosophiques et illuministes. Dom Calmet décrit fort bien les vampires et autres lycanthropes, Willermoz met à l'œuvre la réforme de la maçonnerie, tandis que Court de Gébelin excite un vif intérêt avec son *Regard sur les mondes anciens.*

En fait, comme l'écrit J.-C. Frère (9), l'histoire de l'ésotérisme se confond avec celle de l'humanité (cet auteur préfère le mot occultisme, mais dans une acception très proche). Et, comme il le note, les grands thèmes rencontrés chez les divers auteurs que nous allons étudier se résument en cinq grandes branches :

1/. La Tradition ; 2/. Les rapports et les correspondances entre le monde matériel et le monde spirituel ; 3/. La théurgie, ou communication avec les forces invisibles (plus tard, le spiritisme parlera d'« esprits ») ; 4/. Le Roi du Monde et les rapports entre le pouvoir spirituel et le pouvoir temporel ; 5/. Enfin les grandes filiations initiatiques que sont la maçonnerie, l'Ordre rose-croix qui apparaissent et disparaissent dans l'histoire du monde, se résorbant dans un halo de mystère. Mystère que les ésotéristes (et surtout les occultistes) se proposent d'élucider.

---

(9) J.-C. Frère : *L'Occultisme,* Ed. Grasset.

Quelques profils

Que veulent-ils ces illuminites, ces théosophes, sinon renouer avec la Tradition, par la philosophie platonicienne et pythagoricienne, mais aussi retrouver le sens et l'essence du Sacré au sein d'une Eglise qu'il importe de reconstruire. L'Eglise catholique, nous l'avons dit, s'écroule et, de toute façon, ne peut correspondre aux aspirations assez disparates, somme toute, de tous ces hommes exaltés. La Réforme, pour avoir correspondu, ce n'est pas niable, un certain temps à un désir spirituel, s'avère être un réel fiasco, au moins dans ce domaine.

A ce moment, chacun désirerait plutôt une seconde Réforme, plus décisive, selon le mot de A. Faivre, que celle de Luther, et surtout pouvant créer une unité de communion entre tous les hommes, au-delà des Eglises particulières. La tendance affirmée est bien celle de cette Eglise intérieure, dont le corps serait nié au profit de l'âme. Ce sera, à des degrés divers, la tendance de Lavater à Saint-Martin, et aussi celle des perpétuateurs de la maçonnerie, spéculative et illuministe. Au fond, la tendance conceptuelle commune à tous ces chercheurs d'Absolu est simple, et s'appuie fortement sur un fond dualisant et néognostique, que l'on retrouvera tant chez Martinez de Pasqually et son *Traité de la réintégration des êtres* qu'avec Saint-Martin et son *Ministère de l'homme-esprit*. L'âme a chuté dans la matière en prenant un corps, en s'établissant dans le domaine des sens. L'être, androgyne à l'origine, pour avoir été infidèle à Sophia la Sagesse, a perdu son état paradisiaque, soit que cette chute ait été provoquée par l'orgueil ou par l'appétence sensuelle. Comme l'écrit Saint-Martin : « Adam a chuté vers le bas, Lucifer vers le haut. » La plus haute préoccupation devient alors la Réintégration : d'une doctrine de salut, on en arrive à retrouver les antiques cosmogonies gnostiques : l'être déchu dans l'existence reviendra par la Connaissance et la Lumière au sein de l'Etre. Mais nous sommes dans un Occident encore très chrétien et, comme l'écrit A. Faivre : « Pour la plupart des théosophes — qu'ils connaissent ou non Sophia —, la Rédemption, la venue du Réparateur, représente le grand secours qui permet à l'humanité de se racheter. Cet événement unique n'a pas une portée seulement humaine mais universelle ; c'est la force de la théosophie de conférer à un fait historique une signification cosmique (10) »...

---

(10) A. Faivre, *op. cit.*

Par là, on voit nettement que ce que l'on nomme au XVIII⁰ siècle théosophie, c'est toute l'attitude gnostique qui consiste à user du mythe et du symbole. Il faut bien avouer notre dette à l'égard de ces courageux précurseurs ; grâce à eux, la recherche de la Connaissance sacrée s'est perpétuée... Mais pouvait-elle d'ailleurs se perdre ? Ainsi Dutoit-Membrini voit dans la croix, comme Jacob Boehme, le symbole de la mort et du retour originel ; Dom Pernety pourra y discerner la *tincture* christique et alchimique (ces deux aspects étant liés) de la salvation. L'idée, assez neuve, qui se détache dans le double courant illuminisme-théosophie, c'est la place de l'homme dans le sein de la Création, gardien et geôlier du Démiurge, et surtout agent actif de la Rédemption finale de tous les êtres. « Il s'agit toujours d'une ascèse donnant leur vrai sens à des pratiques telles que l'alchimie ou la théurgie, dont tout acte demeure inséparable d'un contexte cosmogonique... »

Ainsi vit-on dans ce climat de merveilleux et de rêveries eschatalogiques ; mais que l'on ne croie pas ces préoccupations réservées à d'obscurs chercheurs ; avant et après la Révolution française, dans les salons et même à la cour, la société des mondains se pique de parler du Ternaire, de transmutations ou encore de cosmologie. On a besoin d'une nouvelle conception de l'univers et de l'homme qui ne soit pas celle des mathématiciens, des astronomes ou des théologiens dogmatiques, mais bien celle de la Connaissance. Il reste qu'on ne peut abandonner une forme religieuse établie aussi facilement, et d'une part le nombre d'anciens réformés cherchant à se relier aux formes rituelles, d'autre part le goût de l'époque pour le mystère font que toutes les formes initiatiques des conventicules, loges et sociétés secrètes se multiplient et sortent de la clandestinité. L'école nordique, avec Swedenborg, met l'accent sur la voyance et la prophétie, Pernety et Divonne perpétuent la foi en l'hermétisme, Mme Guyon et ses amis s'attirent les condamnations ecclésiastiques par leur quiétisme proche de l'hérésie, tandis que Willermoz réforme avec les Chevaliers du rite écossais 'a franc-maçonnerie.

En France, en même temps que Cagliostro émerveille Paris par ses prodiges et prestidigitations, Mesmer soulève l'admiration et gagne une très large frange de la société, avant de voir ses théories en porte à faux sur la science sombrer dans le cabinet du « guérisseur ». Durant la même période (nous ne respectons évidemment pas la stricte chronologie, ce qui conduirait à trop allonger ces propos), un mystérieux portugais, Martinez de Pasqually, ou Paschalis selon certains, réunit autour de lui un groupe d'hommes avides de connaissance. Un de ses disciples contemporains nous apprend que cet être « au-dessus de tout soupçon s'efforça de ramener aux principes essentiels de la franc-maçonnerie certaines loges qui s'en étaient écartées (11) »...

De fait, on peut voir en Martinez beaucoup plus qu'un simple réformateur maçonnique, et son rite des *Elus-Cohens* semble être plus de sa propre inspiration que d'obédience régulière. Le martinésisme, ainsi nommé pour être plus facilement distingué du martinisme de Louis Claude de Saint-Martin, et exposé dans son *Traité de la réintégration des êtres,* est bien autre chose. Sans trop entrer dans les détails de cette pneumatologie complexe, disons qu'il s'agit d'une gnose d'inspiration judéo-chrétienne. Dieu n'a pas créé ce monde (il avait auparavant émané de lui-même un monde céleste) qui est l'œuvre du Démiurge, à la suite de la révolte des puissances du Mal. Comme dans le catharisme (et ce n'est peut-être pas sans raison que Pasqually fonda ses loges d'Elus-Cohens à Toulouse et à Montpellier), le Mal a envahi la Création et l'intérieur de l'homme, qu'il continue de lier au plan terrestre par la procréation de la chair. Aussi, les *Elus-Cohens* combattent-ils ces puissances par les cérémonies d'exorcisme, par la chasteté et le retour en soi à l'état androgynique primordial, ce qui, on le sait, est l'attitude commune de toutes les gnoses et systèmes réintégratifs. Martinez de Pasqually semble très admiratif vis-à-vis de Swedenborg et de Boehme, en même temps qu'il paraît s'inspirer d'une Kabbale christianisée, à la façon antique d'Arnaud de Villeneuve et de Raymond Lulle. Les cérémonies de théurgie invocatoire ou purificatrice tiennent compte des divers plans de manifestation dans lesquels la nature humaine se déploie, céleste, terrestre, infernale. La magie y tient donc une large part, proche de l'exorcisme catholique, ou du « Renvoi des esprits » des mages antiques. Enfin, par la spiritualisation de soi et de la matière, les Elus-Cohens projettent d'éteindre la soif de perpétuation et d'existence : notion qui annonce aussi la personnalité d'un Saint-Martin, et qui n'a pas pu ne pas influencer Fabre d'Olivet. Selon certains auteurs, sa famille posséderait des documents de Juifs pourchassés par l'Inquisition, et enfin René Guénon en parle comme (peut-être) d'un « mandaté » par les éminences d'un centre spirituel d'Afrique du Nord. Quoi qu'il en soit, comme l'écrit H. Masson : « Les temples cohens ne tardèrent pas à essaimer dans toute la France, à Lyon notamment, où Willermoz contribua à

---

(11) *Cf.* Introduction au *Traité de la réintégration des êtres,* Ed. Traditionnelles.

parachever la doctrine, puis à transmettre la filiation martinésiste. quand, à la mort du maître, l'ordre entra en sommeil (12). »

A sa mort, survenue aux Antilles, son mandataire, le marquis de Chefdebien, tenta de fondre le rite dans le système des *Philalèthes,* qui finalement furent absorbés par la maçonnerie de rite écossais. La scission qui se produisit dans l'ordre peut être mise à l'actif de cet illuministe de génie, plus mystique qu'initiatique que fut Louis-Claude de Saint-Martin. Avec Saint-Martin se dessine la destinée d'un initié et disciple de Martinez de Pasqually, suivant la voie théurgique telle que nous l'avons définie, et qui s'en détache peu à peu pour une aspiration plus particulièrement mystique.

On a dit de Saint-Martin qu'il était le Swedenborg français, et, de fait, bien avant même qu'il traduise l'œuvre de Jacob Boehme, Saint-Martin laissait déjà pressentir en lui des éléments plus proprement spirituels qu'initiatiques, et, comme le révèle un disciple de la rose-croissante : « Nous ne nous sommes étendus sur les particularités de la vie de Saint-Martin que pour montrer que c'est bien à tort que les historiens mal informés attribuent au théosophe d'Amboise la succession du théurge de Bordeaux... Saint-Martin ne fonda jamais aucun ordre ; il n'eut jamais cette prétention, et le nom de martinistes désigne simplement ceux qui avaient adopté une manière de voir conforme à la sienne, tendant plutôt à s'affranchir du dogmatisme rituélique des loges et à le rejeter comme inutile (13). »

Il est de fait que Saint-Martin a peu à peu évolué vers une forme de mystique purement individuelle mais extrêmement originale et surtout esthétisante. Si, après son départ des Elus-Cohens, il entra, sur les instances de Willermoz, à la Loge des Chevaliers bienfaisants de la Cité sainte, ce fut contre son désir, lui qui déclarait : « Tout le régime maçonnique devient pour moi chaque jour plus incompatible avec ma manière d'être et la simplicité de ma marche. » Que le philosophe inconnu, comme se nommait lui-même Saint-Martin, ait été un personnage fort éminent, cela est sûr, mais son influence dans les sectes initiatiques n'a que peu d'importance ; H. Masson (14), dans son *Dictionnaire initiatique,* dit bien que Saint-Martin croyait à la réalité de la théurgie et qu'il avait connu lors des séances des loges Cohens la présence de la « Chose » ; mais, justement, Saint-Martin s'attachera tout au long

---

(12) H. Masson, *op. cit.*
(13) *Traité de la réintégration des êtres, op. cit.*
(14) H. Masson, *op. cit.*

de sa vie à nier ses expériences, comme s'il les réprouvait formellement au regard de la pure mystique chrétienne. C'est le contrôle de la mystique sur la théurgie, car la première va, selon lui, droit à la région supérieure de l'être, tandis que la seconde règne dans le domaine du Mélange du Bien et du Mal. C'est cette attitude que Papus, un de ses futurs disciples (?), nommait la Voie cardiaque, comparable à l'« OEil du cœur » du soufisme musulman.

Sur le plan des voyages initiatiques, on ne peut oublier la légende, vraie ou fausse, selon laquelle Saint-Martin aurait été affilié à un ordre de *Supérieurs inconnus,* les « Frères d'Orient », créé au XIe siècle par l'empereur Alexis Comnène et ayant des rapports templiers et peut-être ismaéliens. Rien n'est sûr, encore moins la tradition selon laquelle le philosophe inconnu serait le lointain initiateur de Papus et des occultistes Sédir, Peladan et autres *Supérieurs inconnus de la rose-croix catholique* des débuts du XXe siècle.

Enfin, on ne saurait passer sous silence la situation allemande de l'époque où Saint-Martin connaissait un succès plus positif qu'en France, parce que, déjà, apparaissait, dans ce pays à la recherche de son unité calquée sur le Saint-Empire, l'idée du romantisme.

Et le romantisme, compris dans le sens noble du terme, est déjà annoncé par la réhabilitation du Moyen Age et l'abandon de la Réforme. Les rapports sont paradoxaux : « D'autres protestants, dit L. Benoîst, Hamann le mage du Nord, Starck, Jacobi, s'opposaient aussi au rationalisme, suivis par des catholiques ou des sympathisants comme F. von Baader, Z. Weren, F. von Schlegel et ses amis Novalis, Tieck et Schelling (15). » Cette grande tradition germanique, c'est celle de Boehme, de Maître Eckart, où le concept de totalité est seul important, et à présent en l'homme sous la forme de Sophia la Sagesse, apparentée à l'expérience illuminatrice, qui justement est chère à Saint-Martin, mais aussi au baron Kirchberger et à Gichtel.

Gichtel, dans sa *Theosophia practica,* décrit ainsi l'union sophianique : « Quand l'homme est transpercé par l'épée du Chérub et qu'il a ainsi surmonté Dieu et l'homme, la céleste Sophia le rencontre dans la neuvième forme ; elle rafraîchit son âme par une douceur inexprimable ; elle l'habille à nouveau de sa céleste présence ; alors l'âme devient un ange de Dieu qui habite le

---

(15) L. Benoîst, *op. cit.*

Ciel et peut s'entretenir avec Dieu (16). » Pierre Mariel remarque justement que le courant théosophique et illuministe, s'il n'a point reçu bien entendu de sources orientales, s'apparente pourtant au tantrisme par la confirmation de l'expérience intérieure. Expérience qui explicite parfaitement chez les spirituels du XVIIIe siècle la recherche de Sophia, de l'Eglise intérieure et de la Connaissance — comme chez Boehme — de l'exaltation progressive de l'être par le mariage avec la « Vierge divine » : « Cette lumière kundalinique est comparable à Sophia qui " naît " au moyen de l'œil magique du feu, œil que le Diable avait détruit dans l'Adam pêcheur. Cet œil renaît grâce à Sophia, celle qui illumine sans brûler (17). »

Creuzer, Brentano, Goerres vont remettre à l'honneur le symbolisme analogique, Novalis le retour au catholicisme idéal du Moyen Age, avec l'Europe ou la Chrétienté, imité en cela par le maçon français J. de Maistre : Hölderlin bientôt renouera avec les splendeurs évoquées de la Grèce d'Hypérion, et le néopythagorisme sera le noyau de toutes les sectes en Bavière et dans la Prusse septentrionale. Courant puissant, pays de première importance pour tout le devenir européen, l'Allemagne sera le creuset de toute la pensée ésotérique, assurant en quelque sorte le « relais » de la France prérévolutionnaire, et le berceau du romantisme, qui substituera au rationalisme étroit des philosophes le sens du mystère et du Sacré, donnant cet incomparable essor préludant au renouveau spirituel du destin occidental.

---

(16) Gichtel, cité par P. Mariel : *La Tour Saint-Jacques*, « L'Illuminisme au XVIIIe siècle », 1, 960.
(17) J. Evola, cité par P. Mariel : *La Tour Saint-Jacques, op. cit.*

II
FABRE d'OLIVET
ET LE XIXᵉ SIECLE

Fabre d'Olivet (1768-1825)

> *J'ai éprouvé bien des tracasseries, j'ai rencontré bien des obstacles, j'ai marché toujours droit mon chemin... Toutes les fois que je croirai, vois-tu, la vérité et la vertu pour moi, je laisserai les hommes prendre à mon égard le parti qu'ils voudront.*
> Fabre d'Olivet

Un préromantique dans le « torrent napoléonien »

Il ne faudrait pas trop rapidement conclure, à la lumière des pages précédentes, à un rapport d'irréductible opposition entre les théosophes et illuministes du XVIIIe siècle et l'essor philosophique profane et naturaliste de la même époque, de la même façon que les premiers nommés ne sont pas tous, comme le mystérieux Cazotte, des monarchistes. Le problème est plus complexe. Des hommes comme Saint-Martin ou Fabre d'Olivet saluent la Révolution française, tels alchimistes de la même époque restent passionnés par la zoologie de Buffon ou la physique de Condorcet, enfin on voit beaucoup de nobles épouser et appuyer la cause de la Déclaration des droits de l'homme. Dans une flambée d'enthousiasme et de mélange, il est difficile de garder une position froide et mesurée, et, ainsi que nous l'avons dit, ce sera de toute façon le contraire absolu de tous les esprits de ce siècle.

C'est que l'éclectisme caractérise tout l'ésotérisme de ce siècle et, comme le note A. Faivre (1), les académies se multiplient dans tous les domaines, Jean-Jacques Rousseau et d'Alembert au même titre que Saint-Martin, von Baader ou Eckarthausen.

Nous avons dit que la redécouverte de l'Orient apparaît au XVIIe siècle avec les missionnaires chrétiens et les explorateurs, les ésotéristes comme Athanase Kircher et Leibniz qui font connaître les hiéroglyphes et le *Yi-king*, ou Livre des Mutations. Les sources

---

(1) A. Faivre, *L'Esotérisme au XVIIIe siècle, op. cit.*

occultes de l'Orient réapparaissent vraiment en ce siècle avec la traduction du *Zend-Avesta* d'Anquetil-Duperron (en 1771). La naissance de l'orientalisme, le voyage et les études d'Anquetil-Duperron en Iran et en Bactriane, la découverte de la philosophie bouddhiste ébranlent les esprits européens ; on s'intéresse aux langues en vue de retrouver une seule langue, une unité par-delà le temps et l'espace dans le Sacré : thème qui fut toujours celui des chercheurs ésotéristes et des occultistes dans l'acception de ce terme au XIXᵉ siècle.

Ainsi le pasteur nîmois Court de Gébelin marque un tournant dans la recherche linguistique et occulte en vue de retrouver à travers toutes les langues anciennes et modernes une unité culturelle et sacrée qui serait celle de la Tradition une et primordiale qui, au temps de l'Age d'or, aurait relié tous les hommes. C'est la même démarche qui va animer tout d'abord Fabre d'Olivet qui est tant redevable à Court de Gébelin, mais aussi ensuite Saint-Yves d'Alveydre et par bien des côtés Schuré et Sédir. Court de Gébelin dans son *Histoire du monde primitif analysé et comparé avec le monde moderne considéré dans son génie allégorique* (daté de 1773) veut, selon la pensée de J.-C. Frère, « attester d'un plan divin qui aurait été de donner à l'homme le secret de tous les mystères de l'Univers à travers les mots et les pensées, les lettres et les chiffres (2) ». C'est l'idée de la langue mère que reprendra Fabre d'Olivet.

Pasteur et franc-maçon, il s'intéresse d'abord à l'hébreu et au latin, puis avec le sanskrit il élargira le terrain d'investigation, avant que n'apparaissent les premières « découvertes » officielles égyptiennes, coïncidant avec la campagne d'Egypte et les travaux de Champollion. Toute imagination est permise, et les rapports occultes qu'il croit découvrir sont souvent de son cru ; il n'importe, comme d'Olivet ensuite, il lance des pistes sur lesquelles pourront s'élancer d'autres chercheurs. L'origine de la parole est divine, et un plan concerté aurait été donné à l'homme de percer tous les secrets du monde par l'étude et la connaissance des lettres, des mots, des nombres, cette « sympathie » universelle proche de nous et combien occultée toutefois.

« Le plus simple énoncé de cette sublime philosophie fut pour nous, écrit-il, un flambeau divin. Ce système seul peut sauver les nations ; lui seul peut faire de l'Europe une assemblée de frères et, de l'Univers, un tout lié par les mêmes droits (3)... » Ce discours,

---

(2) J.-C. Frère : *L'Occultisme,* Ed. Grasset.
(3) Court de Gébelin, *Le Monde primitif...*, *1793*.

où l'on sent le maçon, sera à l'origine des rites de Memphis et Misraîm, où on se souviendra avoir rencontré l'insaisissable Cagliostro. Avec Willermoz, Saint-Martin et Pasqually, nous avons trop brièvement esquissé cette ligne de force de généreux défenseurs de l'esprit, qui, pour être confus ou exaltés, ou incertains et sombres, n'en assurèrent pas moins l'indispensable lutte contre le matérialisme naissant au sein du monde moderne encore en gestation.

Antoine Fabre d'Olivet, né le 8 décembre 1768 à Ganges dans l'Hérault, mort à Paris le 27 mars 1825, vient à la jonction de deux périodes. Entre la Révolution et l'Empire, il assure une véritable charnière entre le siècle de l'illuminisme et l'annonciateur du romantisme, et de la grande époque occultiste de la fin du XIXe siècle et des débuts du XXe siècle. Ses continuateurs lui devront beaucoup et, de Saint-Yves d'Alveydre à Papus, chacun lui a, peu ou prou, emprunté, et il en est même à l'avoir littéralement pillé. C'est que ce théosophe, unique à plus d'un titre, a été l'un des seuls capables de réunir en une vaste et personnelle synthèse la théosophie du XVIIIe siècle, jointe à l'apport de ses vues, parfois déconcertantes mais toujours amples.

Auteur et personnage unique, car ne se rattachant pas facilement à un quelconque mouvement, il méritait, pensons-nous, d'inaugurer notre choix de portraits de ceux qui peuvent être nommés les Grands Initiés de notre temps (avec toutes les réserves que nous avons faites sur cette appellation).

Sa famille, d'origine huguenote, fut presque décimée au siècle précédent par les persécutions religieuses et, comme Court de Gébelin, Antoine Fabre d'Olivet fut marqué par le protestantisme, dont on peut retrouver l'influence durable tout au long de son approche spirituelle.

Son père, qui le destinait au commerce, l'envoie à Paris pour y diriger le négoce familial de bas de soie. Mais, d'esprit romanesque et fantasque, il met à profit ce séjour pour se livrer au démon de l'étude et de l'érudition, qui l'habitera sa vie durant. Saint-Yves d'Alveydre écrira plus tard que : « Les auteurs gréco-latins, Pelloutier, Court de Gébelin, Bailly, Dupuis, Boulanger, d'Herbelot, Anquetil-Duperron, tous les philosophes connus, les Anglais de l'école de Calcutta, tels furent les maîtres de d'Olivet, sans parler de ses innombrables lectures (4) » qui sont surtout celles des

---

(4) Saint-Yves d'Alveydre : *Pro-Domo,* Ed. Calmann-Lévy.

théosophes et illuministes de son temps, Saint-Martin, Martinez de Pasqually, mais aussi Ballanche. Il suivra des études médicales et musicales très sérieuses aussi.

Il publie ses premiers vers et fréquente les salons. C'est à cette époque qu'il part pour un voyage commercial en Allemagne, interprété par Saint-Yves d'Alveydre comme le moment de son initiation aux arcanes pythagoriciens.

Passons rapidement sur les pièces de circonstance qu'il fait représenter en 1789 (*Le Génie national*) ou en 1790 (*Le Quatorze Juillet 1789*) qui ne restent que des essais, de peu de valeur. Il y a un Fabre patriote (pour peu de temps toutefois), celui qui écrit à son ami Ferrier, aux armées : « Tu as pour toi la bonté de ta cause, l'enthousiasme et la liberté des Français (5) ». Le changement politique, qui découle du changement intérieur, sera profond, puisqu'on sait que Fabre sera ensuite un monarchiste, puis tenant de la théocratie.

En 1796, il fait la rencontre de Delisle de Sales, qui sera son maître en l'art d'écrire. De cette collaboration naît une pièce représentée par les pensionnaires de l'Institut des jeunes aveugles : *Le Sage de l'Indostan*.

La politique du Directoire ayant ruiné sa famille, Fabre collabore à quelques revues, fonde un journal (*L'Invisible*), puis entre à contrecœur comme employé au ministère de la Guerre en 1799, sans pour autant cesser de faire paraître quelques articles très divers d'ailleurs et briller dans les salons férus d'illuminisme. C'est à cet instant que l'existence de Fabre devient obscure et bascule pour ainsi dire dans l'inexplicable à plus d'un titre. D'abord, on doit noter que Bonaparte est devenu Napoléon, et on verra plus tard que cet événement politique a pour Fabre des parallélismes occultes, puisqu'il voit dans le Premier Consul une sorte de double ennemi, ou rival pour le moins.

C'est de cette façon que — selon Léon Cellier (6) — il est compromis en 1801 dans l'affaire de la machine infernale, inscrit sur la liste des deux cents proscrits promis à la mort sur les côtes d'Afrique ; il est sauvé par le comte Lenoir-Laroche, car il est l'ami de sa femme, fervente des illuministes et autres théosophes. Il rentre en grâce deux ans plus tard et obtient même la commande

---

(5) Lettre à Ferrier : *Documents pour servir à une biographie de Fabre d'Olivet*, par Pinasseau. Extrait du *Bulletin de l'histoire du protestantisme*, n° 3, juillet-sept. 1931.

(6) D'autres biographes imputent cette proscription à une erreur.

du livret d'un oratorio en 1804 pour le sacre de l'Empereur, joué en l'église réformée de Saint-Louis du Louvre en 1804.

Durant cette période, il publie ses premières études sur la poésie occitanique du XIIIe siècle (car, ne l'oublions pas, Fabre reste considéré par les occitanistes actuels comme un de leurs précurseurs).

Il se marie en 1805 avec Marie Varin. Vie souvent orageuse, en tout cas difficile. En effet, sa femme s'étant révélé être un médium de premier plan, Fabre en « usera » — jusqu'à leur séparation — comme, dit Sédir (7), d'une « pythonisse et d'une clairvoyante analogue aux anciennes prêtresses des mystères qu'il vénérait ». Plus simplement, Fabre, on le voit, se servira d'une magie invocatoire et de certaines pratiques annonçant le spiritisme.

On peut situer à ce moment le secret de la vie de Fabre d'Olivet, où il subit une forte crise intellectuelle, religieuse et morale. Une jeune fille, que plus tard il dira avoir connue, et qu'il nommera son Egérie-Théophanie, Julie Marcel, va marquer toute sa vie et son destin. Est-ce elle-même qui le guida vers la théosophie ou, lors de sa mort mystérieuse, Fabre s'est-il senti attiré par l'Au-Delà et, partant, par l'occulte et le surnaturel ? Dans un discours qu'il prononce aux disciples de son Sanctuaire pythagoricien, vingt ans plus tard, Fabre dit : « J'ai décrit autant qu'il m'a été possible comment naquit entre nous l'amour extraordinaire qui devait avoir des suites si cruelles et si douces pour moi ; j'ai dit quelle fut la catastrophe qui suivit cette passion, et n'ai point dissimulé les reproches que j'avais à me faire. Julie, dévorée d'un funeste regret, ne pouvant vaincre l'invincible répugnance que m'inspirait le lien du mariage, tel qu'il est tissé parmi nous, mourut presque entre mes bras (8)... »

Jusque-là, rien que de banal, mais cette jeune fille prend une place extrêmement importante une fois morte, puisque, selon le théosophe, elle lui apparut alors guidée par la Providence en songe, puis dans l'état d'éveil ! « Après m'avoir apparu plusieurs fois en songe, après m'avoir rassuré sur son état... je la vis tandis que j'avais les yeux parfaitement ouverts » ; « Je ne veux point répéter ce que j'ai dit ailleurs sur l'effet qu'opéra en moi l'apparition de cette âme aussi généreuse que tendre... il donna un autre cours à ma vie ; il changea mon existence (9)... »

---

(7) Sédir : Introduction à l'*Histoire philosophique du genre humain,* de Fabre d'Olivet, Ed. Traditionnelles.
(8) F. d'Olivet : *La Vraie Maçonnerie ou la Céleste Culture,* Ed. La Proue.
(9) *Ibid.*

Toute cette aventure mystico-occulte, fort obscure, ne sera probablement sans doute jamais éclaircie, et l'on ne sait même pas si cette personne a réellement existé, du moins terrestrement. Toujours est-il que Fabre devient théosophe à ce moment et croit même à la réincarnation : « Quelques efforts que j'ai faits, je n'ai pas encore pu exactement savoir dans quel lieu de la terre est tombée Julie... Je sais seulement qu'elle est en Europe l'orgueil d'une famille distinguée qui la chérit (10)... »

Théurgie invocatoire, évocation avec support médiumnique, Fabre annonça alors par bien des côtés un Eliphas Levi, et même Allan Kardec. Et lorsqu'on sait, de plus, que le médium est la propre femme de l'auteur, on peut, comme le fait L. Cellier, se prendre à sourire, en songeant aux scènes de jalousie domestique sur fond occulte (11). Peut-être faut-il toutefois penser avec René Nelli qu'il « n'est pas possible de ne pas être frappé par la coïncidence curieuse qui veut que de Boecis à la religion de l'Humanité d'Auguste Comte — inspirée par une femme extrêmement idéalisée — en passant par les troubadours et par Fabre d'Olivet... tous les grands ouvrages parus en Occitanie aient eu pour inspiratrice une femme " divinisée " — ou l'Amour divinisé —, comme si le Génie d'Oc n'avait jamais pu concevoir le passage de la vie terrestre à la vie spirituelle sans l'aide préalable d'une passion transcendée (12) ».

Il complète alors son extraordinaire érudition : avec l'interprète du Premier Consul en Egypte, il étudie toutes les langues et dialectes sémitiques, et, dit Sédir, avec un hindou de caste, le sanskrit, puis le chinois. Il s'exerce à la pratique magique, du moins selon cet auteur qui écrit : « Tels de ses amis ne le virent-ils pas souvent faire venir de sa bibliothèque jusqu'à sa table de travail le livre qu'il désirait consulter par sa seule force magnétique (13) ? »

On sait qu'au XVIIIe siècle, étymologie et illuminisme allaient souvent de pair et, comme son maître Court de Gébelin, Fabre ne doute pas de ses facultés étymologico-métaphysiques. On le voit dans les années 1810 travailler à *La Langue hébraïque restituée,* qui sera un des monuments de son œuvre, et dans lequel il pense retrouver les liens qui unissaient les enseignements égyptiens et Moïse : la Bible est née des enseignements que Moïse reçut dans

---

(10) *Ibid.*
(11) Cf. l'Introduction de Léon Cellier de *La Vraie Maçonnerie,* de Fabre d'Olivet, Ed. La Proue, coll. Delphica.
(12) R. Nelli : *Dictionnaire des hérésies méridionales,* Ed. Privat.
(13) Sédir, *op. cit.*

les temples égyptiens. Il semble qu'il ait réalisé une thérapeutique initiatique, réelle, puisque, pour démontrer au ministre de l'Intérieur qu'il a su découvrir les secrets du Grand Patriarche, il rend la parole à un sourd-muet en quatre jours, ainsi qu'il le fera plus tard à Saint-Hippolyte-du-Fort (Gard). Méthode toute secrète et qu'il garde personnelle, probablement liée à ses connaissances sur le son et les correspondances vibratoires ainsi qu'à un magnétisme certain : « Car que j'aie le talent extraordinaire de faire entendre et parler les sourds-muets, c'est ce que l'expérience a irrésistiblement prouvé, mais que cette faculté persiste, hors de moi, n'est point, je l'avoue, une chose aussi certaine (14). » Toutefois, le corps médical le force à cesser ses étranges et trop merveilleuses guérisons, qui empruntaient certainement beaucoup au magnétisme. Car, ne l'oublions pas, le magnétisme a joué un rôle essentiel dans l'existence occultiste de Fabre d'Olivet et, comme le rappelle L. Cellier : « Le magnétisme, qui avait connu une réelle éclipse au temps de la Révolution et de l'Empire, avait repris de plus belle après la Restauration (15). » Le magnétisme, dit A. Viatte (16), permet d'opérer des cures merveilleuses, mais implique une vision du monde spiritualiste, comme celle de ce théosophe.

En 1813, il publie *Les Vers dorés de Pythagore,* et travaille à son grand ouvrage sur *La Musique,* qui ne sera publié qu'après sa mort. On suppose qu'il retrouva ou crut avoir retrouvé le système musical des anciens Grecs, qui est le troisième mode, ou hellénique, qui n'obéit pas aux mêmes lois harmoniques que les nôtres. Mais sa vision musicale est avant tout sous-tendue par la philosophie pythagoricienne et égyptienne.

En 1815, grâce au retour des Bourbons, il peut publier *La Langue hébraïque restituée.* Deux ans plus tard, dans son Midi natal, il travaille à *La Langue d'oc rétablie dans ses principes constitutifs et théoriques et pratiques,* et y guérit des sourds-muets.

Son ménage cependant périclite, soit que Mme Fabre d'Olivet en ait assez de servir de médium à cet être fantasque et étrange, soit que les prêtres catholiques aient fortement influencé sa décision de rompre avec ce théosophe qui peu à peu s'est totalement séparé d'un christianisme qu'il méprise profondément. Le 22 mars 1823 a lieu la séparation de corps et de biens : toute cette période, d'ailleurs, sera consignée dans l'ouvrage *Mes souvenirs.*

---

(14) Pinasseau, *op. cit.*
(15) L. Cellier, *op. cit.*
(16) A. Viatte : *Les Sources occultes du romantisme,* Ed. Champion.

Il publie *De l'état social de l'homme,* commence *la Théodoxie universelle* et répond au *Caïn* de Byron qu'il tente de réfuter. Tout cela, en deux années, montre l'exceptionnelle puissance de travail de cet auteur. Enfin, il peut publier le dernier de ses grands ouvrages sous un nouveau titre *Histoire philosophique du genre humain* (la première partie avait paru sous le titre *De l'état social de l'homme).* Désormais, il ne composera plus que des œuvres et des opéras mineurs, du moins ceux qui seront achevés, car, à sa mort, on retrouvera à l'état de manuscrits de nombreuses et énormes entreprises.

Nous ne savons pas si Fabre des Essarts est dans le vrai lorsqu'il décrit Fabre comme tombé à cette époque dans la misère et : « Obligé, pour vivre, de donner des leçons, hanté constamment par la pensée de soustraire ses manuscrits aux prêtres des divers cultes, ... seul pour porter le poids de ses chagrins (17). » Il rencontra alors dans une de ses élèves de musique une disciple qui l'aidera tout au long de ses dernières années, Mme Faure, la même que rencontra plus tard à Jersey, en exil, Saint-Yves d'Alveydre, et à laquelle on doit nombre d'écrits, de notes et de manuscrits qu'elle avait, comme il se doit, pieusement conservés.

Epoque aussi où Fabre instaure un culte maçonnique nouveau, d'inspiration pythagoricienne, où il crée un Sanctuaire, où se grouperont un assez bon nombre de disciples. Cette religion, ou *théodoxie universelle,* que ce théosophe voulait fonder, et qui avait été la grande préoccupation de sa vie (n'oublions pas qu'il avait proposé à Napoléon, avant la campagne de Russie, d'unifier l'Europe sous un seul chef temporel et un seul chef spirituel qui n'aurait été autre que lui-même), Fabre la nommera *la vraie maçonnerie ou la céleste culture.*

C'est là que Fabre, pas aussi solitaire ni désespéré qu'on l'a dit trop souvent, mourut, à la suite d'un suicide (selon Sédir) ou d'apoplexie plus probablement, le 27 mars 1825, quelques jours après l'équinoxe de printemps, devant l'autel de son temple qu'il avait décoré des bustes de Pythagore, d'Hermès et d'Héraclite.

« Il voulut, dit P. Leroux dans *La Grève de Samarez,* au milieu d'un monde idéalement affranchi, rééditer un temple secret. Il se fit prêtre à la façon antique, mêlant l'égyptianisme au christianisme. Mais il fut frappé d'apoplexie à cinquante ans, sur les marches de son autel, au moment, où, je crois, il célébrait la messe (18). » Nous ne saurons sans doute jamais tous les dessous

---

(17) Fabre des Essarts : *Les Hiérophantes,* Ed. Chacornac.
(18) P. Leroux : *La Grève de Samarez,* cité par Léon Cellier, *op. cit.*

cachés de la vie et de la mort de Fabre d'Olivet, d'autant plus qu'un tragique destin sembla poursuivre sa famille. A sa mort, il laissait trois enfants, un fils et deux filles, dont la dernière, nous dit Sédir, mourut dans un incendie qui dévora en même temps notes, portraits et manuscrits, dont une traduction du *Sepher* de son illustre père.

L'œuvre de Fabre d'Olivet et la Renaissance traditionnelle

Quelle place, peut-on se demander, tient Fabre d'Olivet dans la nouvelle spiritualité en train de s'affirmer ? Il est certes difficile à situer, car son originalité même tient au fait de sa géniale aptitude à connaître de multiples domaines, aussi bien en étymologie qu'en philosophie, ou encore, comme nous l'avons vu, en médecine, musique, poésie, archéologie « parallèle » (dirions-nous aujourd'hui). C'est dire assez l'ampleur et la profondeur d'un tel être qui a su aussi — on en mesurera l'importance — appliquer ses vues théosophiques à la philosophie de l'Histoire.

Jusqu'à nos jours, on avait tendance à négliger cet auteur, pourtant jugé par A. Faivre comme « le plus notable, sans doute, parmi les ésotéristes non chrétiens du XVIIIe siècle français (19). » Car, s'il ne fut pas le seul alors à faire œuvre d'ésotériste, il reste l'unique à être sorti des limites du savoir de son temps, et à avoir non seulement maintenu les connaissances traditionnelles antérieures, mais aussi intégré les dernières découvertes, que ce soit en orientalisme, en philosophie, aussi bien qu'en politique (peut-être à la « lumière » de la Révolution française).

Nous verrons, ultérieurement, quelle a été son influence, et surtout quelle elle aurait pu être, si, injustement, il n'avait été rejeté dans l'ombre par des philosophes de l'histoire, tels Fourier, Schlegel, Hegel, surtout, qui lui doivent infiniment.

On sait que les philologues ne le tiennent pas en grande estime, aussi bien ne faut-il pas juger son œuvre selon un point de vue scientifique, mais métaphysique, et, sous ce rapport (qui reste celui de nos préoccupations), Fabre est un immense maillon de la chaîne initiatique. « L'ampleur de l'entreprise force l'admiration, dit L. Cellier, l'imagination créatrice de l'auteur nous sé-

---

(19) L. Cellier, *op. cit.*

duit (20). » Et, de fait, il reste le premier de ses contemporains à avoir compris certains aspects de la métaphysique orientale et de l'histoire d'une façon dépassant de loin l'académisme de ses contemporains. Surtout, sa très haute idée de l'homme, considéré selon le point de vue théosophique, est d'une très grande profondeur, qui est celle d'un médiateur entre la Providence divine et la nécessité du Destin ; comme non-chrétien, il ne pouvait évidemment pas le considérer pourtant comme un chaînon de la Rédemption (à la façon par exemple d'un Saint-Martin ou de Martinez de Pasqually). Car, ce qui le sépare de la Gnose illuministe de von Baader ou de Saint-Martin, à plus forte raison de celle de Jacob Boehme, c'est le refus de l'Incarnation.

Ainsi la chute originelle n'est point le départ d'un système réintégratif : l'homme est perfectible naturellement, ce qui, dit A. Faivre, « ôte à l'épreuve son aspect cosmogonique, eschatologique et rédempteur (21) ». Plus nettement théosophe qu'illuministe, Fabre cherche la Raison et l'Unité divine dans l'Histoire (la hiéro-histoire plutôt), les textes sacrés, la Tradition et ses applications pratiques. C'est ce que l'examen de son œuvre nous démontrera, d'ailleurs, avec une force éclatante.

La philosophie pythagoricienne :
Les Vers dorés de Pythagore

Le principal ouvrage de Fabre, fort d'avoir retrouvé les principes de l'Harmonie universelle enseignés par la philosophie pythagoricienne, est bien celui des *Vers dorés de Pythagore* (daté de 1813), précédé d'un vaste projet de réforme de la versification française. « Dans ce livre plein de digressions, nous dit A. Faivre, Fabre veut montrer l'unité de la Tradition, la valeur de la théosophie, l'impuissance de la philosophie (22). » Projet louable, et qui montre un Fabre combattant courageusement la partie adverse de son temps, le matérialisme, qui on le sait prit de plus en plus forme et corps, à mesure que le spiritualisme allait s'exacerbant. Fabre doit sa découverte de la théosophie, dit-on, à son initiation aux arcanes pythagoriciens lors de son voyage en Allemagne, sous la Terreur.

---

(20) A. Faivre : *L'Esotérisme au XVIIIe siècle, op. cit.*
(21) *Ibid.*
(22) *Ibid.*

Initié à une secte pythagoricienne, il le fut certainement, mais dans le sens large : c'est-à-dire mis en contact avec une société dont les formes pouvaient comprendre certaines bases pythagoriciennes ou néo-pythagoriciennes, de la même façon que la maçonnerie spéculative peut se dire « templière ». Nous ne pensons pas, au contraire, qu'il ait pu être en contact avec une authentique société ininterrompue depuis la Grèce antique. Mais, de toute façon, Fabre, par son initiation et aussi son génie d'assimilation et de compréhension, put, dans *Les Vers dorés de Pythagore*, mener à la perfection son examen théosophique de la doctrine du Sage de Crotone.

Certes, les idées exprimées par Fabre ne se limitent pas à un seul ouvrage : aussi bien nous aiderons-nous pour chacun de ses grands thèmes à une vue synoptique de ses œuvres les plus importantes.

Si l'on trouve dans ce livre un grand nombre de digressions, il y a aussi beaucoup d'idées-forces, celles par lesquelles Fabre veut montrer l'unité de la Tradition, au cours des âges (ce qui, on le sait, est un thème constant de l'ésotérisme), l'impuissance de la philosophie profane, conduisant au matérialisme ou aux confins du nihilisme (le mot n'était pas encore inventé) ; enfin la valeur primordiale de la théosophie, à la façon antique, telle que l'entendait l'auteur lui-même.

Fabre ne met jamais en doute que ses connaissances pythagoriciennes ne contiennent le secret de l'harmonie universelle, et ne viennent de plus loin encore, depuis les temples de Louxor, des empires de Ram, et des leçons d'Orphée. La grande et première idée-force de Fabre, c'est la notion de Providence, d'où découlera la fameuse thèse des théosophes et occultistes du XIXe siècle, tel Schuré. Elle seule peut remettre l'humanité dans le bon chemin, lorsqu'elle risque de s'égarer, et c'est ce qu'il est arrivé au cours des siècles, avec les apparitions des figures mythiques ou héroïques conservées par la Tradition : « Les hommes destinés par la Providence à regénérer le Monde, de quelque manière que ce soit... sont extrêmement rares. La nature, docile à l'impulsion qu'elle a reçue, de tout porter à la perfection au moyen du temps, élabore avec lenteur les éléments de leur génie, les place à de grandes distances de la Terre et les fait apparaître à des époques très éloignées les unes des autres... Elle (l'inspiration) est profondément cachée à nos yeux : c'est elle qui enflamme le génie d'un théosophe, comme Taôth, Orphée ou Zoroastre ; d'un théocrate, comme Krishnen, Moïse ou Mahomed ; d'un philosophe comme Kong-Tzée, Pythagore ou Socrate... d'un héros triomphateur, comme Cyrus, Alexandre ou Napoléon (23). » Et ce qui lie l'unité de la Providence, donc de la Tradition, est la croyance — Fabre est bien loin de sacrifier au paganisme napoléonien — en un Principe unique qu'est le monothéisme.

Certes, commente Fabre, on cachait cette essence de l'unité divine au vulgaire, depuis l'Egypte jusqu'en la Grèce orphique, et jusqu'à Moïse qui « le premier fit un dogme public de l'unité de Dieu, et qui divulgua ce qui jusqu'alors avait été enseveli dans l'ombre des sanctuaires (24) ».

L'infinité de Dieu, ses perfections et ses attributs, dont le vulgaire ne reçoit que quelques émanations, constitue le polythéisme, qui, loin d'être selon Fabre (et toute la tradition théosophique par là même) un culte idolâtre, n'est que l'adoration de l'unité sous une forme commode, vulgaire, c'est-à-dire à tous les non-initiés.

Car l'Univers est un ; et comme Saint-Martin disait que « les nombres étaient l'expression des idées » (n'oublions pas la vogue arithmosophique du XVIIIe siècle), Fabre développe ses considérations sur la numérique sacrée : « Pythagore considérait l'Univers comme un tout animé dont les intelligences divines étaient les nombres. Ce fut lui qui désigna le premier ce Tout par le mot grec *Kosmos* pour exprimer la beauté, l'ordre et l'harmonie qui y règnent (25). » Les nombres, symboles de l'Univers... Fabre (qui n'est pourtant pas aussi arithmosophe que le sera plus tard un Wronski) rêve aux superstitions symboliques des Idées, à la façon des gnostiques antiques : « Je ne pourrais entrer dans la discussion du fameux symbole de Pythagore, un, deux, sans dépasser de beaucoup les bornes que je me suis prescrites dans ces examens ; qu'il me suffise de dire que, comme il désignait Dieu par 1, et la matière par 2, il exprimait l'Univers par le nombre 12 qui est la réunion des deux autres (26). »

Car Pythagore ainsi que, plus tard, Platon et les gnostiques, basilidiens et valentiniens surtout, concevaient, on le sait, le monde universel comme composé de trois mondes particuliers, allant en se développant en un nombre plus ou moins grand de sphères concentriques (et de façon identique à l'homme). Ces trois mondes, enchaînés aux quatre modifications élémentaires, formaient les douze sphères concentriques remplies par l'essence de

---

(23) *Les Vers dorés de Pythagore,* Ed. La Proue, coll. Delphica.
(24) *Ibid.*
(25) *Ibid.*
(26) *Ibid.*

Dieu. Or, les douze sphères, connues des Chaldéens aussi bien que de l'Egypte ancienne, montrent une de leurs applications dans le Zodiaque, aussi bien que dans le symbolisme des douze mois de l'année. Or, nous le savons, c'est sur ces notions de ternaire et de quaternaire que l'illuminisme et la théosophie s'étaient particulièrement développés, et allaient alimenter bientôt les courants occultistes. C'est le grand thème des correspondances et analogies entre le macrocosme et le microcosme qui forme le substrat élémentaire de toute pensée ésotérique : « Tout l'univers se manifeste par le ternaire ; et le ternaire, considéré abstraitement dans l'unité qu'il constitue, devient un quaternaire invisible, c'est-à-dire un être universel, absolu et typique selon son espèce (27). »

Or, comment parvenir à la Connaissance du Grand Tout, sinon par la sienne propre ? C'est, dit notre auteur, le sens de l'inscription de Delphes et d'Eleusis. Car, et ce point de vue est la filiation exacte des Paracelse et autres Agrippa : « Il existe une harmonie parfaite entre le Ciel et la Terre, dit-il encore dans *Les Vers dorés*, l'intelligible et le sensible, la substance indivisible et la substance divisible ; de manière que ce qui se passe dans une des régions de l'Univers soit l'image exacte de ce qui se passe dans une autre (28). » Or, la nature, selon Fabre, qui se réclame avec raison des anciens théosophes est renfermée dans les quatre premiers nombres, ou primordiaux, tels qu'on les enseignait au sein des sanctuaires.

Pour plus de clarté, nous emprunterons ce que le maître dit oralement à ses auditeurs dans une célébration du solstice d'hiver au sein de son propre temple : « Ces nombres renfermés dans ce que Pythagore appelait le sacré quaternaire sont 1, 2, 3 et 4. Il ne peut en effet rien exister au-delà de ces nombres primordiaux, ou des nombres secondaires qui en sont issus... Nous devons entendre par le nombre 1 le Principe inconnu, inaccessible, insondable, de tout ce qui est indivisible ; par le nombre 2, le Principe également inconnu mais accessible et soumis à nos sens, de tout ce qui est divisible ; par le nombre 3, cette réunion, inexplicable mais sensible, des deux premiers principes, au moyen de laquelle le deuxième modifiera le premier... par le nombre 4, enfin,

---

(27) *La Vraie Maçonnerie ou la Céleste Culture, op. cit.* « Et de même, dit René Guénon, que nous ne pouvons concevoir le Non-Etre qu'à travers l'Etre, nous ne pouvons concevoir l'Etre-Unité qu'à travers sa manifestation ternaire, conséquence nécessaire et immédiate... de la polarisation de notre intellect dans l'Unité » (*Mélanges*, Ed. Gallimard, coll. Essais).

(28) *Les Vers dorés, op. cit.*

l'existence du nombre 3 ramenée à l'unité du premier principe 1, et considéré comme nous donnant la connaissance de l'inconnu et de l'universel et constituant l'Etre propement dit (29). » Personne n'ignore que le quaternaire pythagoricien, autrement appelé *tétraktys*, résume la circulature du quadrant, ou perfection universelle : $1 + 2 + 3 + 4 = 10$, c'est-à-dire encore l'Unité plus l'abstraction de tous les autres nombres, transcrite par le symbole 0, ou *siffer* (vide en arabe), *shunnya* en sanskrit (30). « Or, dit-il, c'était par le nombre 4 que les anciens théosophes désignaient tout être absolu, abstrait, considéré en général et formant une unité nouvelle ; le nombre 4 était pour eux le nombre 3 ramené à son principe inconnu, 1 (31). » Qu'on ne s'y trompe donc pas, le 4 équivaut encore à l'unité plus l'abstraction pure, de la même façon que les douze sphères formatrices de l'Univers peuvent être ramenées à l'unité à laquelle est ajoutée la dualité formative : $1 + 2$, d'où encore le ternaire.

Or, comme l'écrit L. Cellier : « C'était encore une idée commune à tous les théosophes que le ternaire cosmogonique était ramené à l'unité par Dieu, et qu'entre l'Etre suprême inaccessible et l'homme existait une chaîne d'êtres intermédiaires émanés de l'unité créatrice (32). » Ce n'est pas en vain que Fabre entreprend de l'exposer à diverses reprises : il est celui des gnostiques après avoir été celui de Pythagore, mais, bien plus, nous le retrouverions aisément (comme le fait Fabre) dans la plupart des cosmologies du globe terrestre et à travers l'histoire.

Trois classes englobent ces êtres intermédiaires : les Dieux immortels, les Héros glorieux et les Démons terrestres, manifestés par l'Etre incréé et infini. Dans ce système émanatif, comparable au Plérome gnostique de la *Pistis Sophia*, on voit nettement une hiérarchie d'êtres que Fabre transpose en trois mondes :
— Monde des Principes éternels ;
— Monde des Essences intellectuelles ;
— Monde des Réalités physiques.

Et lorsqu'on sait que chacun de ces mondes se subdivise en trois, et est ramené à l'unité par une quatrième puissance, on en arrive (selon Fabre, qui d'ailleurs a longtemps trébuché sur ces subtilités et qui révise, entre *Les Vers dorés* et *L'Histoire*

---

(29) *La Vraie Maçonnerie*, op. cit.
(30) Cf. à ce propos R. Guénon : *Mélanges*, Ed. Gallimard, coll. Essais.
(31) *La Vraie Maçonnerie*, op. cit.
(32) L. Cellier, *op. cit.*

philosophique du genre humain, un système bancal) à la construction définitive :

— La Providence constitue l'unité du monde des Principes éternels ;

— Le Destin constitue l'unité du monde des Essences intellectuelles ;

— L'Homme (en tant que règne hominal) constitue l'unité du monde des Réalités physiques.

Et l'Etre des Etres, absolu et incréé, ramène à l'unité primordiale ces trois mondes. Il suffit de songer à la Kabbale hébraïque pour s'apercevoir que ces considérations sur le système créatif-réintégratif sont une base universelle et font songer au *Tzimtzum* (33) et à la construction de l'arbre séphirotique.

Mais le domaine où Fabre apparaît comme novateur et théosophe de génie, c'est cette construction symétrique des trois grandes puissances universelles, dont l'homme fait partie, et qui sont en un sens proches de la Grande Triade taoïste, et qu'il fait servir au sens de la perfectibilité et du destin métaphysique humain. Car, enfin, qu'est-ce que l'homme, et qu'en est-il de son devenir dans la nature et la temporalité ? Fabre d'Olivet répond pour nous : « J'ai dit que Pythagore admettait deux mobiles des actions humaines, la puissance de la Volonté et la nécessité du Destin, et qu'il les soumettait l'un et l'autre à une loi fondamentale appelée la Providence, de laquelle ils émanaient également... La puissance de la volonté s'exerçait sur les choses à faire ou sur l'avenir ; la nécessité du destin sur les choses faites, ou sur le passé... car, selon cet admirable philosophe, c'est du passé que naît l'avenir, de l'avenir que se forme le passé, et de la réunion de l'un et de l'autre que s'engendre le présent toujours existant, duquel ils tirent également leur origine (34). »

Et notre théosophe d'en tirer les conséquences logiques selon lesquelles « la liberté règne dans l'avenir, la nécessité dans le passé, et la providence sur le présent. Rien de ce qui arrive n'arrive par hasard, mais par l'union de la loi fondamentale et providentielle de la volonté humaine qui la suit ou la transgresse en opérant sur la nécessité (35) ».

---

(33) Tzimtzum, ou mode de la Création, lorsque Dieu « se retire » de Lui-même (dans la tradition kabbalistique). Cf. à ce sujet : *Le Sepher-di-Tzeniutha* (Le Livre secret), ouvrage essentiel du *Sepher-ha-Zohar*, trad. Paul Vulliand, Ed. Nourry.

(34) *Les Vers dorés, op. cit.*

(35) *Ibid.*

« L'habitation de cet être (l'homme), avait dit déjà J. Bœhme, est un point mitoyen entre le ciel et l'enfer, l'amour et la colère : celle des choses à laquelle il s'attache devient son espèce (36). » De la même façon, Fabre, suivant le raisonnement pythagoricien, démontre l'homme comme « tenant le milieu entre les choses intellectuelles et sensibles, le dernier des êtres supérieurs et le premier des êtres inférieurs, libre de se mouvoir, soit vers le haut, soit vers le bas (37) », selon que sa volonté (remarquons que cette vertu spirituelle est pourtant aussi très typique d'une époque napoléonienne et surtout de l'illustration offerte par le type du héros impérial) s'accorde aux Essences intellectuelles ou aux Réalités physiques : « tantôt s'unissant aux immortels, et par son retour à la vertu recouvrant le sort qui lui est propre, et tantôt se replongeant dans les espèces mortelles, et par la transgression des lois divines se trouvant déchu de sa dignité (38) ».

De cette vision profonde de l'homme et de sa finalité — mais pour cela, et ce n'est pas si simple, le théosophe doit se garder au centre de la Connaissance —, Fabre développera, en commentaires des vers de Pythagore, toute la partie purgative, dite Voie de la perfectibilité.

Si donc, nous le voyons, Fabre est théosophe, dans le sens où nous avons défini ce mot (de Dieu vers le monde), il n'est pas réintégrationniste chrétien, même de l'Eglise intérieure. La Rédemption appartient au christianisme qu'il rejette à cause de son anthropomorphisme et de son éthique. Il retrouve, pour le critiquer, des accents que Nietzsche ne renierait pas : « Le culte chrétien, élevé sur l'extinction de toutes les lumières, fut nourri au sein des esclaves et des derniers citoyens. »

Or, cette finitude et cette perfectibilité de l'homme, Fabre va les reprendre plus complètement et avec plus de force dans *Histoire philosophique du genre humain*. Il va montrer sa place unique dans la Création et sa possibilité d'hypostasie (union à la divinité) ou son abrutissement au niveau de la pure animalité : loin donc d'attendre passivement de puissance supérieure ou du pur hasard (qui ne saurait avoir cours) une solution à son énigme, l'homme doit rédimer (changer la polarité) sa naissance, et du Destin passif, se hisser à la perfection de la Providence. Notons, comme le fait cet auteur lui-même, que c'est l'objet des initiations antiques, et

---

(36) J. Bœhme : *De la triple vie de l'homme,* Ed. Migneret.
(37) *Les Vers dorés, op. cit.*
(38) *Ibid.*

principalement de cet art majeur fort oublié, l'astrologie, qui était la Connaissance sacrée des Chaldéens.

Le problème à cet instant pour Fabre n'est pas peu important : il s'agit de dévoiler l'essence de l'Etre et l'Unité de Dieu, permettant d'expliquer la signification de l'Homme, puissance intermédiaire comme on l'apprend aussi dans la Kabbale. Or, sans secours rédemptionnel, le problème est plus aigu encore et, comme le dit L. Cellier : « Qu'il se tourne vers le passé, il constate un double état de fait que deux mots résument : ignorance et silence... Les rares théosophes qui ont élevé leur pensée jusqu'à l'unité de Dieu se sont abstenus de le nommer, et se sont contentés de " méditer sur son essence insondable dans le silence le plus profond " (39). » Et là Fabre prend conscience d'être parvenu aussi loin qu'aucun théosophe pouvait aller ; les circonstances méta-historiques ne lui permettent plus de taire la vérité ; mais, d'autre part, cette vérité est presque indicible, et nul avant lui (pense-t-il) n'a tenté de la révéler hors des sanctuaires.

D'où la difficulté de sa méthode, parascientifique, qui se veut exempte des « errements » (!) de Bœhme par exemple : « Au moment où l'homme arrive sur la terre, il appartient au Destin, qui l'entraîne longtemps dans ce tourbillon ; et, d'abord soumis à son influence comme tous les êtres élémentaires, il porte en lui un germe divin qui ne saurait jamais se confondre entièrement avec lui (40). » Et ce germe, dont l'essence est la liberté, va se développer dans la Volonté de l'Homme universel. Or, et c'est le point important : « C'est la Volonté de l'homme qui, comme puissance médiane, réunit le Destin et la Providence ; sans elle, ces deux puissances extrêmes non seulement ne se réuniraient jamais, mais encore ne se connaîtraient pas (41). » Et le Tao Tö-king dit pareillement : « Le Tao est grand. Le ciel est grand. La terre est grande. L'homme est grand. C'est pourquoi l'homme est l'un des quatre grands du monde (42). »

Or, la Providence, partie supérieure de la Nature, qui émane de la Divinité « a pour but la perfection de tous les êtres » et, cette perfection, « elle en reçoit de Dieu même le type irréfragable (43) ». Or, lisons bien ce qui suit, et qui plonge au cœur même

---

(39) L. Cellier, *op. cit.*
(40) F. d'Olivet : *Histoire philosophique du genre humain*, Ed. Traditionnelles.
(41) *Ibid.*
(42) *Tao Tö-king, op. cit.*
(43) *Histoire philosophique du genre humain, op. cit.*

de l'Etre et du Non-Etre, à cet endroit où Fabre développe son eschatologie : « Le moyen qu'elle a pour parvenir à ce but est ce que nous appelons le temps. Mais le temps n'existe pas pour elle suivant l'idée que nous en avons. Elle le conçoit comme un mouvement de l'éternité (44). » Tout est lié, et l'homme, le germe de la Providence, doit lever le sillon du Destin ; et qu'advient-il de lui à ce moment, sinon de n'être que le champ de forces contraires entre l'Etre et le Néant ? Proche de Basilide, Fabre ? Oui, et même, sans extrapoler beaucoup, nous pourrions peut-être retrouver dans sa théosophie des éléments proprement dualistes, bien qu'il se soit toujours défendu de cette tentation éternelle de l'esprit.

Mais pourtant non, car seul le Destin peut être changé (suivre son soleil, dit-on en astrologie) et : « C'est le temps seul et la forme qui varient. La seule différence est pour l'homme qui change les formes de la vie, raccourcit ou allonge le temps, jouit ou souffre selon qu'il fait le bien ou le mal (45). » A partir de là, on conçoit que la partie purgative vise à chasser ou transmuer les souillures et l'ignorance en vertus et luminosité.

Ainsi faisaient les mages chaldéens, dit-il : « Nous consumons le fumier de la matière par le feu de l'amour divin (46). » Il rappelle que la Providence et le Destin ne sont pas les sources absolues du Bien et du Mal : c'est de l'usage que l'homme est appelé à en faire pour la sagesse ou l'ignorance que résultent ces deux bornes de l'existence.

On sait que Pythagore, à l'instar des sages de l'Inde ou du Tibet, professait la croyance à la métempsycose (encore qu'il ne s'agisse point là d'une facile foi en la réincarnation). D'où il s'ensuivait que les maux dont souffrait l'homme n'étaient point imposés par un mal inconnaissable, mais bien par l'effet de son propre destin, tissé par soi. Il convient donc que cette volonté prenne le pas sur les passions et soit réalisée par la pratique des sept vertus (ce que le culte de la Théodoxie universelle de Fabre d'Olivet exigeait aussi).

Rien là qui soit surprenant. Le seul point important à nos yeux, exposons-le pour conclure, est au fond l'habile effort de commentateur de Fabre : à l'exemple de Pythagore (?), il efface l'existence du mal en soi, qu'il remplace par la notion d'épreuves créées par le Destin et une propre volonté mal dirigée, et donc soumise à l'ignorance. L'ignorance n'est pourtant pas, comme dans le bouddhisme par exemple, substantifiée, mais simple erreur

---

(44) *Histoire philosophique du genre humain, op. cit.*
(45) *Ibid.*
(46) *Les Vers dorés, op. cit.*

et force astringente qu'il sera toujours possible de rectifier ou de vaincre lors d'autres existences. On le voit, la doctrine exposée par Fabre, nourrie par lui, est résolument optimiste ; car, comme il le dit lui-même, la Providence agit avec le temps pour concourir à la perfection ultime et absolue de toutes les âmes répandues au sein de la Nature. Il ne dit rien sur l'origine de la Chute, même s'il pense qu'elle renferme le problème du Mal de l'Homme, du genre humain et du règne hominal.

Si, pour Fabre, la Rédemption ne constitue pas le centre nodal et résolutif de l'homme et de l'histoire, la Providence doit être louée et reconnue comme le reflet et l'hypostase de l'Unité. Nous le savons pour l'avoir vu précédemment, l'homme a une constitution analogue à celle du macrocosme ; ainsi faut-il vivre une propre vie, en harmonie ou en désharmonie avec les trois grandes puissances de l'Univers : vie instinctive, animique ou intellectuelle. Le noyau unificateur, et Fabre reprendra cette profonde idée en l'explicitant clairement dans la *Langue hébraïque restituée*, cet élément donc, c'est la faculté volitive, analogue au principe même de l'Etre un sans second.

Lorsqu'il réalise toutes ses facultés, et cela par le plein exercice de sa faculté volitive, il devient l'« homme véritable » du taoïsme, ou le *Jivan-Mukta,* le libéré de l'hindouisme : « L'homme destiné à être le nœud qui unit la divinité à la matière... la chaîne de communication entre tous les êtres. Placé aux confins des deux mondes, il devient la voie d'exaltation dans les corps et celle d'abaissement dans l'esprit divin (47). » La divinité, ainsi, se manifeste à chaque homme selon son degré d'affinité et d'entendement, et Fabre, dans son ample et noble dessein, syncrétisé certes, mais point dénué de logique, va montrer dans *Histoire philosophique du genre humain* les vues de la Providence sur le devenir de l'humanité. Thèse qui régnera, déformée, dans l'occultisme et le théosophisme.

Mais cette formidable fresque qu'il se propose de peindre, cette vision formidable de ce que nous nommions la hiéro-histoire, ou histoire mythique, est la moins connue des hommes, parce qu'il faut, pour la pénétrer, la connaissance des principes traditionnels, jointe à la pensée analogique parfaite. Fabre nous propose ainsi, pour la première fois au monde (du moins selon lui), cette entreprise menée à bien : « Tout le monde est occupé de politique, chacun rêve son utopie, et je ne vois pas, parmi les ouvrages

---

(47) *Histoire philosophique du genre humain, op. cit.*

innombrables qui paraissent sur cette matière, qu'aucun touche aux véritables principes (48). » Or, ces principes vont permettre de concevoir ce qu'il en est de l'Homme, « et cet être ne nous est encore connu ni dans son origine, ni dans ses facultés, ni dans l'ordre hiérarchique qu'il occupe dans l'univers (49) ».

Or, s'il est écrit dans la Bible que l'Homme a été fait à l'image et à la ressemblance de Dieu, c'est qu'il n'appartient pas, dans son essence, selon ce théosophe, au règne animal. Cette pensée est bonne pour les naturalistes et les rationalistes aussi opaques qu'il est possible de l'être.

Prenons notre appui dans l'Unité, dans l'Etre des Etres : « Dieu est le centre et la circonférence de tout ce qui est : l'Homme, à l'initiation de Dieu, est le centre et la circonférence de la sphère qu'il habite ; il n'existe que lui seul dans cette sphère qui soit composé de quatre essences (50). » Cet être, présenté par Fabre d'Olivet, est bien l'Homme universel, distinct de la totalité des hommes : « Tous les hommes ne sont que des reflets plus ou moins vifs, plus ou moins élevés, de l'homme universel, dans l'esprit duquel ils sont plongés (51) », dit-il aussi dans une de ses conférences. Archétype et âme du monde. « Il est tous les hommes ensemble, mais tous les hommes ne sont pas lui... Rien d'humain ne peut lui être caché. » Voilà qui ressemble assez fort au concept du *Christ Pantocrator*.

Quoi qu'il en soit, voici l'histoire du genre humain, de l'Homme universel et de l'homme dans ses rapports avec la divinité, où, comme l'écrit J.-C. Frère : « Il essaie de démontrer que les grandes traditions mythologiques sont en fait des voiles subtils destinés à masquer à l'homme des réalités essentielles, qu'il ne peut découvrir qu'en devenant capable d'entendre le sens intérieur des religions (52)... » Vaste peinture de l'Humanité donc que cette *Histoire philosophique du genre humain,* et où, nous l'avons dit, nous trouvons déjà bien en place les grandes idées dont se serviront les occultistes, théosophistes et même d'autres penseurs, ou politiciens, préoccupés du devenir occidental ou de théories toutes personnelles, tels Gobineau ou K. Haushofer. On ne saurait résumer un tel ouvrage, qui retrace l'histoire de l'homme depuis son apparition jusqu'à la Révolution française.

---

(48) *Histoire philosophique du genre humain, op. cit.*
(49) *Ibid.*
(50) *Ibid.*
(51) *La Vraie Maçonnerie, op. cit.*
(52) J.-C. Frère, *op. cit.*

Se fiant à la théorie traditionnelle des apparition, règne, apogée et déclin des quatre Races principales de l'Humanité, Fabre va brosser un tableau mythique de la guerre des origines. Les Blancs, descendants de l'Hyperborée, les Noirs, et leur Empire universel, antérieur à toute autre race, les Rouges, disséminés sur les hauts sommets de l'Amérique méridionale et en Egypte après la catastrophe atlantéenne, voilà ce dont Fabre parle, toujours en vue de montrer le rôle essentiel, premier de la Providence, qui, les ayant fait combattre entre elles, a toujours promu l'une après l'autre au Règne universel. Des premières formes de culte à la création du sacerdoce et de la royauté, Fabre va de pays en époque, examinant l'état social et religieux de l'homme.

C'est une longue exploration à travers les rapports politiques, civils et religieux, à travers le peuple celte surtout, ancêtres de la race blanche. Quant à l'origine du culte, dans son combat de toujours contre les rationalismes, Fabre s'emploie à dégager les raisons évidentes du besoin religieux de l'homme : « Le semblable seul produit le semblable. Ce n'est pas la crainte qui fit naître les dieux, c'est l'étincelle divine confiée à notre intelligence dont le raisonnement y manifeste tout ce qui est divin (53)... »

Nous abrégerons notre trop courte analyse de cette œuvre déroutante et passionnante par les vues poético-lyriques, mais aussi par les solutions politiques proposées. Pour résumer quelque peu, disons que Fabre le premier dépeint l'Empire celte, la conquête de l'être mythique *Ram* (connu en Inde selon l'épopée *Ramanaya*) et la légende symbolique des Atlantes, qu'il a tendance à confondre quelque peu avec les Hyperboréens. Origine du Zodiaque, société-principe, tout ce que reprendra A. Artaud dans son *Héliogabale* est là : « J'ai déjà dit qu'à l'époque où les Celtes firent la conquête des Indes ils y trouvèrent établi un système complet de sciences métaphysiques et physiques. Il paraît certain qu'alors la cosmogonie atlantique rapportait tout à l'unité absolue, et faisait tout émaner et tout dépendre d'un seul principe (54). » Et voici l'origine du monothéisme, l'adoration et la compréhension du Principe unique nommé Iswara... conçu comme purement spirituel. Mais, dit cet auteur, si cette doctrine est noble, elle présente de grands inconvénients : celle d'être livrée au vulgaire. « Il faut, pour que le dogme de l'Unité absolue reste dans le spiritualisme pur et n'entraîne pas le peuple dont il constitue le

---

(53) *Histoire philosophique du genre humain*, op. cit.
(54) *Ibid.*

culte dans un matérialisme et un anthropomorphisme abjects, que ce peuple soit éclairé (55)... »

Cet anthropomorphisme, que, on le sait, Fabre reprochait au christianisme bien sûr, on doit s'en garder par une forme de gouvernement théocratique dont Fabre se fait le défenseur. On s'aperçoit du changement survenu en lui depuis la Révolution française. Cumul des deux pouvoirs, spirituel et temporel, dévoilant les mystères aux seuls initiés, car tous les individus ne sont pas égaux. Fabre tient pour le régime des Castes, où la connaissance est proportionnelle à la naissance. Car, comme le dit L. Cellier : « Le théosophe, que l'on peut appeler à bon droit un gnostique, conçoit la vie religieuse comme une découverte progressive de Dieu... », et Fabre d'Olivet, rejoignant Lessing, montre que « la Providence proportionne le culte aux capacités de l'homme qui se perfectionne au cours des siècles (56) ».

Car voici la conclusion et le souhait de ce théosophe préoccupé par le devenir du Genre humain, sinon qu'un gouvernement, enfin, puisse réunir la Volonté et le Destin, par l'entremise de la Providence : « Que j'aie eu le bonheur de montrer de quelle manière cette puissance divine pourrait être appelée dans les institutions politiques, c'est que l'expérience de cette nature n'est dans la main d'aucun homme ordinaire (57) »...

Vision d'avenir donc, mythique certainement, mais dans un sens généreux, visionnaire, où politique, Tradition et illuminisme feraient un ensemble parfait, c'est celle d'un penseur qui a vu la Révolution française scélérate et l'Empire décevant. Mais c'est aussi la vision d'un homme qui ne désespère de la Providence et du Genre humain s'affirmant dans un devenir sacré, pour autant que sacré et devenir soient conciliables.

Le problème du langage : le Sepher et le Verbe de Dieu

« L'origine de la parole est divine » et de plus généralement inconnue, reprend Fabre après Court de Gébelin. Loin de lui, donc, l'opinion matérialiste qui veut que le langage soit une convention sociale, lentement élaborée, mais convention tout de même. Non, dit-il, et Fabre, qui ne doute pas de son génie pour

---

(55) *Histoire philosophique du genre humain, op. cit.*
(56) L. Cellier, *op. cit.*
(57) *Histoire philosophique du genre humain, op. cit.*

l'étymologie, s'emploie à prouver l'unité d'une langue mère à toutes les langues. Car les langues, avant d'être des utilités sociales (voir à ce sujet *Histoire philosophique du genre humain*), sont les supports des cultes. Théorie théosophique qui était déjà celle de Court de Gébelin dans son *Histoire du monde primitif* : « Au reste, ce n'est jamais que par des ouvrages de cette nature qu'une langue acquiert des droits à la vénération. Les livres des principes universels appelés *King* par les Chinois, ceux de la science divine appelés *Veda* ou *Beda* par les Hindous, le *Sepher* de Moïse, voilà ce qui rend à jamais illustres et le chinois, et le sanskrit, et l'hébreu (58). »

Mais l'objet de Fabre dans cet ouvrage porte plus particulièrement sur la langue de Moïse, qui serait, selon lui, celle des antiques Egyptiens (on sait que c'est alors la grande vague égyptienne dans les milieux archéologiques occidentaux, et cela ne peut pas ne pas avoir influencé ce théosophe).

Car, s'il croit en la profonde richesse — encore inexplorée selon lui — de la langue hébraïque, il ne veut point y voir la langue mère unique comme Saint-Martin l'a fait dans l'*Esprit des choses* : « C'est la marque d'un peuple puissant et porté jusqu'à nous, sage, religieux... branche féconde... elle a conservé le précieux des connaissances égyptiennes (59)... »

Considérons plus sa démonstration du point de vue étymologique que métaphysique, car, ainsi que l'écrit R. Nelli qui souligne les réserves faites par les philologues sur cet ouvrage : « Le Sepher ne présente un sens acceptable et digne de la grandeur de Dieu que dans sa " traduction-interprétation " (60). » Et comment rendre la profondeur de toutes ses considérations étymologico-théosophiques sur la langue mère, le signe et le Verbe ? La parole, dit-il, est un grand arbre, mais « il n'y a qu'un Verbe » (celui qu'en hébreu il traduit par être-étant)... « Etre-étant exerce la même influence sur le passé comme sur le futur ; il remplit le présent ; il est l'image d'une durée sans origine et sans terme : Etre-étant comprend tout, remplit tout, anime tout (61). »

Ce Verbe, qui compose et anime le temps, c'est bien sûr le Verbe divin, le *Fiat lux* de la Genèse. Mais cette notion de temporalité tend, selon ce théosophe, à réveiller une troisième

---

(58) F. d'Olivet : *La Langue hébraïque restituée,* Ed. La Proue, coll. Delphica.
(59) *Ibid.*
(60) R. Nelli, *op. cit.*
(61) *La Langue hébraïque restituée, op. cit.*

faculté, que les prêtres égyptiens appelaient la Science éternelle dans le Sepher de Moïse.

Car la langue est animée du souffle divin, et : « Comme le disaient très bien les Anciens, les voyelles sont à l'âme, et les consonnes le corps des mots (62). » Seulement, il s'en faut que, dans tous les idiomes, les verbes se soient pliés au même nombre de temps, et surtout que le génie idiomatique leur ait assigné les mêmes limites.

L'hébreu réunit les avantages des langues mères du chinois et du sanskrit, mais surtout, « issu de l'Egypte où l'on se servait à la fois des caractères littéraux et des caractères hiéroglyphes, il offre une langue symbolique dans chacun de ses mots (63) ». Et si les linguistes font de grandes réserves sur son interprétation-traduction du Sepher (car justement Fabre dépouille la Genèse de son symbolisme pour en tirer, comme il le dit, le noyau abstractif), on ne peut trop en faire sur l'intuition ésotérique de cet auteur, dont l'érudition n'a d'égal que le génie analogique. Génie qui se retrouve dans les considérations sur le Signe, le Verbe, le Temps, l'Espace et le Mouvement, et leurs rapports avec la pensée religieuse et sacrée.

Que la langue hébraïque se soit occultée durant la *Diaspora*, voilà ce dont il ne doute pas et se fait fort (comme nous allons le voir) de retrouver, par ses propres forces et celles de la Providence, le sens originel : « Examinons quel était le sens profond que Moïse y avait attaché. Et, pour cela, cherchons à pénétrer dans le génie intime de l'idiome égyptien qu'il a employé sous deux rapports, littéral et hiéroglyphique (64) ».

Il entre beaucoup de la théorie magnétiste dans la pensée de Fabre. En voici un exemple dans ce chapitre du Sepher :

I. *La Principation* :

« 1. Dans le Principe, Aelohïm, " Lui-les-Dieux ", l'Etre des êtres, avait créé en principe l'existence des Cieux et de la Terre.

« 2. Mais la Terre n'était qu'une puissance contingente d'être ; l'Obscurité, force astringente et compressive, enveloppait l'Abîme, source infinie de l'existence potentielle ; et l'Esprit divin, souffle expansif et vivifiant, exerçait encore son action génératrice au-dessus des Eaux ; image de l'universelle passivité des choses. »

---

(62) *La Langue hébraïque restituée, op. cit.*
(63) *Ibid.*
(64) *Ibid.*

Notons aussi que l'on retrouve dans la traduction même du Sepher tous les principes qui animent l'œuvre entière de Fabre et ses grandes visions de l'état hominal :

« 27. Et Lui, l'Etre des êtres, avait créé l'existence potentielle d'*Adam,* l'Homme universel, en son ombre réfléchie ; en son ombre divine, il l'avait créé et, puissance collective, l'avait identifié ensemble mâle et femelle... »

Comment ne pas songer à l'Androgyne de Platon, et à l'*Adam Kadmon* de la Kabbale ? Mais, au chapitre II, *La Distinction,* intervient ce qui, dans l'*Histoire philosophique du genre humain,* correspond à la guerre des sexes, c'est-à-dire à la chute et à la corporéisation du Genre humain :

« 21. Alors Thôah, l'Etre des êtres, laissa tomber un sommeil profond et sympathique sur cet Homme universel, qui s'endormit soudain ; et, rompant l'unité de ses enveloppes extérieures, il prit l'une d'elles et revêtit de forme et de beauté corporelle sa faiblesse originelle. »

Quant à la damnation, en voici la version selon la traduction de Fabre (toujours à comprendre en termes principiels) :

« 17. Et à l'Homme universel, *Adam,* il dit ensuite : " Puisque tu as prêté l'oreille à la voix de ta faculté volitive, et que tu t'es nourri de cette substance, de laquelle je t'avais expressément recommandé de ne t'alimenter nullement, maudit soit l'élément adamique, homogène, et similaire à toi, relativement à toi " (65) »...

La musique, science fondamentale de l'initiation

On sait que Fabre, comptant la Musique au nombre des trois grandes sciences de la voie initiatique, avait l'ambitieux désir d'introduire (au sein de la musique contemporaine) le troisième mode, ou hellénique.

Mais si cet homme multiple ne put obtenir qu'un succès mitigé avec ses opéras ou oratorios, du moins il démontra les rapports musicaux, numériques et initiatiques, selon la doctrine pythagori-

---

(65) *La Langue hébraïque restituée, op. cit.*

cienne. « Dans son *Histoire philosophique,* il attribue à la Musique une place prépondérante, puisque l'événement capital de l'histoire, à savoir l'effondrement de l'empire universel de Ram, est dû à un schisme d'origine musicale : la découverte de deux principes dans la génération du son aurait amené le discrédit du système de Bharat (66) ». Car, pour ce passionné d'harmonie (ne recherchait-il pas au fond, comme les alchimistes médiévaux, comme les Paracelse, les Geber, cette secrète *Harmonia Mundi* ?), la musique n'est pas seulement l'« art de combiner les sons... La musique, envisagée dans sa partie spéculative, est, comme la définissaient les Anciens, la connaissance de l'ordre de toutes choses, la science des rapports harmoniques de l'univers : elle repose sur des principes immuables auxquels rien ne peut porter atteinte (67) ».

Dans cet ouvrage, qu'il ne put éditer par manque de moyens, Fabre développe l'influence de la musique sur la marche de l'univers en entier, et donc sur les êtres, les choses, les formes de sociétés... Nous sommes là très proches des enseignements indiens ou tibétains, et des considérations sur le son primordial. Car la musique est empreinte d'une puissance morale certaine, et religieuse surtout. Et qui douterait un seul instant de l'identité même du principe spirituel et du principe musical, en accord avec un troisième mode principiel, le nombre, considéré sous son aspect sacré ? Seulement, nous dit Fabre, la connaissance de ces principes universels (car toujours fait-il œuvre d'érudit et de syncrétiste) a été occultée : « La musique intellectuelle et céleste était l'application des principes donnés par la musique spéculative, non plus à la théorie... mais à cette partie sublime de la science qui avait pour objet la contemplation de la nature et la connaissance des lois immuables de l'univers (68) ». Et, plus loin, il avouera que : « Parvenue à son plus haut degré de perfection, elle formait une sorte de lien analogique entre le sensible et l'intelligible, et présentait ainsi un moyen facile de communication entre les deux mondes (69) ».

Ce sont là, si l'on connaît le visage et l'enseignement de Fabre, l'énoncé des principes du rituel de la *Vraie Maçonnerie,* comme il intitulait pompeusement son culte, mais aussi les relations entrevues dans sa traduction de la Genèse. Forces compressives,

---

(66) L. Cellier, *op. cit.*
(67) Fabre d'Olivet : *La Musique,* Ed. La Proue, coll. Delphica.
(68) *Ibid.*
(69) *Ibid.*

forces expansives, rythmes et battements, magnétisme agissant en pulsion sur les corps de l'*Ame du Monde,* c'est tout cela que Fabre parvient à mettre en relation : « Tout son qui retentit peut se concevoir sous la forme de l'unité »... et encore cette notation mystérieuse (en relation avec l'astrologie planétaire) : « *Si* produit par *fa* représente l'Amour ou la Force expansive ; *fa* produit par *si* représente le Chaos ou la Force compressive : principes primordiaux de l'univers (70). »

Voilà qui nous rappelle son interprétation du Sepher : « Mais la Terre n'était qu'une puissance contingente... l'Obscurité, force astringente et compressive, enveloppait l'Abîme... et l'Esprit divin, souffle expansif et vivifiant, exerçait son action génératrice (71)... » Et dans son commentaire de la version littérale, Fabre montre là « ce système des deux forces opposées que les Sages et les savants... ont vues dans la nature »...

On le voit, Fabre s'inscrit nettement dans un climat tout de même illuministe, où les rapports universels coïncident parfaitement, dans une perfection tout esthétique et poétique, guidée certainement par le raisonnement et l'érudition, mais plus encore par l'intuition poétique (et proche ainsi d'Eckarthausen).

L'épopte

Enfin, et pour conclure sur cet être étrange — dirons-nous comme A. Faivre : « Génie un peu déséquilibré, mais génie tout de même ; un peu maniaque, mais point fou (72) » ? —, nous jetterons un bref regard sur l'épopte, ou grand maître de loge un peu particulière que ce théosophe passionné avait créée. Sa vie était-elle, comme on l'a dit, enveloppée de ténèbres ?

Mais son sanctuaire, sur lequel on a beaucoup parlé, à tort le plus souvent, a bel et bien existé et eu une influence certaine sur nombre de disciples, qui étaient, à des divers degrés, des spirituels ou de simples auditeurs plus ou moins épris de surnaturel.

C'est là que Fabre put mettre en pratique directe ses grandes connaissances de la Science égyptienne et pythagoricienne. Bien sûr, il y mêlait le magnétisme suspect de son temps — son plus célèbre biographe parle de l'atmosphère d'un cabinet de guéris-

---

(70) F. d'Olivet : *La Vraie Maçonnerie, op. cit.*
(71) F. d'Olivet : *La Langue hébraïque restituée, op. cit.*
(72) A. Faivre, *L'Esotérisme au XVIIIe siècle, op. cit.*

seur (73) ! —, mais, toutefois, on ne saurait le tourner en dérision, bien au contraire.

Le manuscrit, dépôt des rites et des discours aux récipiendaires, a eu une destinée très aventureuse. Sait-on qu'il fut récupéré à la libération de Paris dans le bureau du chef des Services secrets allemands ? Quand on connaît parallèlement l'importance qu'ont eu certaines de ses théories aryennes à propos des origines de la race blanche (ou hyperboréenne) sur certains « penseurs » dont nous avons déjà parlé, on se prend à songer... Léon Cellier, grâce auquel nous pouvons connaître aujourd'hui le manuscrit de la *Céleste Culture,* écrit que « son ambition était (plus) vaste ; c'est un culte qu'il veut fonder mais, s'il désigne simplement son culte par le nom de *culte théodoxique universel,* il ne faut pas s'imaginer que ses disciples dussent se cantonner dans les études traditionnelles... Les sectateurs sont appelés tour à tour Cultivateurs uranistes de l'Immortelle (74) ou bien Célicoles. » Car ce penseur, qui définit l'homme comme germe spirituel, ne pouvait qu'adopter un rite à symbolisme agricole, et proche des cultes de Déméter et d'Isis.

Et, maintenant, regardons une dernière fois ce visionnaire de génie en train d'enseigner ses « disciples », dans un lieu idéal et investi d'une fonction qu'il devait considérer comme le havre et l'aboutissement d'une vie d'un labeur épuisant. Regardons-le, et écoutons-le nous exposer la *Théodoxie universelle :* « Amis de la Vérité, Cultivateurs uranistes de l'Immortelle, je viens de vous dire pour la première fois le nom de votre culte : c'est le culte théodoxique universel, c'est-à-dire celui qui, étant le fruit d'une inspiration divine, embrasse l'universalité des choses. Le premier degré de ce culte, celui où se sont arrêtés presque tous les peuples qui ont paru sur la terre depuis douze mille ans, est celui de la nature ou, si vous voulez, celui de l'homme universel, invoqué sous le nom de Père éternel, et considéré à juste titre comme créateur, modificateur et conservateur du monde des Réalités (75). »

---

(73) L. Cellier, *op. cit.*
(74) *Ibid.*
(75) F. d'Olivet : *La Vraie Maçonnerie, op. cit.*

Les perpétuateurs de Fabre d'Olivet.
Son influence

Fabre d'Olivet aura eu, c'est certain, une influence considérable, ce qui a motivé fortement notre choix. Son poids spirituel portera sur l'école mystique de Lyon, et son magnétiseur mystique, Ballanche (peut-être ancêtre de Maître Philippe), mais aussi sur Hoëne Wronski, Saint-Yves d'Alveydre bien sûr, très fortement, Sédir, Guaïta, Papus, et enfin Edouard Schuré, qui reconnut sa dette à l'égard du théosophe de Ganges.

Plus tard, il sera encore salué comme un chercheur ayant surmonté, par son génie et sa place chronologique, le siècle de la Révolution et du rationalisme, annonciateur d'un romantisme porteur de mystère et d'ouverture sur le monde. Ses travaux d'orientaliste le placent loin devant ses contemporains, en ce qu'il a réuni à lui seul toutes les références et toutes les lueurs connues de son temps.

Même si ses théories sont souvent personnelles, et donc, en vertu de sa tournure d'esprit, systématiques, elles n'en possèdent pas moins une richesse de construction, une ampleur qui force l'admiration.

Ses questions posées relativement au langage, ses clairvoyances sur l'essence et la forme de la poésie et de la musique se placent dans le sens traditionnel premier, et enfin sa méditation sur l'Unité et le culte monothéiste le porte bien sur les plus hautes marches de la théosophie.

Nous avons parfois qualifié son œuvre de syncrétiste, mais sûrement pas dans le sens actuel, car loin de commettre mille confusions sur l'Unité de la divinité et de la Science sacrée à travers les pays et les âges, il a su démontrer que l'« ésotérisme est justement le cœur et l'esprit des religions », ainsi que l'écrit L. Benoîst, car : « Sous des noms divers, tous reconnaissent une même vérité, celle qui dans le silence des mystères pénétrait de sagesse les initiés antiques (76)... »

Fabre sut, depuis son temps proche et lointain déjà, nous l'enseigner sous les traits de la Providence veillant sur le Règne hominal et le guidant au-dessus du Destin quand ce dernier risquait de perdre l'homme.

---

(76) L. Benoîst, *L'Esotérisme, op. cit.*

Hoëne Wronski, et la « Recherche de l'Absolu »

Hoëne Wronski (1776-1853) appartient, même s'il détestait dit-on ce dernier, à la lignée de successeurs de Fabre d'Olivet. Hoëne Wronski, écrit L. Cellier, « ressemble à Fabre d'Olivet comme un frère (77) ». C'est un de ces êtres dont le destin hors du commun semble avoir suivi ou précédé la pensée.

Polonais émigré, officier d'artillerie en rupture de carrière, H. Wronski a vite fait, une fois à Paris, de troquer l'uniforme pour le compas du mathématicien occultiste. Passionné par ce qu'il nomme la « Recherche de l'Absolu », il inspirera à Balzac, du moins le pense-t-on, la personne de Baltazar Claës dans le roman du même nom. C'est aussi, à l'exemple de Fabre d'Olivet, un visionnaire (mais, de plus, mathématicien), qui tente d'infléchir sa pensée vers l'Histoire afin de découvrir la solution politique et sociale idéale.

On sait, et Balzac l'a fort bien repris dans son roman, que Wronski eut des démêlés avec le banquier Arson, qui devait lui « payer » le secret de la Connaissance absolue. Anecdote tragi-comique qui pourtant se termina en procès ruineux pour H. Wronski. Tombé dans l'oubli et la misère, il n'aura jamais (à l'exception de ces dernières années) l'influence et la renommée qu'il méritait. Seuls quelques occultistes, dont Eliphas Levi, s'intéressèrent à son œuvre et, de nos jours, certains chercheurs poursuivant une voie assez semblable, tel Raymond Abellio, le citent ; peu s'en réclament.

On sait peut-être qu'il fut l'inventeur du fameux « prognomè-tre », qui poursuit un des plus grands rêves de l'humanité : il s'agit de l'appareil donnant toutes les clefs du savoir. Pour qui est familier des sciences occultes, cela ne peut surprendre : G. Postel, Raymond Lulle, le savant docteur, Athanase Kircher, le jésuite érudit, Tritheim (78) et ses combinatoires caressaient déjà ce vieux rêve et crurent en avoir découvert le secret. Plus tard, nous le

---

(77) L. Cellier, *op. cit.*
(78) A propos de l'abbé Tritheim (ou Trithème), signalons qu'il est l'auteur du procédé de *stéganographie* (du grec *steganos*, « caché », et *grapho*, « j'écris »). Son ouvrage, portant le même titre, dit que « ce travail enseigne la connaissance des mystères à celui qui les ignore — qu'il fallait *l'entourer d'une forme secrète*, afin que personne ne puisse avoir en entier notre dessein, sauf la personne qui l'aurait reçu de celui-là qui donne l'enseignement, dont les mystères s'apparentent à la Kabbale ». *Stéganographie* de Trithème, cité par P. Chacornac : *Grandeur et Adversité de Jean Trithème,* Ed. Traditionnelles.

verrons, ce sera Saint-Yves d'Alveydre qui pensera l'avoir découvert avec son « archéomètre ».

Paul Chacornac écrit à propos de l'instrument de Wronski : « On lisait, paraît-il, sur les rayons des cercles concentriques de son prognomètre... :

« Toutes les sciences sont les degrés d'un cercle qui roule sur le même axe ;

« L'avenir est dans le passé, mais il n'est pas contenu tout entier dans le présent ;

« Les connaissances associées sont les rayons du prognomètre. »

A. Faivre dit bien que ce chercheur fut un mathématicien théosophe, plus qu'un théosophe mystique, « un spéculatif soucieux de découvrir des voies nouvelles plus qu'un ésotériste désireux d'approfondir les données d'une Tradition (79) ». En ce sens, il se situe bien comme l'« ancêtre » de R. Abellio. Il connut par ailleurs une franche hostilité de la part d'un milieu « martiniste » : la *Société de morale chrétienne,* qui sentait en lui un ennemi potentiel.

Ses œuvres : *Introduction à la philosophie des mathématiques* (1811), *Le Sphinx* (1818) ou encore *La Philosophie de l'Infini* (1826) portent la marque de ce que l'on a nommé son « séhélianisme » (signifiant « raison » en hébreu), millénarisme visant à parachever le christianisme, et, de religion révélée, le transformer en religion prouvée.

Souvenons-nous de l'importance du vitalisme depuis le XVIIIe siècle : « Wronski construit tout son système autour de ce concept vitaliste, comme Schelling : il y a chez tous les deux un accord de Leibniz et de Kant, du monisme et du finalisme. Reprenant des notions déjà vues chez Fabre d'Olivet, Wronski affirme que l'être, pour devenir vie, doit se faire triade en se changeant en 4 pour revenir à 1, sans que le passage du 1 au 3 signifie contradiction interne (80). » C'est là une philosophie de la réunion du corps et de l'esprit, de l'Etre et de la forme, du sujet et de l'objet.

Ainsi salue-t-il en Schelling le philosophe de l'« Identité primitive du Savoir et de l'Etre ». Et, selon le même auteur (A. Faivre) : « Cette logique des antagonismes permet... d'accéder à un niveau supérieur de vie, de conscience (81)... »

Transporté dans l'Histoire, cette philosophie permet de concilier pensée et action et, comme le maître de Ganges — à la différence

---

(79) A. Faivre, *op. cit.*
(80) *Ibid.*
(81) *Ibid.*

près qu'elles n'apparaissent pas dans le même ordre —, il distingue trois puissances dominantes : la Providence, le Destin et le Règne de l'homme, c'est-à-dire de la Raison. Cette vision est aussi évolutionniste et ascensionniste et, comme l'écrit J.-C. Frère : « Après avoir atteint à la vérité absolue, le monde tendra la main vers le bien absolu, période terminale de l'Histoire. Son but est la vertu (82). »

Wronski emprunte à son prédécesseur cette théodicée de la Providence, qui veut que l'humanité soit guidée par des êtres exceptionnels, au destin héroïque ; vivant sous l'Empire, il verra en Napoléon la présence (83), et même l'irruption, du sacré dans l'Histoire, la transcendance révélée : « Ainsi les principes fondamentaux de l'empire de Napoléon et, par conséquent, de sa grande réforme politique se réduisent aux deux principes très simples que nous venons de signaler, savoir : 1/. Comme but suprême de la politique, l'établissement de l'empire de la Raison, pour le triomphe de la Vérité ; et 2/. comme *moyen tout-puissant* de la politique, l'identification des deux souverainetés, divine et humaine, pour fonder... l'autorité politique nécessaire au triomphe et, par conséquent, à la recherche de la Vérité (84). »

Oeuvre inexplorée et introuvable que celle de Wronski, qu'il importe de découvrir, puisque, nous le verrons, elle appartient au même courant que celui où s'illustrera Saint-Yves d'Alveydre, mais aussi, avec une plus large extension, le philosophe et théoricien de l'occulte historique Raymond Abellio.

Saint-Yves d'Alveydre et l'Agarttha, ou la Synarchie universelle

Un des autres perpétuateurs — à certains égards — de Fabre d'Olivet fut le marquis Saint-Yves d'Alveydre (1842-1909). Cet auteur développa, en même temps que la question la plus troublante de son œuvre, celle du Centre du Monde, ou *Agarttha,* certaines thèses du théosophe de Ganges. Certes, il avoue sa dette, mais trop faiblement : « Je lui paierai ainsi le tribut d'admiration

---

(82) J.-C. Frère : *L'Occultisme,* Ed. Grasset.
(83) De même Abellio parlera de « Prêtresse Invisible » dans *Vers un nouveau prophétisme.*
(84) H. Wronski : *La Nomothétique séhélienne,* cité par J.-C. Frère, Ed. Grasset.

que lui doivent tous les penseurs et tous les érudits du monde (85). »

Saint-Yves d'Alveydre, puisant aux sources de Fabre et de Court de Gébelin, qui étaient les seuls à avoir fait œuvre d'historiens « parallèles », se servit aussi des progrès de son temps pour écrire ses *Missions,* où il prend soin de noter ce qui le distingue de Fabre : « Après une analyse de la synthèse de Fabre d'Olivet, j'en donnerai la critique, celle que je me suis faite et qui a motivé mes Missions... Le lecteur studieux retirera de ces deux synthèses, l'une, celle d'Olivet, païenne et aristotélicienne, l'autre, la mienne, judéo-chrétienne et synarchique, un fruit d'autant plus grand qu'il lira parallèlement les deux œuvres (86). »

Qui était Saint-Yves d'Alveydre, sinon, comme l'écrit J. Weiss (87), un ésotériste qui avait réussi, avec plus ou moins de bonheur, à mettre en pratique des thèses ésotériques sur l'alliance du pouvoir temporel et spirituel. En appliquant ainsi l'ésotérisme à la politique, celui-ci édifia un système dont l'ampleur et l'originalité peuvent surprendre malgré de bien grandes naïvetés et de contestables opinions.

C'est lui qui, en exil, dans sa jeunesse, avait pu puiser à Jersey, chez Julie Faure, la fidèle disciple de Fabre d'Olivet, aux sources directes et souvent inédites du défunt maître... Cependant, ainsi que l'écrit J. Weiss, l'admiration de Saint-Yves d'Alveydre pour son prédécesseur n'était pas exempte de réserves (88). Réserves formulées sur les différences d'appréciation du christianisme entre les deux penseurs. C'est que Saint-Yves était un de ces théoriciens qui désiraient mettre en œuvre la solution sociale parfaite sous l'égide du « Règne de Jésus-Christ ».

Après avoir été un jeune homme fantasque, il s'était, à l'instar de Fabre, pris de passion pour l'étude des textes anciens, des langues et de la Science sacrée : il semble aussi avoir connu le sanskrit, l'hébreu et l'arabe.

Nous ne parlerons de sa vie que pour signaler son mariage (providentiel, mais qui lui attirera de nombreuses calomnies) avec la comtesse Keller, qui le fit noble et riche, ce qui lui permit de se consacrer à son œuvre, c'est-à-dire à ses *Missions*. Or, le mot — assez révélateur — l'indique, les *Missions* se proposent de changer les rapports des hommes entre eux et avec le sacré. Curieux homme que ce marquis qui dicte en extase, à son secrétaire, sa

---

(85) Saint-Yves d'Alveydre : *Pro Domo,* Ed. Calmann-Lévy.
(86) *Ibid.*
(87) J. Weiss : *La Synarchie,* Ed. R. Laffont, coll. Les Portes de l'Etrange.
(88) *Ibid.*

série de *Missions* de 1882 à 1890 : *Mission des Souverains, Mission des Ouvriers,* puis celle des *Juifs,* enfin *Mission de l'Inde en Europe.* Puis ce sera *La France vraie,* prédédée de *Pro Domo.*

Ecoutons ce qu'il dit lui-même de ses ouvrages : « Dans *Mission des Souverains,* j'ai voulu démontrer que l'Etat social chrétien tend vers une constitution unitaire, ayant trois Pouvoirs arbitraux comme organisme typique, et j'ai donné à cet organisme le nom de synarchie qui signifie : avec principes... Dans *Mission actuelle des Ouvriers,* j'ai appliqué la méthode à la réorganisation possible de ma patrie... Dans la *Mission des Souverains* parmi les rois, parmi les prêtres chrétiens... j'ai dû faire ainsi parler, par moi, la souveraineté royale ou populaire, la religion dans ses rapports avec la sociologie, parce qu'il est urgent de rendre efficaces, pour l'accomplissement social du christianisme, les fonctions souveraines et sacerdotales (89)... »

Et ainsi l'auteur s'attache à démontrer, preuves à l'appui, le bien-fondé de sa méthode synarchique. Quels rapports a-t-elle avec l'ésotérisme ? C'est, au fond, la même constante, que nous avons déjà découverte chez les auteurs du XVIIIe siècle, et qui reste celle des correspondances. L'Etat social est en rapport analogique avec l'Etat humain, mais aussi universel. Appliquée en politique, la Synarchie peut être présentée telle une analyse considérant les communautés humaines comme un monde clos, un organisme, sorte de biologie sociale.

— La première fonction, dit Saint-Yves, correspond à la « nutrition », et c'est l'économie ;

— La deuxième peut se définir comme l'âme, la volonté, c'est la législation et la politique ;

— Enfin, la troisième correspond bien sûr à l'Esprit et, selon Saint-Yves, concerne la science et la religion.

Ces trois fonctions, dirigées par des institutions spécifiques et adaptées, doivent réaliser la synthèse parfaite du gouvernement, social et religieux, selon la définition étymologique : « Gouvernement d'un Etat, autorité par plusieurs personnes ou plusieurs groupements à la fois (90). » Ce qu'il reprochait, entre autres choses, à Fabre d'Olivet, à savoir sa prédilection pour la théocratie (Fabre rêvait d'une Europe unie sous un seul chef temporel et un seul chef spirituel, ce qui aurait eu des chances d'être... lui-même), Saint-Yves pense avoir trouvé, avec la Synarchie, la réconciliation exacte (et la seule possible) de la science et de la foi.

---

(89) Saint-Yves d'Alveydre : *Mission des Juifs,* Ed. Calmann-Lévy.
(90) Dictionnaire Robert.

Pour lui, la société n'est pas cet élément dont parle le théosophe de Ganges : elle est un corps vivant, qui doit être régénéré par le judéo-christianisme appliqué dans l'Etat. Il s'agit, on peut le voir, d'une union de forces contraires en une synthèse qui peut nous rappeler les « forces compressives et expansives » de Fabre. Nous emprunterons, pour simplifier, un schéma à l'excellente étude de J. Saunier sur les principes synarchiques (91) :

— Réconciliation de la science et de la religion judéo-chrétienne (sous l'autorité d'un pape vraiment très œcuménique !) ;

— Distinction de l'autorité et du pouvoir (R. Guénon en parlera aussi très longuement) ;

— Limitation de la politique à trois pouvoirs sociaux spécifiques, et spécialisés (on comprend, au vu de cette annonce technocratique, la vogue dont jouira Saint-Yves chez les polytechniciens de *X-Crise* en 1940).

Et, bien sûr, il ne s'agit pas de limiter l'Etat synarchique à la seule France (qui pourtant doit en être le moteur premier), mais de l'étendre à l'Europe tout entière. Alors pourront se réunir, lors d'états généraux géants, les communes, les Etats, les Eglises, sous le même système synarchique. Car la Synarchie, dans l'esprit de Saint-Yves, est le vieux rêve de la réunion de la gauche et de la droite, des ouvriers et des capitalistes, des savants et des prêtres sous la même bannière et le même esprit : c'est déjà, d'une certaine façon, le mythe de la défense de l'Occident, contre lui-même dans ce qui le menace : l'Anarchie, gouvernement sans Principes. Ne lance-t-il pas dans *Mission de l'Inde* cet avertissement, prophétique à plus d'un titre : « Si vous ne faites pas la Synarchie, je vois, à un siècle d'échéance, votre civilisation judéo-chrétienne pour toujours éclipsée, votre suprématie brutale pour toujours matée par une renaissance incroyable de l'Asie tout entière, ressuscitée, debout, croyante, armée de pied en cap et accomplissant sans vous, et à votre encontre, la promesse sociale des abramides, de Moïse, de Jésus-Christ et de tous les kabbalistes judéo-chrétiens (92) » ?

Il reste que Saint-Yves, dans *Mission des Juifs,* reprend le vieux thème de Fabre et des idées qui commencent à circuler parmi l'occultisme naissant (les futurs martinistes et les théosophistes de Mme H.P. Blavatsky) celle du cycle de Ram, des Hyperboréens, et de la Mission (pour Saint-Yves) des Juifs. Ceux-ci se doivent de fournir à la Synarchie la réalisation du Verbe de Moïse et de la

---

(91) Cf. J. Saunier : *La Synarchie,* Ed. Grasset.
(92) Saint-Yves d'Alveydre : *Mission de l'Inde en Europe,* Ed. Dorbon Aîné.

Parole de Jésus : « Il importe enfin à Israël de reprendre sa grande mission, de préparer son propre triomphe, d'aider la Chrétienté tout entière à exécuter, en Europe d'abord, sur toute la terre ensuite, et dans toute leur immense portée sociale, le Testament de Moïse et celui de Jésus-Christ... divin legs de la plus vieille Tradition, de la plus auguste sagesse (93)... »

C'est à ce moment que d'assez fortes campagnes de diffamation et d'accusation se déclenchent contre Saint-Yves : on l'accuse avec quelque raison d'avoir pillé Fabre d'Olivet, et d'affaire de mœurs (par pure malignité). « Ce qui est sûr, dit Jean Saunier, c'est que sa notoriété, qui commençait à s'affirmer auprès des occultistes, subit un rude choc (94). » O. Wirth, S. de Guaïta éprouvèrent « un cruel désenchantement ». Mais Saint-Yves continue toutefois son œuvre après avoir répondu, de son style, aux attaques dans *La France vraie* et *Pro Domo*. « A peine eus-je publié la *Mission des Souverains* que j'entendis siffler de l'étranger et d'ailleurs pas mal de reptiles (95). » Car si Saint-Yves a bien vu, dans beaucoup de ses œuvres, beaucoup d'intuitions lumineuses, c'est souvent aussi un auteur grandiloquent, presque mégalomane : « Voilà longtemps que je veille invisible et que je vois tout, longtemps que comme une vigie nationale je regarde et écoute les deux France, les deux Paris. » Toutefois, il va continuer ce vers quoi il croit devoir aller, et connaître l'étrange, de façon indiscutable. Situons l'époque rapidement. Nous sommes en 1880, et déjà apparaissent les idées théosophistes de H.P. Blavatsky, orientalisantes (*La Grande Loge blanche du Tibet, Les Maîtres invisibles*), qui s'exprime en France par la Loge « Isis », bien que déjà la duchesse de Pomar ait également contribué à lancer la notion de « Mahatma » dans la revue *L'Aurore du jour nouveau*, dont le titre indique déjà tout un programme.

« Ces *Mahatma*, écrit J. Saunier, resssemblent, bien sûr, étrangement aux rose-croix et aux *Supérieurs Inconnus,* à ceci près qu'ils n'hésitent plus, pour se faire connaître aux dirigeants du théosophisme, à recourir à de véritables tours de prestidigitation. Ainsi Koot Hoomi Lal Singh, Moyra... dont les noms même sont parfois des défis aux lois les mieux assurées de la linguistique (96). » L'idée de « maîtres invisibles » est dans l'air, du moins celui des milieux occultistes. C'est à ce moment, en 1886, que Saint-Yves fait paraître *Mission de l'Inde en Europe, Mission de*

---
(93) Saint-Yves d'Alveydre : *Mission des Juifs, op. cit.*
(94) J. Saunier, *op. cit.*
(95) Saint-Yves d'Alveydre : *Pro Domo, op. cit.*
(96) J. Saunier, *op. cit.*

l'Europe en Asie, La Question du Mahatma et sa solution. Cet ouvrage, en lui-même fantastique, contient une étrange description de l'Agarttha, Centre du Monde, centre initiatique où « vivraient », si l'on peut dire, le Roi du Monde et ses assesseurs. Voilà qui prête à sourire à première vue : le Pontifex et Rex suprême qui dirigerait la vie de la planète, de façon discrète et invisible. Pris à la lettre, sans tenir compte du symbolisme évident de ces données, cela ressemble assez à la thèse délirante des théosophistes, celle de la « Grande Loge blanche » et des « Mahatma-Maîtres de Sagesse ». Nous aurons ultérieurement, avec René Guénon et les témoignages d'Ossendowsky, plus d'éclaircissements au sujet du Roi du Monde. L'ouvrage de Saint-Yves reste tout de même extrêmement clair sous son style amphigourique et très impressionnant. De toute façon, les ésotéristes de tous les âges avaient parlé de l'Agarttha, et si l'on songe au Moyen Age (97) on verra que l'énigmatique « Prêtre Jean » n'était pas autre chose que cette entité régnant sur un immense et inconnaissable Royaume. Que s'était-il passé pour Saint-Yves ? Ses principaux biographes disent qu'il reçut la visite d'un « mystérieux émissaire », le pseudo-prince afgan Hadji Scharipf, qui aurait été mandaté, selon l'auteur, par le « Roi du Monde » lui-même. La description de ce centre laisse songeur : « Dans la crypte souterraine où réside le corps du dernier Pontife se trouve l'Archis qui forme le zéro des Arcanes représenté par ses vingt et un collèges. Son nom Marshi signifie le Prince de la Mort... Et aux heures de prière, pendant la cérémonie des Mystères cosmiques, bien que les hiérogrammes sacrés ne soient murmurés qu'à voix basse dans l'immense coupole souterraine, il s'accomplit à la surface de la Terre et des Cieux des phénomènes étranges. Les voyageurs et les caravaniers qui errent au loin... s'arrêtent, hommes et bêtes, anxieux, écoutant (98). » Bien sûr, ce

---

(97) Ecrivant sur l'actuelle Mongolie, Athanase Kircher la décrit comme le royaume « où le Grand Prince fi cognu de tout le monde, appelé Preftre Jean a estably son Throfne, et mis fa rafidence. Ce pays est maintenant tributaire du grand *Cham*, quoiqu'il y ait un Prince de la race du Preftre Jean... la plus grande partie des habitants de ce Royaume font gloire de proffefer l'Evangile... » (Athanase Kircher : *De la Chine*, 1607 ; cf. aussi la vie d'*Apollonios de Thyane*, de Philostrate).

(98) Saint-Yves d'Alveydre : *Mission de l'Inde*, op. cit.

Kircher, parlant (en termes voilés ?) des royaumes mythiques de *Jagog et Magog*, qu'il situe dans l'espace occulte de la Mongolie, dit « qu'on voit la nuit un certain endroit fitué au-delà de ces lieux eflevés, des feux qui paroiffent dans l'obfcurité des ténèbres, lefquels ne fçauraient estre veux de jour, que fous la figure d'une nue obfcure et d'un brouillard efpais... » (Athanase Kircher, *op. cit.*).

Centre réalise le grand rêve nostalgique de toujours, celui de la Grande Unité des Cultes : c'est l'Eglise suprême et le Gouvernement parfait : « Car la prière de l'Agarttha unit dans un même amour et dans une même sagesse tous les Cultes qui préparent dans l'Humanité les conditions de son retour cyclique à la loi divine de son organisation... Tel est dans l'Agarttha, tel était dans les pyramides d'Egypte, en Crète, en Thrace et jusque dans le temple druidique d'Isis à Paris, là où s'élève Notre-Dame, le Mystère suprême (99)... »

L'Agarttha, également gouverné par une société synarchique, repose sur le Brahatma « support des âmes dans l'esprit de Dieu », et ses deux assesseurs, le Mahatma, « représentant l'Ame universelle », et le Mahanga, « symbole de toute l'organisation matérielle du Cosmos ». Voilà qui évoque assez le partage des deux pouvoirs (spirituel et temporel) au Tibet, pour que les théosophistes aient plus tard spéculé sur ces rapprochements. L'organisation de ce Centre serait la suivante :

« Des milliers de dwija, deux fois nés, de yoghi unis en Dieu forment le grand cercle... Au-dessous d'eux et en marchant vers le centre, nous trouvons cinq mille pundit... Leur nombre correspond à celui des racines hermétiques de la langue védique... L'Agarttha tout entière est une image fidèle du Verbe éternel à travers la Création... Le cercle le plus élevé et le plus rapproché du centre mystérieux se compose de douze membres. Ces derniers représentent l'initiation suprême et correspondent, entre autres choses, à la zone zodiacale (100)... » Succédant au centre plus ancien encore d'Ayodhya, elle est le siège du Suprême Pontificat et d'une université où se règle le destin de l'Humanité, image que reprendront, en la déformant, les théosophistes et leur « Grande Loge blanche ». Selon Saint-Yves, mais aussi plus tard, bien d'autres auteurs, dont G. Gurdjieff qui y fera parfois allusion, cette Cité sainte serait au cœur des Himalayas, dans les vallées du Chitral. Dans cette ville, les hauts initiés parlent le *vattan*, langue inconnue des linguistes et des savants — mais, dit Saint-Yves, que connaissent donc les savants ? —, on trouve les archives secrètes de l'humanité, les machines les plus perfectionnées, les spécimens d'êtres et d'animaux disparus ; tout cela constituant la sauvegarde potentielle de l'humanité, spirituellement et politiquement. Et, comme l'écrit J. Saunier : « C'est en quelque sorte par délégation que tous les réformateurs de l'humanité, les « grands initiés » pour

---

(99) Saint-Yves d'Alveydre : *Mission de l'Inde, op. cit.*
(100) *Ibid.*

reprendre la terminologie de Schuré, viendraient de temps à autre remettre de l'ordre, l'ordre synarchique, dans les collectivités humaines (101). » Vision qui nous est déjà familière, et qui a bien les traits de la Providence selon Fabre.

Car l'Histoire n'est-elle pas, selon lui, à l'image d'un combat manichéen entre l'Ordre et le Désordre, la Synarchie et l'Anarchie (102) ? De ce Centre sacré viendraient, lorsque l'humanité le nécessiterait, selon le temps et les besoins, les Envoyés divins tels que Ram, Orphée, Moïse, Jésus, et bien d'autres encore (notons que Saint-Yves n'est pas loin de s'ajouter à la liste). Car, révélant les principes synarchiques, qui sont la Tradition primordiale, il se présente logiquement comme le dépositaire de la « science orale » : « Je démontre, appuyé sur l'histoire du monde, que la Synarchie, le gouvernement arbitral trinitaire, tiré des profondeurs de l'initiation de Moïse et Jésus, est la promesse des israélites comme la nôtre (103)... »

Il reste que Saint-Yves d'Alveydre, dès la publication de cette œuvre, la fit détruire (à l'exception d'un seul exemplaire miraculeusement épargné qui nous permet de la connaître). Pourquoi ? Nul ne le sait exactement. Avait-il vu en « dédoublement », comme il le prétendait, des « lieux » devant demeurer inconnus, avait-il mal utilisé des renseignements très secrets dont il fut obligé d'effacer toute trace ? Plus tard, selon Paul Chacornac, un second personnage indien vint spécialement à Paris pour le rencontrer (104), mais aurait été découragé par sa facilité à prendre « les enseignements qu'on lui transmettait non pas comme un enseignement traditionnel qu'on doit recevoir et assimiler, mais comme des éléments destinés à s'intégrer dans un système personnel (105) ». Nous terminerons cette brève vision du

---

(101) J. Saunier, *op. cit.*
(102) Etrangement, c'est aussi en ces termes qu'un lama mongol dit à F. Ossendowsky : « La reconnaissance de l'existence du plus saint et du plus puissant des hommes, du royaume bienheureux, du grand temple de la science sacrée est une telle consolation... que le cacher à l'humanité serait un péché... » Lui révélant que le Roi du Monde se met parfois en « relation avec Dieu » en « entrant dans la caverne... où repose le corps de son prédécesseur », il poursuit : « A ce moment, le Roi du Monde est en rapport avec les pensées de tous ceux qui dirigent la destinée de l'humanité : les rois, les tsars, les khans... Il connaît leurs intentions et leurs idées. Si elles plaisent à Dieu, le Roi du Monde les favorisera de son aide invisible... » (F. Ossendowsky, *Bêtes, hommes et dieux,* Ed. Plon.)
(103) *Mission des Juifs, op. cit.*
(104) P. Chacornac : *La Vie simple de René Guénon,* Ed. Traditionnelles.
(105) *Ibid.*

marquis Saint-Yves d'Alveydre, père de l'idée synarchique (que l'on retrouva plus tard, en 1936-1940, mais sous un aspect bien différent), avec le parachèvement de son système : l'*Archéomètre*.

L'Archéomètre, ou instrument de synthèse universelle, n'est autre que le vieux rêve, toujours caressé, des Athanase Kircher, Raymond Lulle, mais encore Francisco Sanchez, inventeur du *speculum archetypum,* pouvant expliquer tous les mots, ainsi que la clef de tous les modes musicaux. Nous n'avons garde d'oublier dans cet ordre d'idées Hoëne Wronski, inventeur du *Prognomètre.* L'Archéomètre, selon les hermétistes, c'est la « mesure de l'Archée », soit du Principe, et, selon J. Saunier, « l'ambition de Saint-Yves est donc d'inscrire cette mesure du Verbe dans un instrument matériel, celui utilisé par les Anciens pour la constitution de tous les mythes ésotériques des religions. C'est le canon de l'Art antique dans ses diverses manifestations, musicales, architecturales, poétiques et théogoniques (106) ».

Instrument formé de signes zodiacaux, planétaires, notes de musique, couleurs, lettres arabes, hébraïques, sanskrites, « vattan » (langue primordiale, selon Saint-Yves, de l'Agarttha), nombres, il donne enfin la mesure du système des correspondances universelles. Ainsi, il permet à chacun d'élaborer des formes d'après une idée, au poète une poésie de correspondances entre lettres et couleurs, au musicien de composer une pièce en rapport avec les nombres. On se prend à songer à Baudelaire ou plus encore à Rimbaud et, comme l'écrit Papus, « les rapports des lettres et des couleurs entrevus intuitivement par Rimbaud et ses imitateurs sont déterminés scientifiquement par l'Archéomètre (107) ».

On notera que, ainsi, Saint-Yves mit ou crut mettre en forme ce qui était la pensée thématique dominante des illuministes du siècle précédent : les correspondances microcosme-macrocosme (108). Conclura-t-on alors comme J. Saunier que « Saint-Yves d'Alvey-

---

(106) J. Saunier, *op. cit.*
(107) Papus, cité par J.-C. Frère, *op. cit.*
(108) A ce sujet, citons encore une curieuse méthode de correspondance, rappelant plus ou moins l'Archéomètre, que cite P. Le Brun : « J'ai ouï dire plusieurs fois que quelques personnes s'étaient communiqué des secrets, plus de cinquante lieues loin, par des aiguilles aimantées. Deux amis prenaient chacun une boussole autour de laquelle étaient gravées des lettres de l'alphabet et on prétend qu'un des amis faisant approcher l'aiguille de quelqu'une des lettres, l'autre aiguille, quoique éloignée de plusieurs lieues, se tournait aussitôt vers la même lettre. » (P. Le Brun : *Pratiques superstitieuses*, cité par P. Chacornac : *Jean Trithème*, Ed. Traditionnelles.)

dre n'est pas un auteur aussi singulier qu'on pourrait le croire. Tout au contraire apparaîtrait-il plutôt comme l'un des derniers utopistes du XIXᵉ siècle (109) »... Oui, certes, mais aussi un personnage qui pour grandiloquent et utopiste qu'il soit n'en assure pas moins une transition entre Fabre d'Olivet et son siècle. Son œuvre politique reste considérable, même si ce n'est pas dans le sens où on l'entend habituellement. Il ne s'agit pas, bien sûr, d'économie politique quantitative, mais d'idée perfectionniste du monde, sous ses trois aspects. Fabre était théocrate et briguait le poste de chef spirituel d'une Europe unifiée, aux côtés d'un empereur européen. Saint-Yves se faisait le héraut des états généraux de l'Europe, qui auraient été tout de même sa réalisation spirituelle.

Rêves fous, impossibles ? Probablement, mais non exempts de prophétisme et d'ampleur, et après tout, malgré leur caractère très « personnel », illustrant assez fortement un ésotérisme entré dans le domaine politique (au sens large) au secours d'un Occident déjà déclinant.

Enfin, la part la plus mystérieuse de son œuvre — l'existence de l'Agarttha — livre déjà un climat qui sera celui — mal interprété — du théosophisme et de l'occultisme, et qui ne cessera de hanter les esprits, puisque, comme nous le verrons, F. Ossendowsky, Guénon, et même G. Gurdjieff s'y sont penchés. Thème mystérieux, qui pourrait receler de nombreuses clefs, mais dangereux aussi, par les élucubrations contre-initiatiques qu'il permet.

Eliphas Levi ou les chemins de l'occultisme

Si, comme le notent certains auteurs, Saint-Yves d'Alveydre, de son vivant, et même ensuite, a pu avoir une audience certaine, c'est par le truchement des milieux occultistes de son époque, et qui, par lui, pouvaient ainsi affirmer une position « politique » (dans le sens occultiste du terme).

Nous reviendrons sur l'étude de l'occultisme (français surtout, où d'ailleurs il se montre le plus important) avec Eliphas Levi, mais, déjà, nous rappellerons les grandes lignes de sa genèse. L'occultisme, terme, on le sait, créé par Eliphas Levi, est d'origine récente. Auparavant, on parlait de sciences occultes, c'est-à-dire

---

(109) J. Saunier, *op. cit.*

cachées, telles que la magie, mais on n'avait jamais cherché en fait à les réunir sur un corps de doctrine unique, ce qui implique le terme d'occultisme. A vrai dire, ce corps doctrinal est formé d'éléments bien disparates et pour Eliphas Levi comprenait par exemple la Kabbale hébraïque, la magie et l'hermétisme.

En vérité, l'occultisme nous apparaît aujourd'hui bien souvent comme une réaction contre le siècle de l'industrialisation, mais aussi comme une préoccupation lourde, ténébreuse, teintée souvent de délires et d'incroyables erreurs. Surtout elle se caractérise, nous l'avions déjà dit, comme le règne du mélange des genres.

Magnétisme, Kabbale, quelques éléments de Gnose, d'Arithmosophie et de Magie opératoire, voici quels étaient les éléments dont disposait le chantre de l'occultisme Alphonse-Charles Constant, alias Levi. Qui était-il réellement ?

Eliphas Levi, de son vrai nom, Alphonse-Charles Constant, était le fils d'un savetier. Son enfance, solitaire et pieuse, le dirigeait vers l'Eglise : « Mon cœur s'éprit d'un dieu qui s'était sacrifié pour ses enfants... la tendre image de l'agneau immolé me faisait verser des larmes et le doux nom de Marie faisait palpiter mon cœur (110) », dira-t-il plus tard. Il entra au séminaire d'Issy et y devint diacre, mais abandonna l'état ecclésiastique l'année où il devait être prêtre. En fait, le pur amour mystique ne lui suffisant plus, il avait vécu dans un concubinage misérable et sordide, connu la pauvreté, et s'était marié avec une femme beaucoup plus jeune, qui le quitta. Acquis aux idées socialistes, il publie un pamphlet : *La Bible de la liberté*, qui lui valut la prison à Sainte-Pélagie. Mais ce qu'il cherchait ne pouvait être trouvé dans l'expérience politique (on fusilla à sa place, aux barricades de 1848, un marchand de vin qui lui ressemblait). Lors de son séjour en prison, et pour paraphraser Poe, l'« Ange de l'Occulte » l'avait déjà visité. C'est là qu'il découvrit la lecture de Swedenborg, Bœhme et Saint-Martin. Très imaginatif, le prisonnier eut tôt fait d'élaborer maint système occultiste en empruntant, de-ci, de-là, de nombreux éléments.

H. Masson (111) précise que c'est à cette époque qu'il rencontre Ganneau « et découvre la bipolarité, expansive et compressive de l'univers, ainsi que le révèle le Mapah ». Or, le Mapah, ou plutôt M. A.P., était une sorte de Messianisme illuministe fondé sur la

---

(110) Eliphas Levi, cité par F. King : *La Magie*, Ed. du Seuil, Art et Imagination.
(111) H. Masson : *Dictionnaire initiatique, op. cit.*

Trinité Mère-Amour-Père ; le Père est l'esprit, l'Amour le Grand Médiateur et la Mère matière, qui engendre le Démiurge androgyne le « Grand Evadam ». D'une façon comparable aux sectes gnostiques des premiers siècles, on préconise le végétarisme, l'union libre ou la chasteté. Et, bien entendu, le fondateur de la « Nouvelle Alliance », c'est Ganneau lui-même. Après la Chute, c'est la femme qui doit être le moteur de la reconstitution primordiale, avant la venue du « Messie ». Et, puisque Napoléon est identifié à Caïn, on retourne, depuis Waterloo, à l'Unité originelle. Comme plus tard, pour les théosophistes, on retrouve ces illuministes dans les cercles révolutionnaires et féministes, et on ne peut être étonné d'y rencontrer là un Eliphas Levi révolutionnaire et prêchant un culte marial fort étrange.

Car, déjà, Levi éprouvait la double attirance, qui motivera sa vie et sa recherche : le besoin de l'ancien diacre, aspirant à la paix catholique, et de l'autre le futur « magiste » dévoré de passion pour l'occulte. Sa rencontre avec Hoëne Wronski fut, à cet égard, décisive, et vint à point pour fortifier ses systèmes autodidactes encore défaillants. « C'est, ainsi que l'écrit F. King, Wronski, semble-t-il, qui introduisit Levi à la Kabbale. Lui encore qui montra à Levi le Prognomètre... Lui enfin qui convainquit Levi de la venue d'un " âge du Saint-Esprit " où l'on verrait une magie nouvelle et purifiée fixer la " nature absolue " de l'homme (112). » De ses expériences naquit un des recueils les plus importants de son œuvre : *Dogme et Rituel de la haute magie*.

Constant change alors son nom pour le patronyme hébraïque et synonyme d'Eliphas Levi Zahed. A partir de 1853, sa réputation d'érudit et son audience bien établie lui attirent des disciples (on sait, d'après les portraits et les témoignages, qu'il avait un pouvoir magnétique évident). Il s'adonne, dit-on, à l'Alchimie, tel Nicolas Flamel, et prétend alors (durant une courte période) être une réincarnation de Rabelais. Il part à Londres au printemps 1854. Des « Supérieurs Inconnus » de la société rosicrucienne anglaise *Rosicruciana in Anglia* lui font rencontrer Sir Bulwer-Lytton, dont nous verrons l'influence sur le mythe « aryen » inspiré d'Edouard Schuré. Sir Bulwer-Lytton lui confère le « Baptême de la Lumière » et, ensemble, ils se livrent à des expériences de magie et de nécromancie, en évoquant les mânes d'Apollonius de Thyane, ce que Levi évoquera dans *Dogme et Rituel de la haute magie*. Cependant, ces pratiques ne sont pas couronnées d'un grand

---

(112) F. King : *La Magie*, op. cit.

succès, et les phénomènes les plus notables en seront une hallucination provoquée par les émanations d'un brasero à charbon.

Et, comme le souligne F. King, « il est curieux de noter que Levi, généralement considéré comme le magicien le plus réputé de sa génération, ne pratiqua que rarement la magie (113) ». Ce qui est beaucoup plus intéressant est bien sûr son rôle de théoricien, confus certes, mais théoricien tout de même. C'est alors l'époque de sa plus forte production, où paraissent *Dogme et Rituel de la haute magie, La Clef des Grands Mystères, Histoire de la magie*, etc.

Désormais, Levi a rompu avec Ganneau, Esquiros, Fourier, mais conservera jusqu'au bout son admiration pour l'œuvre de Wronski. Personnage somme toute secret, il n'eut, dans sa célébrité, qu'un nombre restreint de disciples, dont la femme de feu Balzac, Mme Hanska, Julie Gauthier et Flora Tristan, la grand-mère de Paul Gauguin, elle aussi disciple de Ganneau.

Son œuvre, qui, comme nous l'avons dit, se veut celle d'un doctrinaire, se borne en fait à avoir rassemblé (à de diverses et multiples sources) des systèmes empruntés à la magie ou à des sciences hermétiques, à la *Kabbale* (avec Wronski), mais mal assimilée, à quelques éléments gnostiques, en essayant de donner de tous ces matériaux une synthèse pouvant être conciliée avec la foi catholique.

Pour Levi, la magie, et l'occultisme en général, obéissait à trois grandes lois. La première, que nous avons maintes fois rencontrée était nommée par lui « loi de correspondance », entre le macrocosme et le microcosme, théorie qui certes n'est pas nouvelle, tout particulièrement en hermétisme et science magique. Si nous lisons Corneille Agrippa, nous voyons qu'effectivement cette science fait correspondre à chaque partie du corps humain et de l'âme une partie du Cosmos. Plus lyriquement, Levi déclarera que « l'âme humaine est un miroir magique de l'univers ». Cette science, c'est l'art de connaître les analogies entre le signe de naissance, les végétaux, les minéraux, les parfums correspondants, le jour, l'heure, les pentacles spécifiques... Cela devant servir de connaissance pratique pour le rituel et la « mise en état » de l'officiant. La deuxième loi énoncée par ce magiste était, et cela ne nous surprendra pas dans ce siècle, la volonté humaine, « force aussi réelle que la vapeur ou le courant galvanique ». On note ainsi

---

(113) F. King, *op. cit.*

au passage la confusion entre la magie et la technologie « avancée » de son temps. Ne s'agit-il point là de la représentation de la volonté égalant le mage, sinon aux dieux, du moins au surhomme (ce sera aussi un des thèmes d'Aleister Crowley) : « Pour faire des miracles, dit Levi, il faut être en dessus des conditions communes de l'humanité (114). » Parce que enfin la magie étant l'art d'influer sur la nature (et si elle n'est que cela, on voit son peu de rapport avec le véritable ésotérisme) : « Les opérations magiques sont l'exercice d'un pouvoir naturel, mais supérieur aux forces ordinaires de la nature (115). »

Enfin, la troisième loi incluse dans la théorie de Levi était le concept de *lumière astrale*. Mot dont on attribue la paternité à Paracelse, cette *lumière astrale* doit plus au mesmérisme et au vitalisme qu'au sens premier du grand hermétiste. Il suffit de songer à Du Potet parlant du magnétisme qui « explique une foule de phénomènes, qui de tout temps frappèrent d'épouvante et d'admiration les nations du globe », à Faria, au « fluide impondérable » de Puységur, pour retrouver l'exacte filiation du terme susnommé. Celui-ci fera son chemin, puisque tous les occultistes parleront bientôt de *lumière astrale*, de *corps astral*, jusqu'aux spirites qui en abuseront abondamment. En fait, comme le remarque J. Decottignies (116), le courant du magnétisme avait réussi à réaliser l'accord entre matérialistes et spiritualistes, au cours du XVIIIe siècle ; c'est assez dire son peu de précision et de sens.

La lumière astrale, à l'instar des fluides multiples du magnétisme, circule partout, et baigne toute la nature. Plastique et malléable, elle explique commodément tous les phénomènes surnaturels, ainsi que le spiritisme (dont Levi était pourtant — à son corps défendant — un détracteur). « Ces derniers, écrit F. King, commentant Levi, peuvent s'expliquer de la manière suivante ; les médiums physiques sont des " magiciens naturels " qui ont le pouvoir inné de modeler la lumière astrale (117) »... avec laquelle ils peuvent produire n'importe quoi. L'occultisme, mesmérisme dépassé, affirmant les pouvoirs du psychisme humain sur les êtres et les choses qui lui sont extérieurs ? Oui sans doute, comme ce Grand Arcane de la magie qui a pour objet « de mettre

---

(114) E. Levi : *Histoire de la magie*, Ed. Baillière.
(115) *Ibid.*
(116) J. Decottignies : *Prélude à Maldoror,* Ed. Armand Colin.
(117) F. King : *op. cit.*
(118) E. Levi : *Histoire de la magie, op. cit.*

en quelque sorte la puissance divine au service de la volonté humaine, de l'homme... la loi divine sera pour lui telle qu'il l'aura faite, et la nature deviendra pour lui ce qu'il voudra (118) ». De la même façon, « Do what Thou whilt » sera plus tard le credo et le dogme d'A. Crowley.

Dès lors, il est facile d'imaginer une cérémonie magique selon la conception d'Eliphas Levi. Ayant procédé aux opérations en accord avec les correspondances requises, le magicien (comme dans la théurgie) s'exalte et s'enflamme lui-même, et par l'exercice de sa volonté surhumaine envoie grâce au véhicule de la *lumière astrale* une « décharge d'énergie » jusqu'au plan où il veut agir : « Les hommes et les choses sont aimantés de lumière et peuvent, au moyen de chaînes électromagnétiques tendues par les sympathies..., communiquer les uns avec les autres... Là est le secret de la magie (119). »

Car, pour Levi, la magie a une mission : « Le magisme, dit-il, en révélant au monde la loi essentielle de l'équilibre, et l'harmonie résultant de l'analogie des contraires, prend toutes les sciences par la base et prélude par la réforme des mathématiques à une révolution universelle de toutes les branches du savoir humain (120). » Nous ne souscrirons tout de même pas à l'opinion de E. Antebi, lorsqu'elle écrit que : « Avant René Guénon (qui ne sut trop que penser d'Eliphas Levi), avant Julius Evola, Levi entrevit l'unanimité (*sic*) de la tradition. Qu'il intègre tant bien que mal à son système sociolo-catholicisant dans le climat de 1830 et 1848 (121). » Cela dit, Levi accorde la place la plus grande à la volonté du magicien, servi par la nature tout entière et convergeant vers son désir. Mais une volonté qui se soumet à Dieu : « Dieu, c'est ce que nous apprendrons éternellement à connaître. C'est par conséquent ce que nous ne saurons jamais... Dieu dans l'infini, c'est l'intelligence suprême et créatrice de l'ordre (122)... »

Car on l'a par ailleurs noté, Levi, dans *Le Grand Arcane dévoilé*, n'hésite pas à introduire des mélanges de notions étrangères et c'est ce qui, au fond, caractérise le mieux l'occultisme (cela ne fera qu'empirer avec les successeurs du vieux maître en magie).

Quant à ses connaissances kabbalistiques, elles ne soutiennent

---

(119) Eliphas Levi : *Dogme et Rituel de haute magie*, Ed. Niclaus, Paris, 1960.
(120) *Ibid*.
(121) E. Antebi : *Ave Lucifer*, Ed. Calmann-Lévy.
(122) E. Levi : *Dogme et Rituel de haute magie, op. cit.*

pas très longtemps l'examen. Pour lui, toute science occulte, toute révélation ne découle que de deux seuls ouvrages : « Le Zohar, qui représente la vérité absolue, et le Sepher Yezirah, qui donne les moyens de la saisir, de se l'approprier et d'en faire usage (123). » Enfin, fidèle aux conceptions mathématiques héritées de Wronski, Eliphas ne cesse de souligner l'importance des nombres, clef de voûte de toutes créations et de tout symbolisme, à l'alphabet hiéroglyphique de la Kabbale : « L'alphabet de Thôt, dont les trois septénaires donnent l'absolu numéral des trois mondes, et le nombre complet des lettres primitives (124). » Quant à l'analyse de la pensée sur l'Inde védique, elle montre des aspects résolument cocasses (mais Jacolliot aura fait beaucoup pour induire les Occidentaux en erreur) : « L'Inde, écrit-il, que la tradition kabbalistique nous dit avoir été peuplée par les descendants de Caïn, est la savante mère de toutes les idolâtries. Les dogmes de ses gymnosophistes seraient les clefs de la plus haute sagesse s'ils n'ouvraient encore mieux les portes de l'abrutissement et de la mort (125)... »

Le problème pour Eliphas Levi, plusieurs fois hérétique, était néanmoins de concilier catholicisme et magie. Tour de force effectif, qu'il n'arrivera jamais à réaliser, et nous pourrions citer, mais ce serait fastidieux, toutes les criantes contradictions, pour et contre le pape, ou l'Eglise, qui se suivent de page en page et d'œuvre en œuvre. Après avoir fustigé la sorcellerie, il peut poursuivre sans hésiter : « Qu'est-ce après tout qu'un sorcier ? Un thaumaturge que le pape n'a pas reconnu (126). » Mais il est vrai que tous les passages où Levi adresse une louange au pape et à l'Eglise sont peut-être à lire en double sens. Telle quelle, son œuvre, gangue où l'on peut parfois extraire quelque intéressant minerai, nous a donné l'occasion d'y consacrer un long chapitre pour deux raisons essentielles.

La première est qu'Eliphas Levi (que Guénon tenait pour beaucoup plus élevé intellectuellement que ses « disciples ») a posé les bases et donné l'essor à un mouvement néo-spiritualiste, encore important de nos jours, l'occultisme, dont il importe d'analyser les aspects réels et faux. La seconde raison a trait aux théories d'« astral » et médiumnité, nées de ce même courant, et qui vont connaître un prodigieux succès avec le théosophisme et surtout le

---

(123) E. Levi : *Le Grand Arcane, ou l'Occultisme dévoilé*, Ed. Chamuel.
(124) *Ibid*.
(125) E. Levi : *Histoire de la magie, op. cit.*
(126) *Ibid*.

spiritisme, contribuant à égarer, s'il était encore possible, les esprits de cette époque engagée dans la confusion de la science et de la foi et attirée par l'irrationnel que la société leur interdisait de plus en plus.

L'occultisme et les rose-croix : occultisme et martinisme

Si, comme le pense F. King, « en dépit de sa manière personnelle de traiter la tradition occidentale, l'œuvre de Levi possède une clarté qui a conduit la plupart des magiciens occidentaux à s'y attacher (127) », nous allons voir qu'il n'en va pas de même pour la plupart de ses successeurs, immédiats tout au moins.

Curieusement, le nom du « magiste », qui pourtant avait de son vivant connu un succès certain, fut oublié dans les premières années suivant sa mort.

Le poète symboliste Catulle Mendès, qui l'avait connu, conseilla à son ami le marquis Stanislas de Guaïta la lecture des œuvres de Levi vers 1880. Ce dernier, condisciple de Barrès, était alors un jeune homme riche, et poète de surcroît. La découverte de Levi, véritable révélation, décida, avec la lecture des *Missions* d'Alveydre et des romans de Peladan, de sa vocation ésotérique. Le marquis Stanislas de Guaïta choisit pour bibliothécaire et conseiller en science initiatique le futur grand profès Oswald Wirth, qui plus tard créa la célèbre revue *Le Symbolisme*. C'est lui qui écrira dans une apologie de son maître : « Guaïta a rendu l'immense service de nous élever au-dessus de la grossièreté des conceptions vulgaires, il n'est monté si haut que pour compenser l'exagération matérialiste de son siècle... Ce fut un croquis illuminé par une ardente foi de penseur (128). »

Illuminé, Guaïta le fut certainement, et cultiva plutôt cette tendance ; la drogue et l'exaltation imaginative y aidèrent. Il en mourut d'ailleurs.

Son œuvre, occultiste et placée sous le signe des sciences maudites, empruntant au satanisme et à la magie rituelle, résonne de curieux et ténébreux accents lucifériens. Citons par exemple *Le Temple de Satan*, *La Clef de la magie noire* et le *Problème du Mal*, études des forces démoniaques en action dans le monde.

---

(127) F. King, *op. cit.*
(128) O. Wirth, cité par J.-C. Frère, *op. cit.*

Mais Guaïta est bien sûr surtout connu par l'ordre kabbalistique de la Rose-Croix dont il fut l'un des fondateurs. Copié sur l'ordre des loges maçonniques, il était initialement dirigé par un Suprême conseil de douze initiés dont six seulement étaient connus de l'ordre lui-même. C'est ici que nous retrouvons les noms familiers de l'occultisme de la fin du XIXe siècle, tels ceux de Papus (le Dr Gérard Encausse), Joséphin Peladan (qui prit le titre chaldéen et honorifique de sâr Mérodack), Gabrol, de Guaïta lui-même. Cette rose-croix catholique, parallèle au rosicrucianisme maçonnique, avait été fondée en 1889. Mais, à la même époque, existait une infinité de sectes para-rosicruciennes, telles la *Societas Rosicruciana in Anglia,* dont fit partie Eliphas Levi, fondée en 1865 par Robert Wentworth, la *Fraternitas Hermetica*... Si la rose-croix catholique fut célèbre, c'est à la suite de ce que l'on nomma à l'époque la « guerre des Deux-Roses ». Joséphin Peladan (Sâr Mérodack) avait, en 1890, fondé sa propre confrérie, l'ordre de la rose-croix catholique du Temple et du Graal : « ordre intellectuel triple, pour les catholiques romains, les artistes et les femmes », visant à préparer l'avènement du Saint-Esprit. L'importance des rites, l'exaltation des discours, la jalousie des chefs de secte amenèrent vite une guerre qui se termina assez ridiculement.

Tout autre avait été, quelques années auparavant (au début de la vocation de Guaïta), ce que l'on a appelé la « guerre des Mages ». Car il y eut effectivement mort d'homme, provoquée ou non par les envoûtements. Guaïta avait connu un prêtre défroqué, Boullan, chef d'une organisation religieuse hétérodoxe, l'Eglise du Carmel de Marie, fondée dans les années 1840 par un étrange et ténébreux visionnaire, Michel Vintras. Ce singulier prophète célébrait alors le Culte provictimal de Marie, mais se livrait aussi à d'étranges pratiques. Rome condamna l'Eglise du Carmel et accusa le prophète d'homosexualité et de subornation. « Un certain Geoffroi, prêtre ordonné, alla même plus loin, disant que Vintras lui avait enseigné une curieuse prière destinée à accompagner la masturbation. Quelle que soit la vérité sur les déviations sexuelles de Vintras, il ne fait aucun doute que Boullan, qui fit la connaissance de Vintras..., était un pervers sexuel et se rendit probablement coupable de meurtre (129)... »

---

(129) F. King, *op. cit.*

Nous pensons personnellement qu'il s'agit plutôt là d'une réminiscence des pratiques barbélognostiques (que l'on peut aussi assimiler à des rites tantriques d'union sexuelle dite « de la main gauche ». Cf. à ce sujet J. Evola : *Le Yoga tantrique*, Ed. Fayard, Documents spirituels des premiers siècles. Cette magie

Boullan, qui, semble-t-il, pratiquait une sorte de magie par évocation, avec pratiques masturbatoires et union avec les succubes et les fantômes de Cléopâtre (*sic* !), fit la connaissance de Guaïta vers 1880. Ils ne restèrent pas longtemps en bons termes, et Guaïta le dénonça comme démoniaque dans *Le Temple de Satan*. Déclaration de guerre occulte, avec Guaïta et Wirth d'un côté, Boullan et Huysmans de l'autre. Huysmans, qui parle de « Wagram dans le ciel », ne crut pas si bien dire ; deux ans plus tard, Boullan trépassait, peut-être d'envoûtement ; c'est ce que, du moins, soutint toujours le romancier. Si nous nous sommes appesantis peut-être plus qu'il n'eût fallu sur cette sombre et tragicomique « affaire », c'est dans la perspective de situer le climat d'une époque véritablement troublée et annonciatrice des grands bouleversements qui allaient survenir.

Parmi les membres de la Société kabbalistique de la rose-croix catholique se trouvait, nous l'avons dit, le Dr Gérard Encausse, qui avait pris le *nomen mysticum* de Papus, un daïmon médecin du *Nuctemeron,* attribué à l'Apollonias de Tyane. Papus, un des principaux propagateurs et vulgarisateurs de l'occultisme, était né en 1865 à La Corogne, en Espagne. Après des études de médecine, assez brillantes, il devint assistant du rival de Charcot. Cette formation de psychiatre dirigea en quelque sorte sa structure d'esprit et son goût pour réconcilier la science et l'occulte, et l'entraîna, bien sûr, dans ce que Guénon appelait la « confusion du psychisme et du spirituel » caractéristique de la néo-spiritualité. Il se consacra alors à l'étude des sciences secrètes et, dit-il, à l'hermétisme : « En quelques mois, ces fameux grimoires m'étaient aussi faciles à lire que les ouvrages bien plus obscurs de nos pédants chimistes... Et, de plus, j'apprenais à manier cette merveilleuse méthode analogique qui permet de grouper toutes les sciences en une commune synthèse (130)... »

Car Papus (et, comme lui, les spirites et les occultistes de son époque seront souvent recrutés dans la classe sociale des médecins)

---

sexuelle — proche de celle de l'O.T.O. (Ordo Templis Orientalis) — est destinée à sacrer ce qu'il nommait *mariages spirituels, unions adamiques ou unions de vie :* « C'est par un acte d'amour coupable que la chute édénale s'est effectuée, c'est par des actes d'amour religieusement accomplis que peut et doit s'opérer la rédemption » (cité par S. Hutin : *Aleister Crowley*, Ed. Marabout). Et, poursuit le même auteur : « A la fin du XVIIIe siècle déjà, on peut présumer avec raison que la croyance aux couples magiques avait fait l'objet d'une systématisation rituelle au sein de certaines sociétés secrètes en marge de la franc-maçonnerie... »

(130) Cité par P. Encausse : *Papus, sa vie, son œuvre,* Ed. O.C.I.A.

se veut spiritualiste, c'est-à-dire opposé au matérialisme de son temps. Mais il s'agit bien d'un spiritualisme 1900, tout entier dépeint dans l'essai de réunion du positivisme (en fait, il s'agit de technologie et de la foi) : « Anciens adeptes, pour la plupart, du matérialisme et de l'athéisme sachant par expérience tous les désespoirs qu'engendre ce pessimisme, ces chercheurs (c'est-à-dire les occultistes) demandèrent des preuves rationnelles à opposer à leurs adversaires (131)... » Ce qui suit nous montre quel était le spiritualisme de Papus, lorsqu'il tente de définir l'occultisme : « La Tradition, évoquée, répondit par la voie de l'histoire en montrant, dans la science occulte, ce flambeau synthétique si longtemps cherché ; l'âme immortelle prouva son existence par des faits aussi étranges qu'inattendus et, s'emparant de cette double base — la théorie fournie par l'hermétisme, l'expérience fournie par les bribes de magie connues sous le nom d'hypnotisme et de psychologie transcendante — ceux qu'on appela les occultistes cherchèrent à ramener l'élite intellectuelle de la France à la croyance en l'Au-Delà, en la certitude d'une justice immanente, devant exercer son action après la mort, si la volonté humaine avait pu lui échapper pendant la vie, en la certitude de l'immortalité de l'esprit et de l'existence de Dieu (132). »

La citation indique assez la confusion pour qu'il ne soit point besoin d'y ajouter aucune remarque. Initié au martinisme en 1882 (secte paramaçonnique se réclamant de l'enseignement de Saint-Martin et qui s'est perpétuée aujourd'hui), Papus entre, cinq ans plus tard, à la Société théosophique de H. P. Blavatsky, mais, et ce sera un de ses chevaux de bataille majeurs, il en démissionne pour protester contre la tournure trop « orientalisante » de cet « organisme » plus que douteux. Car Papus, comme Levi, pense que les Occidentaux ne doivent étudier que les traditions occidentales, telles que la Kabbale (*sic !*) : « Confiant en la puissance du christianisme largement compris pour régénérer notre Occident... une seule fois, nous avons dû ramener à sa juste place une secte qui voulait établir la prééminence du bouddhisme sur le christianisme, et nos efforts ont été, là encore, couronnés de succès (133). »

Dans cet esprit, il fonde deux revues qui devaient devenir importantes : *L'Initiation* et *Le Voile d'Isis* (futures Editions traditionnelles). Le groupe qu'il fonde alors, Groupe indépendant

---

(131) Papus : *Le Diable et l'Occultisme*, Ed. Chamuel.
(132) *Ibid.*
(133) *Ibid.*

d'études ésotériques, se propose de concrétiser ces buts : diffusion de l'occultisme, étude des phénomènes spirites (on le sait, Papus n'était pas opposé, comme Eliphas Levi, au spiritisme), du magnétisme, de l'hypnose, de la magie. Enfin, il préconise d'établir la défense de l'Occident chrétien et de former des membres afin de structurer les sociétés occultistes qui allaient naître à un rythme accéléré. Sur ces bases « Doctrinales », il fonda l'Ecole hermétique, prétendant défendre la tradition initiatique face à l'« obscurantisme » clérical, mais, de la même façon, Papus s'avérait un antimaçon affirmé. Les membres les plus célèbres de cette école comptaient Phaneg, Schuré, futur auteur des *Grands Initiés*, et Sédir, son principal « disciple ».

Quant à ce qui concerne la défense de l'Occident dont nous verrons ultérieurement les débordements politiques, Papus saluait en Saint-Yves d'Alveydre un précurseur et n'était pas loin de l'admirer politiquement. On sait que la célébrité de Saint-Yves tint au fait que Papus et ses disciples diffusèrent largement sa pensée (en la déformant peut-être). En tout cas, il reconnaissait sa paternité initiatique, par l'entremise de Stanislas de Guaïta. « Dès lors, comme le dit J.-C. Frère, un effort fut tenté, notamment par Peladan et Guaïta, pour essayer de remplacer les efforts individuels par de grandes actions collectives (134). »

Nous n'aurons garde enfin d'omettre la rencontre de Papus et du Maître Philippe de Lyon. Thaumaturge très chrétien, qui, disent certains, aurait amené le Dr Encausse à épouser la cause d'une Europe unie sous le christianisme. Le Maître Philippe (connu surtout par le livre que le fils même de Papus, le Dr Philippe Encausse, lui consacra) était alors un guérisseur, d'une renommée extraordinaire, inspiré (il fit de nombreuses et justes prédictions dont celle de sa mort). Refusant toute affiliation initiatique, il fut néanmoins l'ami de Papus, et c'est ensemble que nous les retrouvons à la cour du tsar Nicolas II dans les premières années du siècle (135). Leur audience (voulaient-ils développer les thèses synarchistes de Saint-Yves ?) pour être bonne — on sait que Papus prétendait guérir avec l'aide de Philippe l'hémophilie du prince — n'était pas de taille à concurrencer celle de Raspoutine. Ils revinrent donc en France où Papus mourut en 1916.

---

(134) J.-C. Frère, *L'Occultisme*, op. cit.

(135) « Papus, écrit E. Antebi, fait trois voyages en Russie, en 1901, 1905 et 1906. C'est au cours du deuxième, tandis que les cataclysmes s'abattent sur la Sainte Russie... que Papus évoque à Tsarskoïe Selo le tsar Alexandre III. L'ombre prédit des malheurs innombrables que Papus abolit par des rites de conjuration. » (E. Antebi : *Ave Lucifer,* Ed. Calmann-Lévy.)

Si la vie du diffuseur de l'occultisme, sur le plan de l'action, a été fort riche à tous égards, nous ne pourrions pas en dire autant de son œuvre. On le nomme souvent rénovateur de l'occultisme certes, mais nous pourrions dire qu'à ce titre il n'a pas contribué à assurer la perpétuation des théosophes du XVIIIᵉ siècle, et de la Tradition intemporelle en général. Nous pouvons choisir au hasard quelques exemples qui prouvent que celui qui prétendait combattre le matérialisme de son temps ne faisait, en fait, que contribuer à l'obscurcissement des esprits. Certes, en cela, il ne faisait qu'obéir à une loi générale de confusion et de mélange, qui caractérise la fin du XIXᵉ siècle. Qu'on en juge : « En Egypte, depuis quarante siècles, les pyramides révèlent aux générations, par leur forme, le dogme éternellement immuable de la Trinité sainte. Anciens temples d'initiation, elles ont été traversées par tous les grands génies des temps antiques ; elles ont donné des législateurs et des civilisateurs à tous les peuples (136)... »

Cette gratuité des thèses avancées n'a d'égale que la pauvreté des arguments : « Vouloir traiter de Dieu sans s'appuyer sur toutes ces manifestations physiques, c'est risquer de demeurer incompréhensible pour la plupart des intelligences... Dans l'homme, nous avons vu un être physique, ou plutôt organique, fonctionnant d'une façon machinale... Au-dessus de cet être organique, nous en avons déterminé un autre : l'être intellectuel entrant en action dès le réveil et se manifestant presque exclusivement pendant l'état de rêve (137). »

Il est piquant de prétendre s'adresser, en science secrète, à toutes les intelligences ; mais ce sera le souci de tous les mouvements néo-spiritualistes du XXᵉ siècle naissant, dont la médiocrité n'aura d'égale que le souci démagogique. Quant à la confusion entre la science sacrée et le simple paranormal (autre constante de l'occultisme), nous en avons la preuve lorsqu'il déclare : « L'hypnose dans tous ses degrés est dérivée des pratiques de l'ancienne magie (138). » S'il ne convient pas de tirer un pur constat d'échec à propos de Papus et de l'occultisme, nous ne saurions pourtant y trouver une filiation réelle, autre que chronologique, avec les initiés du passé.

Le martinisme a été — et reste encore de nos jours — un mouvement extrêmement important, tant en Europe qu'aux Amériques. Se réclamant de l'enseignement de Saint-Martin (on

---

(136) Papus : *Traité des sciences occultes*. Ed. Dangles.
(137) Papus : *Le Diable et l'Occultisme, op. cit.*
(138) *Ibid.*

sait que Papus prétendait en avoir reçu la filiation d'« homme à homme ») et de Martinez de Pasqually, il reprend la vieille tradition des Supérieurs Inconnus de la rose-croix. L'ordre fondé par Papus en 1884 s'efforçait de rétablir la chaîne martiniste. Il fut aidé en cela par Stanislas de Guaïta Barrès, Victor-Emile Michelet, Chamuel, Sédir... L'éclatement se produisit plus tard et l'ordre essaima en plusieurs branches : l'Ordre martiniste-martinéziste, l'Ordre martiniste et l'Ordre Martiniste des *Elus-Cohens*. On sait que ces groupes pratiquent les deux voies déjà vues, la voie « opérative » de Pasqually et la « cardiaque » instaurée par Papus. « En fait, Papus, dit Sylvain de Wendel, ne détenait sa filiation que de sa propre imagination ; et son Ordre martiniste n'était guère qu'une nostalgie suscitée par une réflexion à la mémoire des maîtres Martinez de Pasqually et Willermoz (139). » Peut-on penser, avec Philippe Encausse, que : « Dans son ensemble, l'Ordre martiniste de Papus était surtout une école de chevalerie morale s'efforçant de développer la spiritualité de ses membres, tant par l'étude d'un monde encore inconnu, dont la science n'a pas, jusqu'ici, déterminé toutes les lois, que par l'exercice du dévouement et de l'assistance intellectuelle (140) ? » Nous laissons au lecteur, au terme de cette courte étude, le soin de juger la véracité d'une telle assertion.

Edouard Schuré et Les Grands Initiés

Nous ne pouvons pas quitter le mouvement occultiste sans parler du dernier des perpétuateurs (?) de Fabre d'Olivet, Edouard Schuré, qui était aussi le « disciple » de Sédir (141) dans les premières années du siècle, au sein de ce foisonnant mouvement nommé occultisme. Lequel d'ailleurs ne peut être cloisonné aussi strictement et, aussi bien, plusieurs occultistes — dont nous retrouverons par ailleurs les noms — eurent des relations avec les membres de la société théosophique ou avec les disciples de l'école d'Allan Kardec, ou encore les tenants de l'anthroposophie steinérienne.

---

(139) S. de Wendel : *Planète Plus*, « Spécial Guénon ».
(140) Philippe Encausse : *La Tour Saint-Jacques* ; numéro spécial : « L'Illuminisme au XVIIIe siècle ».
(141) Sédir, plus spiritualiste qu'occultiste, auteur de *La Voie mystique, Les Amis de Dieu...*

Pourtant, comme Guaïta, Sédire, Barlet, et même Papus, Schuré s'inspira plus que fortement du théosophe de Ganges. S'il se situe dans la ligne directe de ce dernier, c'est, hâtons-nous de le préciser, pour les thèmes développés, et non pour la puissance de l'inspiration, ni pour la nouveauté, puisque, nous le savons, Fabre d'Olivet avait déjà traité l'histoire occulte du genre humain, et de quelle façon !

Edouard Schuré (1841-1919), romancier et dramaturge, critique musical et auteur d'ouvrages d'inspiration ésotérique, vit dans le souvenir comme l'auteur des *Grands Initiés*. Et, de ce fait, ce ne sont pas des essais comme *La Prêtresse d'Isis* ou *Les Légendes de France* qui pouvaient lui assurer la postérité. *Les Grands Initiés*, qu'il édita pour la première fois en 1899, sont, une fois encore, une vision de l'histoire mythique de l'humanité. Reprenant cette vision « occulte » de l'histoire, Schuré va traiter celle-ci d'une façon telle que ce thème déjà fort ancien lui procurera une renommée internationale, qui, curieusement, ne s'est point démentie depuis. Il est vrai que ce qu'il nomme cette « Esquisse de l'histoire secrète des religions » venait en son temps. D'abord, ce qui à l'époque de Fabre d'Olivet pouvait surprendre — à plus forte raison chez Court de Gébelin — comme trop précurseur était alors tout à fait attendu d'un large public. Depuis le XVIIIe siècle, les connaissances relatives à l'Orient s'étaient développées, géographiquement et surtout ethnologiquement, mais aussi vulgarisées. De même, toute une part de l'*intelligentsia* française (voire européenne) prenait un certain intérêt à l'histoire des religions, à condition que celle-ci fût « arrangée » — façon roman. Car, troisième et dernier point, qui est valable aussi bien pour l'occultisme que pour le théosophisme (et le spiritisme), une assez large frange de la société, exclusivement désireuse de phénomènes et de rêve faciles, recherchait la démonstration éclatante de l'« immortalité de l'âme ». Ce que l'on demandait, c'était une réunion intelligente de la science et de la religion, du magnétisme et de Platon, de l'électricité et des prodiges de Moïse : « Le plus grand mal de notre temps est que la science et la religion y apparaissent comme deux forces ennemies et irréductibles. » Le constat de son époque — constat vrai par ailleurs : « Et que sont en train de produire le positivisme et le scepticisme de nos jours ? Une génération sèche, sans idéal, sans lumière et sans foi, ne croyant ni à cette vie, ni à l'autre, sans énergie dans la volonté (142)... »

---

(142) E. Schuré : *Les Grands Initiés*, Librairie Perrin.

Et donc, pour assurer un sursaut d'idéal, pour démontrer l'unité de la divinité et l'immortalité de l'âme, jointe à l'assomption de l'humanité en Jésus-Christ, et en la science sacrée, Schuré va nous expliquer l'histoire selon la Providence. L'histoire est divisée en cycles, chacun symbolisé par un envoyé divin. Il y a deux histoires : « La première, l'histoire officielle, celle qui se lit partout... obscure, embrouillée... La seconde, que j'appelle la tradition ésotérique ou la doctrine des Mystères (143)... »

Ainsi, successivement, Rama, Krishna, Hermès, Moïse, Pythagore, Platon, Jésus guident les peuples vers la lumière ! Remarquons toutefois que, différemment de Fabre, mais comme tout occultiste, Schuré situe le sommet initiatique en la doctrine christique et, comme il le dit par ailleurs, si les premiers nommés ont montré les abords du Temple, le Christ a révélé l'intérieur du Sanctuaire. Le Christ clôt cette longue liste de personnages mythiques ou divins composant cette histoire secrète des religions, conception que l'on retrouvera dans le théosophisme. L'humanité est appelée à accéder à la lumière par l'échelle de l'initiation, individuelle et collective.

On voit le peu de fondement de telles théories qui présentent le Christ comme un « initié », mélangeant philosophes, fondateurs de religions et héros mythiques. Et Guénon à ce sujet décrit E. Schuré comme l'inventeur d'un prélude à l'« ésotérisme hellénochrétien » dont le caractère est des plus suspects, et, si l'on en juge par le titre même des ouvrages, il doit conduire « du Sphinx au Christ »... puis « du Christ à Lucifer (144) » ! A chaque cycle correspond une accession de l'humanité selon un plan fortement évolutionniste. Au premier correspond l'origine des races, et la domination de la race aryenne, ainsi que les origines des cultes et religions. Le deuxième est celui de l'initiation et de l'homme-soleil face à la femme-lune. Avec Hermès, nous dévoilons le Sanctuaire isiaque, etc.

Tout cela, contenu déjà chez Fabre, ne peut assurément pas être nouveau. Mais aidé par un style très « fin de siècle », qui, pour être généreux, sacrifie souvent le vraisemblable, il séduit les publics de son temps. Voici par exemple un extrait du *Testament du Grand Ancêtre* (c'est ainsi qu'il nomme Rama) : « Rama était devenu vieux. Sa barbe avait blanchi, mais sa vigueur n'avait pas quitté son corps et la majesté... reposait sur son front... Il se revit dans les forêts de sa jeunesse. Lui-même était redevenu jeune et portait la

---

(143) E. Schuré, *op. cit.*
(144) R. Guénon : *Le Théosophisme*, Ed. Traditionnelles.

robe de lin des druides. La lune donnait. C'était la nuit sainte, la Nuit-Mère où les peuples attendent la renaissance du soleil et de l'année... Une femme belle vint à lui... " J'étais la Druidesse sauvage... Je suis la femme glorifiée par toi, je suis la race blanche " (145)... »

Plusieurs auteurs s'accordent à considérer les thèses de Schuré et de Fabre d'Olivet comme les premiers germes de ce qui, avec les essais du comte de Gobineau ou les livres de L. Jacolliot, S. Bulwer-Lytton, allait fourbir les armes du pangermanisme avec H. S. Chamberlain, puis du nazisme avec A. Rosenberg. Dans un devenir plus immédiat, c'est R. Steiner qui allait emprunter le plus assidûment à E. Schuré pour *Le Christianisme et les Mystères* ou *La Science de l'occulte*.

De fait, un climat baignait désormais les esprits du XIXᵉ siècle finissant, et du début du siècle présent, alimenté par les idées mal comprises de la hiéro-histoire, mâtiné d'un orientalisme adapté ; et, de merveilleux point ingénu, il allait donner naissance à la plus formidable défiguration de la spiritualité : le théosophisme selon Mᵐᵉ H. P. Blavatsky.

L'aventure théosophiste et la personnalité de H. P. Blavatsky

Si le lecteur veut bien se reporter au premier chapitre, il ne manquera pas d'être étonné par la presque synonymie des termes par nous souvent employés, théosophie et théosophisme. C'est, comme nous l'avons signalé bien souvent, qu'il existe une différence fondamentale entre ces deux termes. La théosophie antique (et même jusqu'au XVIIIᵉ siècle) procède, comme son nom l'indique, de la connaissance du divin. De Dieu vers le monde, ainsi va le théosophe dans sa démarche. Cette démarche, supposant une recherche spirituelle évidente, s'ordonne en véritable Gnose, ou Connaissance transcendante, qui n'a que peu de points communs avec le mysticisme ou la foi. Et c'est toute la différence d'ailleurs entre le *pistikos* et le *gnosticos*.

---

(145) R. Guénon : Le Théosophisme, *op. cit.*

Il en va tout autrement de ce que Schelling d'abord et surtout René Guénon plus tard ont nommé le « Théosophisme », qui n'a point de rapports avec la théosophie traditionnelle, ainsi que nous allons le voir. On pourra se demander pourquoi consacrer autant à la critique, mais c'est qu'il semble important de délimiter les dangers et les influences auxquels cette néo-spiritualité a conduit depuis bientôt un siècle.

On sait que l'instigatrice principale et la fondatrice en fut Helena Petrovna Blavatsky (1831-1891), que l'on s'accorde à décrire comme une sorte de « monstre » au point de vue esthétique, grossière et jurant « comme un soudard ». Nous ne nous attarderons pas sur toutes les péripéties d'une vie fort mouvementée en voyages et activités multiples. Dès 1848, elle parcourt la Turquie, l'Egypte, la Grèce. A Londres, elle fréquente les milieux révolutionnaires, mais aussi spirites, et désormais toute sa vie sera placée sous le signe des voyages et des rencontres prétendues extraordinaires : sages, grands yogis, etc. Sachons, de plus, qu'en raison des activités de la future société théosophique elle fut souvent mandatée par l'Angleterre aux Indes, à titre d'« honorable correspondant », ce qui, comme chacun sait, est l'appellation pudique d'un espion. N'oublions pas également l'aspect « féministe » de la Société théosophique, tout au moins dans ses débuts, sous la double impulsion de H.P. Blavatsky et d'A. Besant. Blavatsky avait en vue l'émancipation de la femme et l'instauration d'un pouvoir « matriarcal » (plus tard, A. Besant, issue des suffragettes et des cercles socialistes, reprendra peu ou prou les mêmes thèmes). Dans *Isis dévoilée* (146), H. P. Blavatsky parle ainsi de son mouvement qui, trop faible par lui-même pour combattre efficacement les religions issues du culte mâle telles que le christianisme, le judaïsme et l'islam, devait prendre appui sur la franc-maçonnerie pour lutter contre le dieu mâle ! La même parle par ailleurs de « lutter contre le césarisme papal et chasser Dieu des Cieux » !

Sans trop nous attarder à décrire toutes les péripéties de son existence, sachons qu'après avoir été médium professionnel elle rencontra le colonel Olcott aux Etats-Unis, sous l'inspiration de l'esprit « John King » (!) qui leur servait, à tous deux, d'ange tutélaire ! Ils s'affilient à la *High Hermetic Brotherhood of Louxor,* société rosicrucienne, puis fondent à New York une société dite d'« Investigations spiritualistes ». Un voyage aux Indes décide de

---

(146) H. P. Blavatsky : *Isis dévoilée,* Ed. Adyar.

leur orientation définitive, où ils fondent, en 1882, le siège de la Société théosophique à Adyar. C'est à cette époque qu'entrent en scène les affabulations sur de soi-disant *mahatma* tibétains, auxquels seront attribués les plus époustouflants phénomènes, et d'abord le *Koot Hoomi Lal Singh* (qui aurait eu environ huit cents réincarnations !), dont le nom révèle d'ailleurs la non-provenance tibétaine et la composition de toutes pièces.

C'est ainsi que nous retrouvons les fantasques théories des *mahatma,* ou « maîtres de Sagesse », et les membres du degré le plus élevé de la Grande Loge blanche, car, d'après les théosophistes, c'est « la hiérarchie occulte qui gouverne le monde ». Blavatsky et ses principaux comparses font paraître alors un nombre de livres considérable où l'ignorance du sens réel des mots orientaux employés, défigurés, sert à duper de nombreux Européens, facilement séduits par la curiosité naïve et la redondance des expressions. « La seule raison d'être de la terminologie sanskrite, dans le " théosophisme ", c'est de donner à ce qui lui tient lieu de doctrine... une apparence propre à faire illusion devant les Occidentaux et à séduire certains d'entre eux, qui aiment l'exotisme dans la forme, mais qui, pour le fond, sont très heureux des conceptions et des aspirations conformes aux leurs (147)... »

C'est au tour d'une autre aventurière — ex-féministe et socialiste —, Annie Besant, d'intervenir dans la vie de la Société théosophique, avec un autre nouvel adhérent, le révérend C. W. Leadbeater. C'est alors qu'éclate l'affaire de la Société des recherches psychiques. Mandaté par celle-ci, R. Hodgson, après un voyage à Adyar, fait paraître un rapport dans lequel il conclut (à propos de Blavatsky) : « Elle n'est pas le porte-parole des voyants que le public ignore, ni une aventurière vulgaire, mais elle a conquis sa place dans l'histoire comme un des plus accomplis, un des plus parfaits imposteurs (148)... » Le retentissement de telles accusations est énorme, et la Société théosophique paraît bien proche de sombrer ; toutefois, elle y survivra. Les dernières années de Blavatsky, passées en Europe, voient la fondation de revues (*Lucifer, The Theosophist,* etc.). H. P. Blavatsky meurt à Londres le 9 mai 1891, des suites d'une longue maladie.

Après la disparition de la fondatrice, de violents et sordides débats de succession s'ouvrirent entre Besant, Judge et Olcott, annonçant le début de discussions profondes entre la plupart des

---

(147) J. Evola : *Masques et Visages de la spiritualité contemporaine, op. cit.*
(148) Cité par R. Guénon, *op. cit.*

membres des sectes et des « écoles ». La nouvelle (et apparente) orientation donnée à la Société de théosophie sous l'impulsion de Besant est le « christianisme ésotérique » et la restauration des « Mystères chrétiens » ! On voit d'ailleurs les mêmes thèmes qui baignent des courants similaires tels l'anthroposophie de Steiner, son disciple Edouard Schuré et la comtesse de Pomar... Ce messianisme douteux, associant le Bouddha et le Christ, Manou et le Bodhisattva, apparaît en fait comme un nouveau syncrétisme destiné à créer une impression de merveilleux facile : « Maitreya, bien avant de se manifester comme le Christ, était apparu dans l'Inde sous la figure de Krishna... et est ce même Maitreya qui doit de nouveau se manifester de nos jours (149). » Ce qu'on lit chez C. W. Leadbeater est de la même veine : « Le grand chef du département de l'instruction religieuse, le seigneur Maitreya, qui a déjà enseigné sous le nom de Krishna aux hindous et sous celui de Christ aux chrétiens, a déclaré que bientôt il reviendrait dans le monde pour apporter la guérison et l'aide aux nations et pour revivifier la spiritualité que la terre a presque perdue (150). » Quel est le rôle de la Société théosophique, d'après ce même auteur, sinon de « préparer les hommes à sa venue, de façon qu'un plus grand nombre d'entre eux puisse profiter de l'occasion unique qui leur est offerte par sa présence même parmi eux (151) »...

Mais la fonction que s'attribue le théosophisme ne se borne pas à annoncer la venue du « Grand Instructeur ». Il va choisir et nommer le « disciple » que la Providence aura désigné. On entend parler à cet instant d'un « Pythagore incarné » et « véhicule » de *Koot Hoomi*. Après de confus tâtonnements, les futurs « sauveurs » sont désignés : il s'agit de Krishnamurti, dont Besant s'était instituée la tutrice, et de son frère Nityânanda, connus sous les *nomen mysticum* d'Alcyone et de Mizar. Mais déjà de fâcheuses rumeurs se font jour, principalement aux Indes, où le père des deux futurs « messies » veut reprendre son droit de paternité, en raison d'enseignements « très spéciaux » de la part de Leadbeater.

Comme l'écrit, dans *Le Théosophisme,* R. Guénon, ces histoires scandaleuses suscitèrent de nombreux troubles au sein même de la société. Ainsi, Rudolph Steiner, le futur fondateur de l'anthroposophie, en démissionne, entraînant à sa suite la plupart des groupes allemands et européens et, dans le même élan, crée la Société anthroposophique en 1913. Pourtant, sous l'impulsion

---

(149) A. Besant : *Introduction à la théosophie,* Publications théosophiques.
(150) Leadbeater : *L'Occultisme dans la nature,* Publications théosophiques.
(151) *Ibid.*

d'Annie Besant, on tente de présenter de nouveau ce futur sauveur, mais l'intéressé, Krishnamurti, se soustrait de ce rôle, et refuse d'assumer plus longtemps l'étrange fonction à laquelle on le destinait. C'est aussi, par la même occasion (qui n'est qu'un signe extérieur de nombreux troubles internes), la fin de ce carnavalesque et pernicieux mouvement. Certes, la Société théosophique existe encore, mais le temps est passé où — d'ailleurs grâce en partie à des hommes comme Guénon — l'on pouvait se permettre de spéculer sur l'ignorance totale de l'Orient. Désormais, le public, plus averti des doctrines véritablement orientales, ou même occidentales, ne peut plus se laisser tromper par de telles prétentions à la Connaissance, aux « révélations » de « Maîtres invisibles », à la Grande Loge blanche (152).

Il nous reste à étudier les formes de contrefaçon « doctrinale » qu'a épousées la Société théosophique, son rôle politique plus qu'important et les « sources » occultes où ce courant a pu puiser, et qui, pour être un grossier ersatz de spiritualité, n'est pas si innocent qu'on pourrait le croire à première vue. Car que penser de révélations telles que celles d'Annie Besant, qui s'affirme comme la caractéristique majeure du théosophisme : « Devant la limitation des modernes, les Grands Gardiens de l'Humanité, en leur sagesse, délibérèrent que les antiques vérités fussent nouvellement proclamées sous une forme adaptée à l'homme des temps nouveaux (153) ». Or, ces « Grands Gardiens », qui, remarquons-le, peuvent se désincarner et se transporter n'importe où, sont chargés, par la « Grande Loge blanche », d'établir la fraternité universelle. On se prend bien sûr à sourire devant un tel syncrétisme qui associe, à de fâcheux sentiments démocratiques, des concepts spirites tels que télépathie, voyages en « astral », etc. On sait que Mme Blavatsky avait été médium, et cela se sent bien souvent. Ce mélange, ce vaste et vague projet d'établir une fraternité au-dessus de toutes les religions, les distinctions ethniques, pour enseigner la « théosophie » dans le monde, relève bien entendu de ce que Julius Evola appelle « un ensemble hétéroclite d'éléments de doctrines variées, sans aucune discrimination critique (154) »... Car cette doctrine ne craint pas les contradictions. Ainsi, lorsque Mme Besant écrit à propos de la

---

(152) En partie grâce à des ésotéristes comme Guénon, Evola, mais aussi aux travaux des orientalistes sérieux, radicalement différents des Burnouf ou autres Jacolliot.

(153) A. Besant : *Les Lois fondamentales de la théosophie*, Publications théosophiques.

(154) J. Evola, *op. cit.*

théosophie : « Elle ne cherche pas à éloigner les hommes de leur propre religion, mais elle les pousse plutôt à rechercher l'aliment spirituel dont ils ont besoin... La société attaque seulement les deux grands ennemis de l'homme, la superstition et le matérialisme (155)... » Car d'unification entre les époques et les diverses déclarations, oratoires ou écrites, il y en a peu, ou point. Au contraire, les projets des membres directeurs ne pèchent pas par leur humilité : « mais, partout où elle s'étend, poursuit le même auteur, elle propage la paix et la bienveillance, établissant une force pacificatrice dans les conflits de civilisation moderne (156) ».

Par ailleurs, Leadbeater décrit dans le même temps, sans sourciller : « Notre société paraît au milieu de chacune d'elles (les paroisses), ne faisant aucun effort pour détourner les peuples de la religion qu'ils pratiquent... Nous avons parmi nos membres des jaïns, des parsis, des israélites, des mahométans, des chrétiens, et jamais aucun d'eux n'a entendu sortir de la bouche d'un de nos instructeurs un mot de condamnation contre sa religion ; au contraire, dans beaucoup de cas, le travail de notre société a produit un véritable réveil religieux là où elle s'est établie (157). »

Et lorsqu'en 1893 a lieu lors de l'Exposition de Chicago le fameux Parlement des religions, on entend encore un autre son de cloche ; là, c'est un moine bouddhiste cinghalais, l'Angarika Dhammapala, délégué au Parlement comme « missionnaire laïque » de la Maha-Bodhi Samaj, qui s'adresse dans une lettre aux maçons américains, les félicitant « pour préserver le peuple de la servitude du diabolisme papal » et ajoutant que « le clergé dans tous les pays et dans tous les âges n'a jamais montré qu'un objet dont l'accomplissement semble être son unique désir, et qui est de réduire le peuple en esclavage et de le tenir en ignorance ». C'est aussi, nous devons le souligner, lors de ce congrès qu'apparaît le disciple de Ramakrishna, Swami Vivekananda, « qui, dit R. Guénon, dénatura complètement la doctrine hindoue du Vedanta sous prétexte de l'adapter à la mentalité occidentale (158) »...

On peut également ajouter à propos des Blavatsky, Besant, Leadbeater et Olcott, en bref les principaux « maîtres », qu'ils sont trop souvent restés personnellement en des comportements relevant de la médiumnité et du « visionnarisme », attitudes qui ne peuvent faire la différence entre la véritable théosophie et le fait

---

(155) A. Besant : *Introduction à la théosophie, op. cit.*
(156) *Ibid.*
(157) C. W. Leadbeater : *L'Occultisme dans la nature, op. cit.*
(158) R. Guénon, *op. cit.*

d'hallucinations, subjectives ou dirigées par des forces extérieures à leurs individus.

On ne sera pas étonné d'apprendre que les théosophistes prêchent la loi du *karma,* sans la comprendre d'ailleurs (karma n'étant pas, comme ils le croient, causalité teintée d'un élément moral, mais simple force action-réaction), aussi bien que les théories des corps successifs, et qui là aussi enseigne une contrefaçon de la doctrine traditionnelle. Car, selon eux, l'homme posséderait plusieurs corps : du physique et grossier, on verrait successivement, et comme emboîtés les uns dans les autres, le corps astral ou émotif, puis le corps mental, enfin le corps causal qui n'« est autre que le spirituel » !

Bien sûr, on retrouve dans le théosophisme la vieille idée (« abrutissante » aurait dit Gurdjieff) évolutionniste : « Au terme des réincarnations successives, ou encore dès cette vie, par l'ascèse et des pratiques inspirées du yoga, l'âme et son corps causal pénètrent dans la sphère de la Réalité éternelle et de l'Absolu (159). »

Car les théosophistes, qui, on le voit, s'inspirent d'une idée confinant au mécanisme, n'ont jamais dédaigné de qualifier leur doctrine de « matérialisme transcendantal ». Et Sinnet, dans *Le Bouddhisme ésotérique,* écrit que tout est matière en des modalités différentes : « matière, espace, mouvement, durée, constituent la seule et même substance éternelle de l'Univers (160). » Quant à l'évolutionnisme, permettant de justifier des concepts moralisants à la fois fouriéristes et protestants, on sait qu'il s'agit là d'un ukase des temps modernes et qui, selon René Guénon, n'est là que pour reculer le vrai problème, d'ordre métaphysique et spirituel. C'est ainsi qu'on peut qualifier le théosophisme de non métaphysique et non spirituel par définition : il n'envisage à aucun moment la Gnose illuminative et libératrice de l'Etre et, s'il emprunte à des doctrines orientales (surtout au bouddhisme mahayana), c'est dans leur aspect le plus extérieur et le plus exotérique. « C'est pourquoi, dit J. Evola, là où le théosophisme parle d'un développement, ce n'est point l'âme immortelle qu'il peut avoir en vue, mais plutôt la souche naturelle et animale de l'" humanité ", en sorte que son " spiritualisme " se réduit, au fond, à un appendice mystique aux utopies de progrès social collectif... qui, d'un point de vue supérieur, nous semblent être plus dignes de la zootechnie que de l'éthique... Quant au " moi immortel ", dont il est fait cadeau à

---

(159) H. Masson, *Dictionnaire initiatique, op. cit.*
(160) Sinnet : *Le Bouddhisme ésotérique,* Ed. Adyar.

chacun, il est précisément ce qui sert à endormir et à détourner de la réalité de l'alternative : salut ou perdition, qui est à résoudre en *cette* existence (161)... »

Les tendances moralisantes du théosophisme sont par ailleurs la preuve de la faiblesse intellectuelle de leurs penseurs : ainsi, pour justifier l'idée de l'évolution par la réincarnation, on fait appel à des aspects somme toute extérieurs ; « pour rivaliser avec les religions, dit Guénon, il fallait bien offrir des avantages comparables... Le théosophisme devait donc en arriver tôt ou tard... à se présenter comme une secte religieuse (162) ». Cette conception se retrouve dans les conseils apportés aux disciples : végétarianisme, antialcoolisme, pacifisme et végétarisme, tendances qui, si elles n'ont qu'une justification morale (et sentimentale), sans référence véritablement spirituelle, peuvent être apparentées au rigorisme et au puritanisme des pays protestants et anglo-saxons où d'ailleurs ce mouvement a pris son origine, et comparable en cela au spiritisme. L'aspect politique de la Société théosophique a été établi depuis un demi-siècle, et nul ne peut aujourd'hui ignorer le moyen que représentait cette pseudo-religiosité pour l'Angleterre, impérialiste alors. Déformant la spiritualité indienne (considérée généralement), elle contribuait à saper la moralité traditionnelle de ce pays.

Un journal de patriotes indiens (*Bandé Melaram*, mars 1911) porte à ce sujet un jugement sévère : « Mme Besant s'est fait remarquer par beaucoup de choses dans sa vie aventureuse, mais son dernier rôle est celui d'une ennemie subtile et dangereuse du peuple hindou... » Et voici un extrait du *Serment théosophique* même, plus explicite encore : « Estimant que l'intérêt primordial de l'Inde est de se développer librement sous le pavillon britannique, de s'affranchir de toute coutume qui puisse nuire à l'union de tous les habitants (163)... » Et dans *La Voie parfaite* d'Anna Kingsford : « Puisque de l'union spirituelle dans la foi unique de Bouddha et du Christ naîtra la future rédemption du monde, les relations entre les deux peuples, par lesquels, sur le plan physique, cette union doit être effectuée, deviennent un sujet d'une importance et d'un intérêt spéciaux (164). »

---

(161) J. Evola, *Masques et Visages de la spiritualité contemporaine*, op. cit.
(162) R. Guénon, *Le Théosophisme, histoire d'une pseudo-religion*, op. cit.
(163) Cité par R. Guénon, *op. cit.*
(164) Anna Kingsford : *La Voie parfaite* (The Perfect Way of the Finding of Christ), London, Field and Tuer.

Le problème n'est donc plus de connaître la validité d'une telle « doctrine », mais sa véritable finalité et ses sources réelles. Car quelle est l'origine cachée du théosophisme, et peut-on parler, comme pour l'anthroposophie et le spiritisme — et bien d'autres mouvements —, de contre-initiation voulue par certaines « forces » ? Et, comme l'écrit J. Evola, « s'agit-il d'" influences ", qui ont voulu vivifier l'Occident, en le mettant en contact avec une spiritualité de type supérieur... ou s'agit-il d'" influences " d'un type contraire ? D'influences qui ont voulu éloigner un danger, fermer à l'avance des portes, préjudicier et prévenir un influx salutaire — que l'Orient pourrait exercer — en déviant une plus haute aspiration (165) ? »

Qui peut aujourd'hui définir exactement ce que fut cette étrange voie pseudo-spirituelle, négative, mais « agissante » indubitablement ? Nous laisserons à des esprits autorisés le soin délicat de répondre à cette question. Néanmoins, nous avons dû lui faire une large part, en raison des falsifications que ce mouvement a procurées aux doctrines réellement orientales, et qui se découvrent aujourd'hui encore dans bien des esprits occidentaux, et celui des nombreuses et caricaturales sectes contemporaines.

Le spiritisme et le « commerce des esprits »

Si le théosophisme présente, malgré son côté caricatural et peu sérieux, des systèmes théoriques qui peuvent offrir des parallélismes aux doctrines spirituelles réelles, il n'en va pas de même pour la véritable déviation psychique qui dévora l'Occident du dernier quart du XIXe siècle jusqu'aux débuts du XXe, et qui, malgré un fort affaiblissement, compte encore des adeptes. Car le spiritisme peut revendiquer la plus grossière imitation de la véritable spiritualité, au sein de l'époque contemporaine, ainsi que nous allons le voir.

Nombreux sont les auteurs qui, traitant du spiritisme, le décrivent comme une sorte de perpétuation des grands nécromans et des mages antiques, des chamans altaïques ou des pythies apolloniennes. Il reste que cette position ne peut qu'aboutir à perpétuer la confusion, car le spiritisme est bien autre chose que cette filiation idéalisée.

---

(165) J. Evola, *op. cit.*

Si, par définition, le spiritisme, que l'on nomma d'abord en Angleterre *spiritualism,* consiste en la prétendue possibilité de communiquer avec les morts, nous tâcherons de voir ce qu'il en est de ce courant qui fit véritablement fureur durant presque un siècle, dans l'Europe et le Nouveau Monde. L'on situe ses origines avec les premiers « phénomènes » signalés en Amérique du Nord, par l'entremise des sœurs Fox. On ne peut d'ailleurs s'empêcher de souligner que c'est au cours d'époques très troublées dans tous les domaines que des déviations psychiques apparaissent. C'est donc en 1848, dans l'Etat de New York, que les premiers « esprits » se manifestent à la famille Fox, qui semble avoir joué, au début tout au moins, un rôle en partie involontaire (166). Dans le milieu quaker où elle vivait, il n'est pas étonnant qu'un groupe prît naissance sous le nom de *Modern Spiritualism.* On s'aperçoit rapidement des affinités décelables entre les quakers et les phénomènes spirites, du moins cette sorte de « possession » lors de leurs danses, d'où ils tirent leur nom. « Un détail n'est pas dénué d'importance, écrira J. Evola, à savoir que ces mouvements prirent naissance en des pays anglo-saxons et que des femmes — les sœurs Fox, pour l'un, Helena Petrovna Blavatsky puis Annie Besant pour l'autre — eurent une part fondamentale en leurs origines (167). »

Dès la seconde moitié du XIXe siècle, le spiritisme était largement diffusé dans tous les Etats-Unis : on peut y voir un des signes du « terrain » anglo-saxon et de la maçonnerie américaine. En 1852, l'Europe voit arriver les premiers adeptes du nouveau mouvement, d'Angleterre en Allemagne, puis en France où le mot spiritisme fut créé.

Venu en France, le mouvement spiritualiste, comme on le nommait alors, s'y développa, principalement sous l'inspiration d'un ancien instituteur, élève du fameux fondateur de la pédagogie moderne Pestalozzi, et qui se nommait Hippolyte Rivail, dit Allan Kardec. Celui-ci allait, après une longue période d'attentisme (sa formation parascientifique le portait à douter de la validité de telles pratiques), unifier et codifier ce qu'il allait appeler le spiritisme, en faire d'une certaine façon une pseudo-doctrine, fondée « sur l'existence, les manifestations et l'enseignement des esprits ».

Kardec, hypnotiseur de surcroît, était un écrivain prolixe (Guénon, plus tard, dira qu'ils étaient plusieurs à produire une telle quantité de livres), qui publia en quelques années un bon nombre

---

(166) Phénomènes de hantise.
(167) J. Evola, *op. cit.*

d'ouvrages, pour la plupart évidemment inspirés, sinon dictés, par les « esprits » eux-mêmes : le fameux *Livre des esprits*, l'*Evangile selon le spiritisme, La Genèse, Les Miracles et les Prédictions selon le spiritisme...* Son enseignement, si toutefois l'on peut employer ce terme, est caractérisé par un style des plus pompeux, masquant ainsi la pauvreté intrinsèque des idées : « Le spiritisme est toute une science, toute une philosophie... L'étude de la théorie montre immédiatement la grandeur du but et la portée de cette science, doctrine régénérative de l'humanité. »

Si à sa parution, en 1857, le *Livre des esprits* connaît un énorme succès qui consacre son auteur comme chef de file de l'école spirite, si Victor Hugo se passionne pour les prétendues révélations qui y sont contenues, le lecteur comprendra que, une fois de plus, le spiritisme correspond alors à une mentalité que nous avons maintes fois évoquée. Il n'en reste pas moins toutefois que l'on reste songeur devant de tels enthousiasmes. Car si certains espèrent ainsi combattre le matérialisme et l'angoisse existentielle, on comprend mal que des personnes d'un certain niveau intellectuel aient pu s'y intéresser, ne fût-ce qu'un instant.

Si l'on était tenté de penser que le spiritisme est, au fond, l'aboutissement du mesmérisme, et qu'il n'y a pas loin, comme certains l'ont dit, de Martinez de Pasqually et Fabre d'Olivet à Douglas Home ou Kardec, nous pouvons constater deux points de différence fondamentaux. Le mesmérisme, pour avoir donné lieu à beaucoup de divagations, n'a jamais recherché la communication avec les états *post mortem,* et Fabre aussi bien que les illuministes étaient bien plutôt des théurges (sur le plan opératif) que des spirites ; leur intelligence, étant beaucoup trop grande, leur spiritualité trop affirmée pour tomber dans ces bas-fonds psychiques (cela est encore plus évident chez Swedenborg, dont pourtant les spirites se réclament).

« Le spiritisme, dit Loys de Remora, est en effet un système philosophique complet ; il traite : de l'homme, de son passé, de sa raison d'être, de son avenir (168). » Et voyez quelle simplicité de doctrine : l'âme a une tendance au perfectionnement auquel elle peut prétendre par une suite de réincarnations successives (169)... Donc, le passé, la raison d'être et l'avenir de l'homme s'expliquent naturellement et logiquement. On croirait assurément entendre le

---

(168) Loys de Remora : *Les Doctrines et les Pratiques du spiritisme.* Ed. Guyot.

(169) Encore une fois est exhumée la « facilité » réincarnationniste !

Sganarelle du Festin de Pierre ! Cette réussite conduit Kardec à fonder *La Revue spirite* qui paraît en 1858 (et qui existe toujours). La même année, il crée la Société parisienne des études spirites, et le mouvement prend alors une importance qu'il est aujourd'hui difficile d'imaginer : les adhérents se recrutent par milliers, et le nom de Kardec, les prodiges de l'évocation des esprits sont sur toutes les lèvres. Fait significatif, nous l'avons dit, le cercle des artistes qui y adhèrent (principalement les « poètes ») contribuent par leur exaltation à répandre ce climat de merveilleux facile.

Il faut avoir vu, au cimetière du Père-Lachaise, le crâne de la statue d'Allan Kardec, poli par les mains d'admirateurs, pour comprendre que celui-ci dut, durant une longue période, être considéré comme le missionnaire et le ministre de cette nouvelle religion. Il meurt en 1869, mais, pour ses adeptes et disciples, reste vivant dans l'empyrée des « esprits ». Bien évidemment, ce nouveau prophète ne doute pas de son investiture : « Par sa nature, la révélation spirite a un double caractère : elle tient à la fois de la révélation divine et de la révélation scientifique. Elle tient de la première en ce que son avènement est providentiel et non le résultat de l'initiative d'un dessein prémédité de l'homme ; que les points fondamentaux de la doctrine sont le fait de l'enseignement donné par les esprits chargés par Dieu d'éclairer les hommes sur des choses qu'ils ignoraient (170)... » En un mot, ce qui caractérise la révélation spirite, « c'est que la source en est divine, que l'initiative appartient aux esprits et que l'élaboration est le fait du travail de l'homme (171). »

Ne soyons pas trop étonnés si Kardec nous avoue que cet ouvrage lui a été dicté par les esprits qu'il avait évoqués. Cet ordre est signé, dit-il, par saint Jean l'Evangéliste, saint Augustin, Fénelon ! On mesure la simplicité de l'explication donnée là. On verra mieux plus tard avec l'évocation de Napoléon : « Travaillez mes enfants, l'union fait la force ! », etc.

Ceux que J. Lantier nomme les pionniers du spiritisme, le secrétaire de Kardec, Léon Rivail le franc-maçon, l'ingénieur Delanne, le socialiste Leymarie, et le Dr Geley se caractérisent tous par leur attitude antireligieuse et socialiste (à ce propos, il convient de signaler la collusion de la franc-maçonnerie et du spiritisme, mais aussi avec le théosophisme (à cette époque fort embrouillé) (172).

---

(170) Allan Kardec : *La Genèse, les miracles et les prédictions selon le spiritisme*, Ed. Bibliothèque de Philosophie spirite.
(171) *Ibid.*
(172) On se souvient que le théosophisme est issu de Mme Blavatsky, qui fut tout d'abord médium.

Léon Denis, qui par un curieux effet de l'Au-Delà connut sa grande révélation sur l'intervention spirite de Jeanne d'Arc ! (173), publia *La Grande Enigme,* qui conclut et couronne une œuvre de... poids : « Et la voix me dit : " Publie un livre que nous t'inspirerons, un petit livre qui résume tout ce que l'âme humaine doit connaître pour s'orienter dans sa voie (174)... " »

Mais avec Delanne le spiritisme (avant la venue des « savants » Flammarion et Berthelot...) connaît son stade scientifique, ou prétendu tel : on s'inquiète de vérifier la validité des phénomènes, sans s'interroger sur leur nature réelle et, si l'on en établit la mesure, on prend pour argent comptant les billevesées des « penseurs » du mouvement.

Ne parlons pas de Leymarie, qui, lui, sympathise avec Mmes Blavatsky et Besant et parvient à réunir ces deux doctrines en une belle synthèse ! Une autre réalisation de ses activités sera la fondation, avec J. Macé, de la Ligue de l'Enseignement, dont on connaît le côté laïque, franc-maçon et radical-socialiste (Leymarie, lui, repose au Père-Lachaise sous un dolmen à l'antique !)

Quant au Dr Gibier, citons de lui cette déclaration fort explicite : « Nous avons foi dans la science et nous croyons fermement qu'elle débarrassera à tout jamais l'humanité du parasitisme de toutes espèces de brahmanes et que la religion, ou plutôt la morale, devenue scientifique, sera représentée un jour par une section particulière dans les Académies des sciences de l'avenir (175). » Le spiritisme connut, on le sait, la vogue du côté des artistes, des illuminés de tout genre et des médiums professionnels, dont le pourcentage de futurs malades psychiques est assez grand (176). Déjà, le célèbre Kardec avait fièrement annoncé : « Comme science pratique, le spiritisme consiste dans les relations que l'on peut établir avec les esprits ; comme philosophie, il comprend toutes les sciences morales qui découlent de ces observations (177). »

L'on sait que Charles Henry, Crookes, Faraday, Berthelot, tous célèbres physiciens, vont s'étonner d'abord des phénomènes psychiques, les mesurer, enfin se convertir à la théorie spirite en prenant soin d'en formuler les explications « rationnelles psychis-

---

(173) Ce qui n'est qu'une contradiction de plus !
(174) Léon Denis, cité par J. Lantier, *Le Spiritisme,* Ed. Grasset.
(175) Gibier, cité par J. Lantier.
(176) Cf. Guénon : *L'Erreur spirite.* Ed. Traditionnelles.
(177) Allan Kardec : *Le Livre des esprits,* Ed. du Griffon d'Or.

tes », évidemment. Quant aux artistes, nous retrouvons dans les salons spirites vraiment beaucoup de monde ; que ce soit le chantre de la nouvelle religion, Victor Hugo, occupé à accorder la « Bouche d'Ombre » et les esprits frappeurs, Théophile Gautier, mais aussi Alexandre Dumas père, Schopenhauer (qui l'eût cru ?), qui publie *Essai sur l'apparition des esprits et ce qui s'y attache* dans les années 1860, Conan Doyle, bref un peu n'importe qui, de la même façon que se retrouvent autour des guéridons savants et hystérico-maniaques. Mais ce serait une erreur de croire que l'influence spirite se soit limitée aux salons de la Belle Epoque ; le surréalisme, avec des représentants comme Salvador Dali, Desnos et surtout André Breton et ses séances d'« écriture automatique », en illustrera la survie.

Enfin, dans l'historique de ce mouvement, on notera que le congrès de 1889, qui plaça le spiritisme sous le signe du progrès moral et social, l'éleva au rang de « philosophie » appelée à régénérer l'humanité. Comme on le voit, ce congrès, qui avait attiré plusieurs dizaines de milliers d'adhérents européens et mondiaux, nageait dans la plus totale illusion : « Le congrès affirma que le spiritisme, associé à la théosophie, favoriserait en particulier l'émancipation de la femme et modifierait ainsi la société du XXe siècle tout proche. » On le constatera, féminisme, théosophisme, milieux socialisants et contre-initiation sont toujours très proches en ce XIXe siècle. « Les femmes ne sont pas portées vers la métaphysique, dit J. Lantier, en relatant les motions qui y furent prononcées... En revanche, elles sont métapsychistes de nature. » Et, selon le Dr Sanz Benito, l'ère prochaine « sera une ère spirite... dans laquelle la femme s'émancipera, retrouvera confiance en elle, s'instruira, s'éduquera et imposera sa personnalité (178) ». Comment s'étonner, par la suite, de retrouver dans toute néo-spiritualité sentimentalisme, humanitarisme, etc. ?

On citera, de plus, les congrès de 1900 et 1925, qui créèrent l'Organisation spirite internationale qui finit par adopter la motion définitive *ad perpetuum* :

« Le spiritisme est une philosophie qui repose sur des données scientifiques et dont les principes fondamentaux sont ainsi énoncés :

« 1/. Existence de Dieu, intelligence et cause de toutes choses.

« 2/. Existence de l'âme reliée pendant la vie terrestre au corps physique périssable par un élément intermédiaire appelé périsprit ou corps fluidique indestructible.

---

(178) Cité par J. Lantier : *Le Spiritisme, op. cit.*

« *3/. Immortalité de l'âme, évolution continuelle vers la perfection par des stages de vie progressive, etc.* »

Le spiritisme, les médiums et la contre-initiation

Nous ne répéterons pas ce que nous avons déjà dit à propos de l'élément « féminin » caractérisant le spiritisme ; ce n'est pas sans raison profonde non plus que nous y retrouvons la plupart des poètes ou romanciers du XIXe siècle finissant. Car ils présentent tous cette hypersensibilité qui, non appuyée par la raison, tout au moins conduit à accepter tout climat irrationnel, plus ou moins morbide et affaiblissant.

Il y aurait également à faire une étude complète et profonde de tous les médiums qui se sont succédé dans l'histoire du spiritisme, depuis les sœurs Fox jusqu'à Eusebia Palladino, Douglas Home, Aleister Didier, car tous ont présenté des troubles psychiques plus ou moins grands, en tout cas des tendances morbides et passives, ce qui est non seulement contraire à toute spiritualité, mais même à toute notion de santé, au sens traditionnel du terme. Car le médium, comme son nom l'indique, tient le milieu entre les « esprits » et les hommes et, par ses facultés plastiques, permet à l'« esprit » de se manifester. On distingue, paraît-il, parmi les médiums le médium à effets physiques, qui est particulièrement apte à provoquer des phénomènes matériels, tels que coups frappés dans les murs, mouvements d'objets ; Home et Slade appartenaient à cette catégorie.

Le médium physique et involontaire sert de jouet aux « esprits » se plaisant au mal ; le médium physique et volontaire produit les phénomènes les plus variés : communications, chocs, etc. L'invocation est la suivante : « Au nom de Dieu... si un esprit est présent parmi nous, qu'il veuille bien se manifester par un coup frappé (179)... » Et enfin, plus rare, le médium à matérialisation, dont Loys de Remora dit : « On conçoit donc que les médiums, êtres doués d'une grande quantité de fluide, soient particulièrement aptes à favoriser les expériences, mais que lorsqu'ils sont dans un état de transe... ils soient particulièrement aptes à favoriser le développement des " larves " à la vie. Néanmoins...

---

(179) Allan Kardec, *op. cit.*

dans cet état, sous l'influence des esprits et du médium, se produisent des phénomènes dits de matérialisation, pendant lesquels des objets extérieurs à la salle peuvent y être apportés en passant au travers des murs (180)... »

On a parfois voulu associer la pratique du spiritisme avec la magie, théurgique, et (surtout) goétique. La différence est pourtant considérable : tandis que le mage digne de ce nom, ou même le simple « magiste », sait renvoyer ce qu'il a appelé et se protéger par le pentacle évocatoire des forces obscures, le médium est livré, et même s'abandonne totalement aux « influences » qui l'habitent durant un temps plus ou moins long. Surtout, tout mage depuis l'Antiquité *sait que les apparitions et les phénomènes évoqués sont avant tout illusoires* (au sens traditionnel du terme). Que dire par exemple du cas de Home à propos duquel Crookes disait : « J'ai vu des points lumineux jaillir de côté et de l'autre, et se reposer sur la tête de différentes personnes (181) ?... » Ou des apparitions d'ectoplasmes qu'il provoquait ?

Il reste que tous ces phénomènes, cette pseudo-philosophie, cette pseudo-doctrine, ne représentent pas ce qu'ils croient être et, croyant combattre le matérialisme, finissent par développer une montée d'« influences » qui ensuite rejaillissent sur la collectivité tout entière.

Car que se manifeste-t-il en réalité dans les phénomènes en question, sinon l'invocation du sous-sol humain, et que Julius Evola nomme les « bas-fonds » de l'inconscient (182) ? Quelle est la valeur de l'homme, du médium en particulier, pour le spiritisme, sinon celle d'être un moyen évocatoire, et obsédé par la recherche des « phénomènes » plus ou moins spectaculaires, jusqu'à la perte de toute raison ? Vouloir correspondre avec ses « chers morts » peut rassurer ou satisfaire certains faibles d'esprit, mais est dénué de tout intérêt réel. Or, pour les spirites, qu'ils soient plus ou moins organisés en mouvement (ce qui faisait la différence entre le spiritisme anglo-saxon et le spiritisme français), la communication avec les morts se fait par des moyens tout matériels. On en connaît les différents procédés : de l'« esprit frappeur » communiquant par une sorte d'alphabet morse préalable-

---

(180) Loys de Remora, *op. cit.*

(181) Il n'est pas si paradoxal d'associer spiritisme et psychanalyse : tous deux en appellent à la montée du « domaine d'en-bas », sans aucune connaissance traditionnelle protectrice.

(182) Cité par Ribadeau-Dumas : *Histoire de la magie*, Ed. Belfond, coll. Sciences secrètes.

ment établi au « oui-ja » (planchette tenue par le médium) et indiquant les lettres alphabétiques tracées en rond sur la table, puis l'écriture automatique. C'est là certes un procédé qui en dit long sur un état d'esprit ; car si l'on a admis dans l'Antiquité par exemple des « communications » avec certaines substances invisibles (comme plus tard Swedenborg, avec des « esprits » divins, et des anges), c'était par intuition ou inspiration spontanée et infiniment moins grossière. Ainsi le spirite Loys de Remora écrit sans rire : « ... Une table peut bien servir de moyen de communication entre les esprits et l'homme. On objecte que la matière ne peut être mue que par des êtres matériels ; mais j'ignore si les esprits sont absolument immatériels... La mort peut conserver encore quelque matière, ce qui suffit à pouvoir admettre la possibilité du phénomène des tables tournantes (183). » Se servir de guéridons, de tablettes, de soucoupes ou encore de crayons (pour les dictées métapsychiques) indique assez le caractère dévoyé de telles prétentions. Les phénomènes, pour n'être pas niables (bien sûr), sont simplement d'une autre nature que celle que les spirites croient être. Et leur prétendue filiation avec les grands mages médiévaux et les prêtres égyptiens tourne à la plaisanterie. Du reste, les spirites ne craignent pas de se contredire entre eux, comme le fait A. Vacquerie, dans les *Miettes de l'histoire* : « Des êtres immatériels ne peuvent faire mouvoir la matière ? Mais qui nous prouve que ce sont des êtres immatériels ? Ils peuvent avoir un corps plus subtil que le nôtre et insaisissable au regard... Le mort succède au vivant comme l'homme à l'animal. » On comprend pourquoi Hugo constatait : « Tout est plein d'âmes (184) ! »

Cela dit, que représente pour le spiritisme (français, car il existe en fait une multitude de tendances) un « esprit », et quelle est pour ces adeptes la réalité du mort évoqué ? N'est-ce pas, comme ils le prétendent, l'être réel du défunt, désincarné, mais présent tout de même et voguant, de-ci, de-là, dans les espaces astraux ? Or, la tradition rappelle à ce sujet que l'homme n'étant qu'un agrégat il se dissocie à la mort pour évoquer d'autres formes et se résorbe en tant qu'état manifesté (185). Certes, le psychisme lui-même reste attaché au corps jusqu'à sa décomposition finale et sous la forme

---

(183) Loys de Remora, *op. cit.*
(184) Cité par J. Lantier, *op. cit.*
(185) Les spirites, assimilant l'« esprit » au *ka* (ou double égyptien), commettaient bel et bien un étrange mélange : il s'agit pour l'Egypte d'un double spirituel appelé à représenter le défunt au Tribunal des Ames.

de résidus. Ces résidus psychiques, sans corps propre, sont ce que la science occulte nommait larves, obsédées par une soif de vie très grande et trouvant dans le médium une occasion providentielle de se fixer sur un vivant. Ce qui explique d'ailleurs le nombre de cas de folie de ces derniers qui, tout en croyant évoquer les « esprits » des morts illustres (on sait qu'on invoqua même Jésus-Christ !), laissent se désintégrer les barrières psychiques qui protègent la personnalité. Evola, à ce sujet, met bien en garde que « le médium, qui se fait l'instrument de la manifestation qu'il désire, possède littéralement une fonction de centre d'infection psychique pour son propre milieu ambiant. Il agit en tant que médium... de sorte que ces forces peuvent susciter une action sur notre monde et sur nos esprits, lesquels restent sans défense devant elles (186) ».

Bien sûr, le même auteur a soin de préciser que les « manifestations obtenues au cours de ces séances ne sont qu'une part, souvent négligeable et inoffensive, de tout ce qui s'évade du monde d'en-bas. Il serait possible, ajoute-t-il, d'indiquer des effets bien plus graves, pour les individus et pour les collectivités, en rapport avec les conditions... créées durant les séances de ce genre, tant spirite que scientifique (187)... si organisateurs et participants possédaient quelque intelligence de certaines lois occultes (188) ». N'est-ce pas à cette définition que répond, involontairement, Allan Kardec, lorsqu'il dit : « Les natures impressionnables dont les nerfs vibrent au moindre sentiment... sont des sujets très aptes à devenir d'excellents médiums... En effet, leur système nerveux, presque entièrement dépourvu de l'enveloppe réfractaire qui isole ce système chez la plupart des autres incarnés, les rend propres au développement de ces divers phénomènes (189). »

Et quel enseignement, à propos des modernes vulgarisations des doctrines secrètes, « à l'usage de tous », et qui finissent invariablement par être détournées, dénaturées dans les pires formes, véritables voies contre-initiatiques ? Dans cette optique, comment ne pas conclure avec Guénon : « Pour cela, nous devons nous reporter encore au rôle de la contre-initiation. En effet, c'est évidemment celle-ci qui, après avoir travaillé constamment dans l'ombre pour inspirer et diriger tous les mouvements modernes, en arrivera, en dernier lieu, à extérioriser... quelque chose qui sera

---

(186) Julius Evola, *op. cit.*
(187) N'oublions pas, à ce sujet, la fameuse parapsychologie.
(188) Julius Evola, *op. cit.*
(189) Allan Kardec : *Le Livre des médiums*, Ed. Leymairie.

comme la contrepartie d'une véritable tradition (190)... » et qui constitue la néo-spiritualité proprement dite, et que nous voyons à l'œuvre aujourd'hui dans de multiples domaines.

Si, donc, nous nous sommes tant appesantis sur ce mouvement, c'est qu'il illustre parfaitement les débuts du XXe siècle. Au sein des sociétés occultes, mais aussi des sociétés dans leur ensemble, se manifestent les soubresauts annonciateurs de la fin d'un monde, où œuvrent les forces sataniques, insidieuses et travesties (psychanalyse, tantrisme dévoyé, drogue, sexe) telles que nous les connaissons.

---

(190) René Guénon : *Règne de la quantité et signe des temps*, Ed. Gallimard, coll. Idées.

III
LES AUTEURS
SELON LA TRADITION

L'œuvre de rigueur
René Guénon (1886-1951)

> « *La vérité est qu'il n'existe pas en réalité un " domaine profane " qui s'opposerait d'une certaine façon au " domaine sacré " : il existe seulement " un point de vue profane " qui n'est proprement rien d'autre que le point de vue de l'ignorance.* »
> René Guénon,

Si l'on veut bien se pencher une fois encore sur l'atmosphère tout à fait spéciale des milieux occultistes des premières années du siècle, si l'on songe à la confusion que venaient y ajouter les élucubrations théosophistes et spirites, on peut être surpris par l'aspect déroutant du Paris « initiatique ». Sous la direction de Papus (école hermétique), francs-maçons suivant plusieurs obédiences et derniers survivants de la rose-croix catholique achevaient d'emmêler l'écheveau du monde des sociétés initiatiques.

Les quelques données traditionnelles orientales étaient le plus souvent noyées sous le flot des délires théosophistes, et chacun pouvait se permettre — les connaissances réelles n'existant pas — de construire un système personnel, où l'exaltation prenait le pas sur le vraisemblable et le sérieux.

Il était important, pensons-nous, de rappeler brièvement cette période pour comprendre d'abord la vie, mais surtout l'œuvre de René Guénon. Oeuvre jugée irritante, dogmatique et pédante par certains, qui n'ont pas voulu prendre en considération le besoin de remise en forme de la pure étude traditionnelle qui se faisait sentir alors.

L'œuvre de Guénon sera une œuvre de rigueur, un retour aux sources originelles de la Tradition telle que nous avons tenté de la définir. Et s'il est facile aujourd'hui de critiquer certaines attitudes rigides, on ne peut pas ne pas penser que celles-ci s'avéraient pourtant indispensables. Oeuvre de rigueur, combat de solitaire, identification de l'homme à son œuvre, fusion plutôt, telles seront la fonction et la vie singulière de l'homme providentiel que fut René Guénon.

L'homme, sa vie

C'est à Blois (dont le nom signifie, en celte, la « Ville aux loups ») que naquit, le 15 novembre 1886, au sein d'une famille catholique et bourgeoise, René, Jean, Marie-Joseph Guénon. Il mourra le 7 janvier 1951, au Caire, sous le nom d'Abdel Wahed Yahia, et sera enterré, selon la coutume musulmane, le visage tourné vers La Mecque, à même le sable.

Entre ces deux dates se déroula une vie véritablement prodigieuse, dont les prolongements et les conséquences ne sont pas près d'être oubliés. De santé délicate, René Guénon connut une enfance d'élève studieux et doué, mais souvent perturbée par les maladies qui le poursuivront durant toute son existence. Après le baccalauréat de philosophie, puis mathématiques élémentaires en 1904, il tente sans succès, vers 1906, l'entrée à l'Ecole polytechnique. Cet échec allait donner une première orientation à sa vie. Est-ce parce qu'une fois à Paris, la perspective de l'entrée à Polytechnique ne l'attira plus autant ? Peut-être aussi la perspective d'un autre centre d'intérêt bien plus puissant.

Car plus tard nous le retrouvons au quartier Latin, pas pour longtemps toutefois : aimant par-dessus tout le calme, il quittera bien vite cet endroit pour emménager dans l'île Saint-Louis, où il peut désormais se consacrer entièrement à l'étude. « René Guénon en était arrivé, écrit son plus proche biographe (1), à cette période de sa vie où très fréquemment l'esprit ne se satisfait plus des seules études classiques. Il crut — comme bien d'autres avant et après lui — trouver un élargissement de son horizon intellectuel en se tournant vers les doctrines néo-spiritualistes en vogue à cette époque. »

Le mouvement occultiste, nous l'avons dit, connaissait alors un développement, un foisonnement extrêmes, sous la direction de Papus, et dans le Paris des sociétés secrètes ou pseudo-initiatiques offrait alors, selon le mot de J.-C. Frère, « un singulier aspect de ruche et de marché de la gnose (2) » !

Entré à son tour dans ce singulier labyrinthe, sur l'entremise d'un ami, il fit connaissance de l'école hermétique du Dr Encausse, dont les membres se nommaient Barlet, Sédir, Phaneg... Cette société, futur mouvement martiniste, pouvait alors abuser un jeune provincial encore peu au fait de la véritable et de la pseudo-

---

(1) P. Charcornac, *La Vie simple de René Guénon*, Editions Traditionnelles.
(2) J.-C. Frère, *Planète Plus*, numéro spécial Guénon.

initiation. En fait, il le révèlera plus tard, l'école hermétique devait servir d'antichambre à la H.B. of Louxor que nous avons déjà mentionnée ; projet qui ne devait jamais aboutir. Entré dans l'Ordre martiniste, il reçut l'investiture de Supérieur Inconnu par Phaneg, prenant ainsi la succession du défunt marquis Saint-Yves d'Alveydre.

Si Papus prétendait alors détenir la filiation de son ordre du Philosophe inconnu (d'homme à homme), Guénon s'aperçut bien vite de l'erreur de cette prétention. Comment aurait-il pu partager, avec Papus, ce goût pour le sensationnel et l'emphatique ? Guénon cherchait tout de même à en savoir plus long sur la réalité de l'initiation en Occident ; ainsi prend-il une nouvelle initiation au sein d'une loge maçonnique d'obédience irrégulière *(Loge humanidad)* et celle du rite primitif swedenborgien, de laquelle il reçoit, des mains de Théodore Reuss, grand maître du Grand Orient, le cordon de chevalier Kadosh (le même Reuss qui devait plus tard être mêlé à l'organisation de la société Thulé). En 1908, lors d'une séance du Congrès spiritualiste et maçonnique, lassé par les prétendues doctrines de ces petits-bourgeois jouant les Maîtres, il se retire, après avoir toutefois fait la connaissance du patriarche de l'Eglise gnostique Fabre des Essarts, connu sous le nom de Synésius. Rencontre certainement passionnante pour le jeune Guénon qui demande à être affilié à cette curieuse Eglise.

Peu à peu, il allait se couper du martinisme pour se consacrer à sa nouvelle affiliation. Rappelons que, plus tard, il répondra à ceux qui lui reprochaient son attitude apparemment inconstante : « Si nous avons dû, à une certaine époque, pénétrer dans tels ou tels milieux, c'est pour des raisons qui ne regardent que nous (3). »

Exclu du martinisme par Papus, il est déjà bien persuadé que toutes ces écoles occultistes ne font que cultiver le mythe des initiations antiques, de la chevalerie à bon marché, et que, au fond, d'enseignement réel, il n'en est point du tout : « Il est impossible d'associer, écrira-t-il plus tard, des doctrines aussi dissemblables que le sont toutes celles que l'on range sous le nom de spiritualisme... Le tort de la plupart de ces doctrines prétendues spiritualistes, c'est de n'être au fond que du matérialisme transposé sur un autre plan, et de vouloir appliquer au domaine de l'esprit des méthodes que la science ordinaire emploie pour étudier le monde hylique (4). »

---

(3) René Guénon, dans la revue *Le Voile d'Isis* (1932).
(4) René Guénon, dans la revue *La Gnose* (1912).

Car il faut souligner (et c'est important puisque nous avons eu l'occasion d'étudier le spiritisme) que Guénon avait été amené à participer, un an auparavant, à une communication par écriture directe avec les martinistes : il saura ainsi plus tard ce dont il parle dans *L'Erreur spirite*. Il est consacré par Synésius évêque de l'Eglise gnostique universelle, rite albigeois (mais, là aussi, on imagine mal Guénon dans ce rôle), sous le nom symbolique de Palingénius (qui renaît), synonymique de son prénom.

C'est tout de même au sein de cette Eglise que René Guénon, alias Palingénius, devait faire la connaissance de deux êtres qui auront une importance considérable dans sa formation initiatique : Léon Champrenaud et le marquis Albert de Pouvourvielle. Le premier avait adhéré à la foi islamique sous le nom de Habdul Haqq et le second était affilié à une secte taoïste très fermée, les Hong, sous le nom célèbre de Matgioi (5). Champrenaud, surtout, devait marquer Guénon, qui allait se convertir secrètement à l'islam peu de temps après, et Matgioi allait lui donner dans *La Voie métaphysique* les sources principales de sa *Grande Triade*.

Déjà, il décante ses multiples connaissances, et surtout les expériences qui furent les siennes au sein des sociétés occultistes. C'est à cette époque (fin 1909) qu'il fonde la revue *La Gnose,* où il laisse apparaître le futur rénovateur qu'il sera. Ses études sont celles du célèbre *Traité de la Connaissance* de Shankaracharya, maître ancien du *Vedanta,* et, dans un de ses premiers articles (« Le Démiurge »), Guénon montrera déjà, par « le caractère relatif du mal » et « la fatale illusion du dualisme », les prémices de l'enseignement hindou de l'Unité.

Les articles contenus au fil des mois dans *La Gnose* allaient servir à ses plus importants ouvrages : *L'Homme et son devenir selon le Vedanta* et *Le Symbolisme de la croix*. Ce jeune homme de vingt-cinq ans est déjà fixé sur ce qui sera son orientation, et si pour l'instant il s'affilie à la Grande Loge Thebah, du rite écossais ancien, c'est déjà pour lui la fin d'une longue expérimentation. La Grande Guerre vient, qui va aussi marquer une importante coupure dans l'histoire de l'occultisme français.

Après celle-ci, Guénon (qui a été réformé pour raison de santé) se détourne de la maçonnerie, laquelle, s'il l'a crue un moment dépositaire de l'antique tradition occidentale (avec l'Eglise catholique), le déçoit irrémédiablement. « Il avait pu se rendre

---

(5) Matgioi est l'auteur de *La Voie métaphysique* et de *La Voie rationnelle,* Editions Traditionnelles.

compte, dit P. Chacornac, directement et personnellement du véritable caractère de la maçonnerie... Il avait pu se rendre compte, grâce à ses contacts orientaux, de tout ce qui séparait la maçonnerie moderne d'une organisation initiatique complète... » C'est aussi l'époque de la mystification de Léo Taxil (trompant tout le monde : Eglise et maçonnerie). Guénon prit position : « a cause de leur politique et de leur modernisme, il fallait combattre les maçons contemporains, infidèles à la vocation initiatique (6)... » Ce qu'il fit dans les années 1913-1914 dans *La France antimaçonnique,* ce qui le fera honnir par nombre de maçons plus tard (mais pas unanimement puisque la Grande Loge reconnaît aujourd'hui son apport).

En fait, durant cette période, Guénon commençait à défendre la Tradition initiatique et son aspect présent dans toutes les religions orthodoxes : « Si la Religion est nécessairement une comme la Vérité, les religions ne peuvent être que des déviations de la Doctrine primordiale. » Et, comme le note son biographe et ami : « On assiste à ce fait, paradoxal en apparence, d'un Guénon qui devient, avec sa collaboration à la F.A.M., un défenseur du catholicisme, peu après son rattachement à l'islam (7). »

Or, comment Guénon avait-il pu se convertir à l'islam, lui qui s'intéressait surtout à l'hindouisme, à l'ésotérisme chrétien, et surtout à la Tradition primordiale, pour entrer dans une voie religieuse apparemment exotérique et dogmatique ?

En fait, peut-être se serait-il converti à l'hindouisme si cela n'était impossible ; quant au christianisme, peut-être était-ce une voie trop affective pour cet intellectuel strict. Ainsi l'écrit J.-C. Frère : « La sécheresse dénuée de rides du monde musulman ne pouvait que séduire notre dévôt de l'Absolu. Il quittait les ornières de la représentation pour pénétrer dans un univers où le sanctuaire réside dans le non-manifesté, dans la force de la connaissance pure (8). »

Et c'est un de ses collaborateurs à *La Gnose,* Abdul-Hadi, Suédois d'origine (J. G. Angelli), qui l'initiera en 1912 en lui octroyant la *barakah* (bénédiction) du cheikh Abder-Rhaman. « Guénon devenait musulman, mais de la façon qui convenait à sa profonde nature spiritualiste, c'est-à-dire dans l'ordre initiatique dans ce qu'il a de plus dépouillé et de plus transcendant (9). »

---

(6) P. Chacornac, *op. cit.*
(7) P. Chacornac, *op. cit.*
(8) J.-C. Frère, *Planète Plus,* numéro spécial Guénon.
(9) *Ibid.*

A vingt-sept ans, Guénon accédait à la voie de la pure spiritualité islamique qui, sans le détacher de son profond intérêt pour toutes les formes religieuses et traditionnelles, lui permettait de trouver le chemin du « Centre » spirituel. Il se marie en 1912, selon le rite catholique, avec Berthe Laury. Paradoxe ? Non pas ; car, à travers tous les rites, c'est la même unité qu'on observe.

Les époux conservent le même appartement de Saint-Louis-en-l'Ile, qui était celui de Guénon célibataire. Vie parfaitement calme, consacrée à l'étude, à la méditation et à l'écriture. Pour vivre, il doit accepter un poste de professeur de philosophie, ce qui lui permettra, plus tard, de critiquer cette philosophie profane en connaissance de cause.

Piètre enseignant, il démissionne en 1919 pour se consacrer à son œuvre, dont le prochain titre paraît en 1921 : *Introduction générale aux doctrines hindoues*. Ouvrage considérable, qui tente de montrer les oppositions entre les mentalités occidentale et orientale, entre monde moderne et monde traditionnel, mais également réflexion sur l'essence de la Tradition, de la métaphysique et de la religion. « Il s'agit là, avoue P. Chacornac, de notions explicitées publiquement et dont le seul énoncé suffirait à distinguer l'œuvre guénonienne de toute autre (10)... »

Dès ce moment, Guénon manifeste le désir capital de se distinguer à la fois des historiens des religions et des néo-spiritualistes falsificateurs de l'Orient. Qui est-il ? Peu à peu, de ses travaux, se dégageront sa personne et sa fonction : celle d'un médiateur entre la Tradition et le siècle.

Cette année 1921 voit la publication d'une série d'articles devant ultérieurement donner naissance au *Théosophisme, histoire d'une pseudo-religion,* dont nous avons eu l'occasion de noter déjà quelques passages. Dans cet ouvrage, véritablement hérissé d'indications et de références de tous ordres (11), inattaquable sur le plan historique, Guénon pourfend véritablement les doctrines véhiculées par la Société théosophiste : « Voyant dans le théosophisme une erreur des plus dangereuses pour la mentalité contemporaine, nous avons estimé qu'il convenait de dénoncer cette erreur où, par suite du déséquilibre causé par la guerre, elle prenait une expansion qu'elle n'aurait jamais eue jusque-là (12)... » Déjà le ton précis, sec, définitif est posé, le ton d'un redresseur, qui

---

(10) P. Chacornac, *op. cit.*
(11) Qui lui sont données par un important maître hindou.
(12) René Guénon, *Le Théosophisme, histoire d'une pseudo-religion,* Editions Traditionnelles.

a pu en indisposer beaucoup (ceux-là peut-être qui détestent tout redressement intellectuel et spirituel).

L'année suivant cette publication, l'auteur fera la connaissance de Paul Chacornac et de sa maison d'édition (qui est restée aussi simple, aussi traditionnelle en somme que par le passé). Amitié profitable pour chacun et correspondant à la vie « extérieure » de Guénon. Par extérieure, nous entendons l'époque où il reçoit chez lui des amis, ou même des visiteurs passionnés d'ésotérisme. « Insensiblement, avec lui, on quittait le monde pour entrer dans le véritable monde et passer de la " représentation " au principe (13)... »

Son prochain ouvrage publié, *L'Erreur spirite* (que nous avons déjà eu l'occasion d'apprécier), ne lui amène que peu d'estime, et bien plus de colères et de rancunes de certains de ses anciens amis (on sait que Papus et ses disciples évoquaient, parfois, les « esprits »). Ainsi, de plus en plus, Guénon se démarquait-il de ses anciennes fréquentations, de ses expériences de jeunesse, pour s'affirmer comme un véritable défenseur de la spiritualité authentique.

En 1924, Ferdinand Ossendowski, l'auteur de *Bêtes, hommes et dieux* (dont nous aurons l'occasion de parler), de passage à Paris, est invité par la rédaction des *Nouvelles littéraires,* avec René Grousset, Jacques Maritain et René Guénon (14). On parla de nouveau du « Roi du monde », dont Ossendowski s'était fait l'écho dans son livre (vécu), relatant sa rencontre avec l'extraordinaire baron Ungern von Sternberg. Puis, à la question d'une alliance possible entre Orient et Occident, chacun y alla de son opinion ; Maritain avoua que « si l'on devait étudier l'Orient avec attention... on devait maintenir le dépôt catholique »... Et Guénon répliqua qu'« il y a dans l'Orient une sagesse profonde que l'Occident ne sait pas percevoir ». Rencontre en apparence stérile, mais qui marque la position d'un homme seul, un des premiers (à l'époque) à désirer entrouvrir les frontières mentales et culturelles, d'une tout autre façon que par les travaux universitaires.

Surtout apparaissait l'idée qui sera la sienne sa vie durant, celle d'une différence essentielle entre Orient et Occident, et celle du manque de valeur de toute civilisation occidentale moderne, vivant sur de faux idéaux. C'est l'époque où l'on commence à s'interroger sur l'illusoire « progrès » : Léon Daudet publie *Le*

---

(13) P. Chacornac, *op. cit.*
(14) *Cf.* à ce sujet P. Chacornac, *op. cit.*

Stupide XIXe siècle et Gonzague Truc *Notre temps*. René Guénon fait paraître *Orient et Occident,* où il démontre que la tradition occidentale de la société médiévale a été minée par les fausses valeurs du monde moderne envahissant, allant jusqu'à trahir toute notion de véritable civilisation, et reposant sur les idoles modernes que sont la science, la vie et le progrès. « Tant que les Occidentaux, dit-il, s'imagineront qu'il n'existe qu'un seul type d'humanité, qu'il n'y a qu'une civilisation... nulle entente ne sera possible... il est permis de penser qu'il y a une certaine hiérarchie à observer et que les choses de l'ordre intellectuel, par exemple, valent plus que celles de l'ordre matériel ; s'il en est ainsi, une civilisation qui se montre inférieure sous le premier rapport, tout en étant incontestablement supérieure sous le second, se trouvera encore désavantagée dans l'ensemble (15)... »

Inévitablement, plusieurs Occidentaux, se sentant attaqués, réagirent en accusant Guénon d'être un propagateur, mandaté par « des groupes orientaux » ; pourtant, dans la seconde partie de son ouvrage, il montrait les possibilités de rapprochements intellectuel et spirituel entre ces deux civilisations, puis la possibilité d'un redressement occidental. Ce à quoi Léon Daudet souscrivit (on sait que Guénon devait nouer avec ce dernier de profonds liens d'amitié) : « Il ressort, sans qu'il l'exprime d'une façon positive, que l'Occident est menacé, plus du dedans, je veux dire par sa débilité mentale, que du dehors, où cependant sa situation n'est pas si sûre (16). »

Puis c'est *L'Homme et son devenir selon le Vedanta,* où l'on voit nettement le fruit de la connaissance réelle de l'auteur (rappelons qu'il avait « étudié » les doctrines hindoues sans livres, mais par enseignement direct d'un maître hindou) : « de tous les Occidentaux qui se sont occupés des doctrines hindoues, dira plus tard Roger du Pasquier, seul Guénon (selon les pandits de l'Inde) en a vraiment compris le sens (17) ». Après *L'Esotérisme de Dante,* Guénon publie le livre le plus étrange, le plus déroutant de son œuvre : *Le Roi du monde,* lié aux préoccupations amenées par celui de F. Ossendowski et aussi par l'impact déjà ancien de *Mission de l'Inde* de Saint-Yves d'Alveydre.

Si Guénon donnait un tel livre à la publication, c'est bien qu'il ressentait que le moment était venu. Déjà, nous le savons, Saint-

---

(15) René Guénon, *Orient et Occident,* Ed. Véga.
(16) Dans la revue *Action française* (5 juillet 1924).
(17) Cité par J. Tourniac, *Propos sur René Guénon,* Editions Dervy-Livres.

Yves d'Alveydre dans *Mission de l'Inde* avait fait état, un peu inconsidérément, de la symbolique (de façon certainement involontaire, toutefois) de l'*Agarttha,* cette sorte de Centrale du secret. Pourtant, le livre du marquis, réédité par ses admirateurs, n'avait fait que peu de bruit ; au contraire, *Bêtes, hommes et dieux* d'Ossendowski, en raison de son genre (aventure mystérieuse), eut un très grand succès : mêlant l'histoire récente au portrait du baron Sternberg, et l'évocation du Roi du monde, il avait provoqué un vif émoi chez certains Occidentaux. On reparla du fameux péril jaune, on fit d'étranges analogies entre *Roi du monde* et *Prince de ce monde* (dont parle l'Evangile). C'est pourquoi Guénon tenta à cette occasion de rétablir la notion de centre spirituel, similaire dans toutes les traditions. Surtout, il voulut démontrer la pérennité de cette tradition même, conservant dans un centre suprême tout le trésor spirituel de l'humanité au-delà des fins de monde et des renversements de pôles (n'oublions pas qu'il fut certainement le premier à exprimer clairement en Occident la notion de *manvatara* et des cycles cosmiques).

Prenant soin de s'expliquer sur les raisons d'un tel ouvrage (et pourtant, nous le verrons, il se coupa par là même d'importantes et secrètes relations), Guénon déclare : « Nous ne prétendons pas avoir tout dit sur ce qu'il y aurait à dire sur le sujet auquel se rapporte la présente étude, loin de là, et les rapprochements même que nous avons établis pourront en suggérer beaucoup d'autres (18)... » Cependant, était-il opportun de dévoiler cela : « Sur cette question d'opportunité nous pouvons nous borner à une brève observation : c'est que, dans les circonstances au milieu desquelles nous vivons présentement, les événements se déroulent avec une telle rapidité que beaucoup de choses dont les raisons n'apparaissent pas encore immédiatement pourraient bien trouver, et plus tôt qu'on ne serait tenté de le croire, des applications assez imprévues, sinon tout à fait imprévisibles (19). » Cette mise en garde, assez

---

(18) René Guénon, *Le Roi du monde,* Editions Gallimard, coll. Traditions.

Et, dans son très énigmatique ouvrage *Bêtes, hommes et dieux,* F. Ossendowski rapporte cette prophétie du baron Ungern von Sternberg (lequel peut apparaître comme le « chevalier » d'une certaine perspective bouddhique aryenne et guerrière luttant contre les forces du mal qu'il nomme la Révolution) : « Dans les livres bouddhiques comme dans les vieux livres chrétiens, on lit de graves prophéties relatives à l'époque où devra commencer la guerre entre les bons et les mauvais esprits. Alors viendra la malédiction inconnue qui, conquérant le monde, balayant toute civilisation, tuera toute moralité et détruira les peuples. Son arme est la révolution... L'homme s'éloignera du divin et du spirituel... » (F. Ossendowski, *op. cit.*)

(19) René Guénon, *op. cit.*

mystérieuse peut-être, fait immédiatement penser, dans son fond, aux *tertons* dont parle le bouddhisme tibétain : ce qui était caché doit être révélé lorsque les circonstances l'exigent (20).

Mais, nous l'avons dit, ce court ouvrage, et ce qu'il contient, sera suffisant pour que certains représentants spirituels se séparent de lui et, comme l'écrit Chacornac : « Ce changement avec certains représentants de la tradition hindoue — car c'est évidemment de ce côté qu'il faut chercher ceux qui pourraient être tentés de lui reprocher d'en avoir trop dit — va s'accompagner assez rapidement d'un changement total de sa vie personnelle (21). »

Dans le courant de l'année 1928, la femme de René Guénon meurt, et tous ces événements ne sont pas sans le bouleverser vraiment. Il prend et tient une position de plus en plus nette ; face à cet Occident déclinant et pourrissant, il jette la véritable bombe qu'est *La Crise du monde moderne*. On sent d'ailleurs que c'est là le ton d'un homme qui a déjà ses yeux tournés vers ailleurs (nous sommes presque tentés d'y assimiler la lassitude du ton d'un Rimbaud, toutes proportions gardées, dans ses dernières poésies avant son départ pour Chypre et Harrar) : « Il n'y a, à notre connaissance, personne qui ait exposé en Occident des idées orientales authentiques, sauf nous-même : et nous l'avons fait comme l'aurait fait tout Oriental qui s'y serait trouvé amené par les circonstances, c'est-à-dire sans la moindre intention de propagande ou de vulgarisation et uniquement pour ceux qui sont capables de comprendre les doctrines telles qu'elles sont, sans qu'il y ait lieu de les dénaturer sous prétexte de les mettre à leur portée (22). » *La Crise du monde moderne* s'ouvre comme un constat du monde occidental contemporain ; constat d'échec certes, et d'avertissement.

Mais à la différence d'un Spengler, qui, par exemple, avait déjà fait paraître *La Fin de l'Occident*, ou encore du comte Keyserling, (*L'Angoisse du monde*), ce ne sont plus de simples considérations « philosophiques » ou économiques, mais un état de fait expliqué par la théorie traditionnelle des cycles cosmiques. Nous sommes dans l'« âge sombre » annoncé déjà dans les *Lois de Manou* (23) ; tout démontre notre erreur, notre avilissement dans les formes du règne de la quantité, et en raison d'un éloignement du principe :

---

(20) Textes tantriques secrètement cachés par les divinités.
(21) P. Chacornac, *op. cit.*
(22) René Guénon, *La Crise du monde moderne,* Editions Gallimard, coll. Idées.
(23) Et dans les *Purana*.

« Cette chute pourrait être considérée comme une matérialisation progressive, car l'expression du principe est pure spiritualité (24). »

Mais l'Occident, ou du moins une certaine élite, peut retrouver les moyens de lutter (non pas bien sûr par l'action immédiate) contre cet état de fait. Déjà apparaît chez Guénon la notion de « germes » que le spirituel doit laisser, en attendant qu'ils produisent dans un avenir encore très lointain leur récolte et, comme l'écrit P. Chacornac : « Que l'Occident trouve, en lui-même, les moyens d'un retour direct à sa tradition par un " réveil spontané de possibilités latentes " ou que certains éléments occidentaux accomplissent ce travail de restauration à l'aide d'une certaine connaissance des doctrines orientales, c'est toujours la restauration de la tradition propre à l'Occident (25). » C'est ce travail qui, en définitive, s'avère le but profond, éclatant de toute l'œuvre de René Guénon.

On voit par là même combien peu fondées sont à son égard les étiquettes d'apocalyptique, démoralisateur et de syncrétiste que quelques-uns lui appliquèrent (et encore à titre posthume). Certainement l'Occident, selon lui, possède encore la seule organisation religieuse traditionnelle capable de faire l'unité autour des principes primordiaux. C'est l'Eglise catholique, universelle comme l'indique son nom, et qui, en retrouvant le sens profond de sa doctrine, pourrait assurer le relèvement de notre civilisation. Cette Eglise, d'ailleurs, n'a-t-elle pas eu dans le passé des contacts multiples avec l'Orient : « En d'autres termes, pourquoi ne se contenterait-on pas, sans chercher plus loin, de redonner au catholicisme la prééminence qu'il avait à cette époque, de reconstituer sous une forme appropriée l'ancienne " Chrétienté " dont l'unité fut brisée par la Réforme et les événements qui suivirent (26) ? »

Pour répondre, d'ailleurs, à la fièvre qui secouait alors les milieux catholiques et royalistes français, à la suite de la bulle condamnant l'Action française, suivie de la contre-attaque des maurassiens, Guénon publiait *Autorité spirituelle et Pouvoir temporel,* où il fixe la hiérarchie et les pouvoirs respectifs du spirituel et du temporel (on sait qu'Evola s'attachera, lui, à démontrer la prééminence du pouvoir royal envisagé comme fonction spirituelle) : « Tant qu'il subsistera une autorité spirituelle

---

(24) René Guénon, *op. cit.*
(25) P. Chacornac, *op. cit.*
(26) René Guénon, *Orient et Occident,* Editions Véga.

régulièrement constituée, fût-elle méconnue de presque tout le monde et même de ses propres représentants..., cette autorité aura toujours la meilleure part, et cette part ne saurait lui être enlevée, parce qu'il y a autre chose en elle que les possibilités purement humaines (27)... »

Cette « chose qui ne passe point » de l'Evangile sera la motivation de toute la vie de René Guénon. Lui le contemplatif, le spirituel qui a maintenant jeté son véritable message dans le monde occidental, où, dès à présent, ne vit plus qu'une partie de lui-même. Pour paraphraser Rimbaud, son « bagage est fait », il lui faut partir, trouver « la vérité dans une âme, un corps ».

Ce sera avec l'Egypte et l'islam la dernière étape de ce « simple en esprit ».

Dès 1929, Guénon avait fait la connaissance aux Editions Chacornac de Mme veuve Dina. Cette dernière, dotée d'une aimable fortune, s'intéressait énormément à cet auteur, qu'elle désirait entièrement rééditer, au sein d'une société d'édition qu'elle aurait créée. L'intérêt mutuel qu'ils se portaient fit qu'ils voyagèrent en Alsace, épisode qui montre un être plus humain qu'on a bien voulu le dire. Enfin, ils décidèrent de partir pour la Terre du Sphinx où Guénon devait rechercher des traités fort rares d'ésotérisme islamique. Quand il quitte la France le 5 mars 1930, c'est dans l'intention d'un voyage de trois mois ; en fait, il ne reviendra plus. Peu à peu, l'intérêt qu'il manifeste pour l'Egypte, son absence de parenté en France firent qu'il devint un autre individu : « Guénon vivait au Caire discrètement... il n'était plus le Français René Guénon, mais le cheikh Abdel Wahed Yahia (28)... » Années fécondes pour sa production littéraire, qui voit paraître en 1931 et 1932 *Le Symbolisme de la croix* et *Les Etats multiples de l'être,* ouvrages déjà préparés par ses articles dans *La Gnose* quelques années auparavant.

Le style général a changé, et qu'il s'agisse de l'un ou l'autre ouvrage, ce ne sont plus là des livres référentiels à l'hindouisme, mais des ouvrages beaucoup plus personnels, faisant appel à la quasi-totalité des traditions ; de plus, dès maintenant, ses œuvres seront surtout des considérations d'ordre métaphysique, au sens exact du terme (29). Guénon apparaît d'ores et déjà comme un pur

---

(27) René Guénon, *Autorité spirituelle et pouvoir temporel*.
(28) P. Chacornac, *op. cit.*
(29) Car ce que l'on nomme métaphysique en Occident n'est bien sûr très souvent que philosophie profane, et ne dépassant pas la dualité Etre — Non-Etre.

spirituel, et, s'il poursuit sa collaboration au *Voile d'Isis,* il s'enfonce dans un anonymat de plus en plus grand, mais reste au courant de tout ce qui advient dans le milieu des sociétés initiatiques, des parutions, du monde en général. Car Guénon, on doit l'admettre, était remarquablement informé sur toutes choses, et dans tous les domaines, même si ses sources ne sont jamais dévoilées : « A certains qui lui demandaient de préciser ses sources documentaires, il finit par répondre publiquement : " Nous n'avons point à informer le public de nos véritables sources... Celles-ci ne comportent point de références (30) " » De la même façon, le « nous » doctrinal qu'il emploiera dans tous ces écrits ne désignait-il pas plusieurs « personnes » qui l'auraient chargé d'écrire et aidé ? Ami du cheikh Ibrahim, il épouse en 1934 sa fille Fatma, avec laquelle il vivra dans la banlieue du Caire.

En 1945, dès la fin d'une guerre qui n'aura que trop confirmé les mises en garde de *La Crise du monde moderne,* Guénon publie un de ses plus importants ouvrages, sinon le plus lumineux : *Le Règne de la quantité et les signes des temps.* Comme l'indique son titre, le livre considère la « solidification » progressive et croissante de ce monde moderne, qui s'appesantit dans le règne de la pluralité et s'achemine vers sa fin, mais une fin telle qu'on doit la considérer avec détachement : « Et c'est ainsi que, si l'on veut aller jusqu'à la réalité de l'ordre le plus profond, on peut dire en toute rigueur que la " fin d'un monde " n'est jamais et ne peut jamais être autre chose que la fin d'une illusion (31). »

Ensuite apparaîtront *Aperçus sur l'initiation* et surtout, en 1946, *La Grande Triade.* Entre-temps, il est important de souligner que l'auteur avait eu l'occasion de rencontrer A. Coomaraswamy, auteur de *Hindouisme et Bouddhisme,* et considéré comme une sommité en matière de religions comparées, et Marco Pallis, auteur du fameux *Peaks and Lamas,* relation d'une expédition dans les Himalayas.

Avec ces deux hommes, Guénon devait revoir sa position relative au bouddhisme, qu'il tenait (en tout cas le bouddhisme originel, ou *Theravada*) comme une hérésie née de l'hindouisme. Et comme l'écrit P. Chacornac : « Il résulte de l'examen approfondi par les trois auteurs que le bouddhisme doit être considéré comme une adaptation régulière de l'hindouisme à

---

(30) P. Chacornac, *op. cit.*
(31) René Guénon, *Le Règne de la quantité et les signes des temps,* Editions Gallimard, coll. Idées.

l'usage des non-hindous, comprenant dès l'origine les deux " véhicules ", correspondant, en un certain sens, à un exotérisme et à un ésotérisme (32). »

Ce sera une de ses dernières rencontres et, à partir de ce moment, il ne cessa de se plaindre de sa mauvaise santé. Peu à peu, étant très faible, sa santé périclita et des troubles circulatoires dégénérèrent en ulcérations, empoisonnant son organisme. Enfin, le 7 janvier 1951, il demanda à sa femme de conserver son cabinet de travail, car « tel quel, et invisible, il y serait quand même ». Puis, après avoir murmuré : « Allah, Allah », il s'éteignit.

Le Dr Katz, qui le soignait, ne s'expliqua pas la mort de René Guénon, puisque aucun organe n'était atteint, « si ce n'est que l'âme est partie mystérieusement ». Comme Artaud plus tard, Guénon aura eu une mort étrangement sereine, comme une lassitude, un cycle refermé et qui appelle, avec le souffle, l'arrêt du mouvement oscillatoire de la vie.

L'œuvre :
La fonction du spirituel dans le monde contemporain

« La définition de l'œuvre de Guénon, dit Fridtjof Schuon, tient en quatre mots : intellectualité, universalité, tradition, théorie (33). »

Intellectuelle, l'œuvre de Guénon ? Toujours soucieux d'exposer, de donner « un point de vue juste » sur les différentes doctrines religieuses ou traditionnelles, il ne se départit jamais d'un ton neutre, impersonnel, pour rester au-dessus de ce qu'il nommait l'« individualité ». Et si ce n'était dans ses piquants et acerbes comptes rendus de livres, on ne sentirait dans ses écrits nulle individualité propre.

Universelle, elle l'est absolument, de par l'ampleur des sujets abordés, depuis la métaphysique orientale jusqu'à l'ésotérisme de Dante, le catholicisme transcendantal, les rapports des pouvoirs spirituel et temporel, l'ésotérisme soufi, les critiques adressées au spiritisme, au théosophisme, à la mentalité moderne et profane, etc. Nous n'en finirions pas de les énumérer. Et cela nous reporte à ce qu'il nommait la Tradition, dans le seul sens juste — pensons-

---

(32) P. Chacornac, *op. cit.*
(33) F. Schuon, *Planète Plus,* numéro spécial Guénon.

nous — d'unité primordiale et universelle. Car, malgré les critiques, cette notion de tradition universelle a de quoi satisfaire l'esprit, dit J. Masui (c'est une tradition seulement guénonienne écrit R. Amadou). La Tradition, si on veut bien la concevoir avec un esprit ouvert, repose sur un noyau originel et intemporel. Pour cela, il convient d'accepter un enseignement donné, une hiérarchie, que Guénon n'a jamais prétendu incarner, mais qu'il propose à notre entendement, afin que nous puissions nous réunifier.

Et il découle de là que son œuvre ne peut être que théorique, dans le sens d'ailleurs qui était le sien : il ne propose en aucun cas de « méthode », de technique de réalisation, mais un objet de réflexion, une approche intérieure préparatoire — dans le meilleur des cas — à un travail spirituel. Et, ainsi que le dit F. Schuon : « Et ceci nous ramène à la question du contenu, celui-ci converge essentiellement sur la doctrine métaphysique, non sur ce qu'on peut appeler la " vie spirituelle ", et se subdivise en quatre grands sujets : doctrine, métaphysique, principes traditionnels, symbolisme, critique du monde moderne (34). »

Car il y a du saint Thomas d'Aquin chez Guénon, toutes proportions gardées. Son œuvre est une véritable somme traditionnelle, et, telle quelle, demande à être étudiée en plusieurs grands thèmes dont nous emprunterons le découpage à Jean Tourniac. Mais son but lointain est, a toujours été, de faire comprendre, dans le sens intérieur du terme, la lumière qu'il entrevoyait en toute doctrine, expression lointaine ou proche de la connaissance métaphysique. Loin donc de céder aux délires théosophistes, au prophétisme ampoulé des occultistes, il n'a tenu qu'à faire entrevoir la « porte de Jade » dont parle le taoïsme.

« Diagnostic et réquisitoire guénoniens n'ont d'autre but que de faire comprendre à ceux qui en sont capables la direction de l'histoire, de la baliser par les étapes les plus caractéristiques de la descente cyclique (35). » Et n'est-ce pas, après tout, le sens de la « Parole perdue », de la franc-maçonnerie par exemple ?

« De même, poursuit cet auteur, nul besoin, pour Guénon, de geler la tradition à telle ou telle période de l'histoire. Il ne fait pas de " passéisme ", comme les traditionalistes figés... Il est fixé invariablement dans l'unique point de Vie, sans âge, dans l'éternel d'où procède la tradition et non le traditionalisme (36). »

---

(34) F. Schuon, *op. cit.*
(35) J. Tourniac, *op. cit.*
(36) *Ibid.*

Nous emprunterons donc, pour tenter de donner un survol rapide de l'œuvre de Guénon (comment d'ailleurs pourrait-il en être autrement ?), une classification qui tentera de cerner les grandes étapes. Si l'on connaît ne serait-ce que très peu ses ouvrages, on conçoit la difficulté qu'il y a à définir ladite œuvre, car ce ne sont que renvois, symboles et mises en parallèles analogiques.

Nous pouvons dresser d'ores et déjà le tableau :

1/. La critique de la mentalité occidentale contemporaine, et ses erreurs : *Le Théosophisme, L'Erreur spirite, Orient et Occident, La Crise du monde moderne, Le Règne de la quantité et les signes des temps.*

2/. Cycles cosmiques et cosmologie traditionnelle : *Etudes sur l'hindouisme, Introduction générale à l'étude des doctrines hindoues.*

3/. Etudes sur le symbolisme : *Symboles fondamentaux de la science sacrée, La grande Triade, Etudes sur la franc-maçonnerie, Le Symbolisme de la croix...*

4/. Autorité spirituelle et pouvoir temporel : *L'Esotérisme de Dante, Le Roi du monde, Autorité spirituelle et Pouvoir temporel...*

5/. Les principes métaphysiques : *L'Homme et son devenir selon le Vedanta, Les Etats multiples de l'être, La Métaphysique orientale...*

6/. La réalisation spirituelle : *Aperçus sur l'initiation, Initiation et Réalisation spirituelle...*

Cela, enfin, est articulé sur trois grands modes : la doctrine métaphysique, la Tradition et le Symbolisme.

Néanmoins, nous ne nous tiendrons pas à ce que ce court tableau a de figé pour mieux survoler son œuvre. Oeuvre dense, sans concessions, qui, pour rigide qu'elle puisse être, « n'a rien à voir avec le pessimisme », et l'auteur dira que « la Vérité n'a pas à être consolante ».

Critique de l'Occident

La pensée de René Guénon s'est toujours orientée en fonction de la Connaissance et de la primauté de la contemplation (spirituelle) sur l'action ; selon ce point de vue, l'Orient traditionnel est resté toujours plus proche de son cœur que l'Occident — qu'il mentalisait peut-être trop. Mais il ne prétend pas à la négativité, car « travailler à préparer cette entente, c'est aussi s'efforcer de détourner les catastrophes dont l'Occident est menacé par sa propre faute : ces deux buts se tiennent de beaucoup plus près qu'on ne pourrait le croire. »

« Ce n'est donc pas faire œuvre de critique vaine et purement négative que de dénoncer, comme nous le proposons ici encore en premier lieu, les erreurs et les illusions occidentales (37)... » Quelles sont donc ces erreurs, sinon celles d'une tragique rêverie nous menant vers l'époque crépusculaire que les plus lucides ressentent : « La civilisation occidentale moderne apparaît dans l'histoire comme une véritable anomalie : parmi toutes celles qui nous sont connues plus ou moins complètement, cette civilisation est la seule qui se soit développée dans un sens purement matériel, et ce développement monstrueux, dont le début coïncide avec... la Renaissance, a été accompagné... d'une régression intellectuelle correspondante (38). »

Régression telle que nous ne concevons plus même l'intellectualité pure — au sens où nous avions défini l'intellect. La connaissance spéculative déconsidérée, à l'heure où l'Eglise même nie tout ce qui a fait jusqu'alors sa transcendance, une science envahissante, une philosophie qui ne l'est que de nom, ou plutôt un essaim d'idéologies toutes tournées vers une action, une emprise sur le monde, et voilà pour le monde de la pensée occidentale.

L'expression « société de consommation » se suffit à elle-même : et, d'ailleurs, « qu'importe la vérité dans un monde dont les aspirations, étant uniquement matérielles et sentimentales, et non intellectuelles, trouvent toutes leur satisfaction dans l'industrie et dans la morale (39) »... Et comment nier la vue prophétique d'un Guénon dans sa prévision du monde occidental ? Car « développement matériel et intellectualité pure sont vraiment en sens inverse ; qui s'enfonce dans l'un s'éloigne nécessairement de l'autre (40) »...

Doit-on, comme certains auteurs, se réjouir de constater, dans le domaine des sciences profanes par exemple, les signes d'un étonnement et la marque d'un renouveau de la spiritualité ? Ainsi, on sait que les physiciens sont perplexes face à l'idée de « matière » et sont tentés de la « spiritualiser » (en faisant de bien grandes

---

(37) René Guénon, *Orient et Occident, op. cit.*
(38) *Ibid.*
(39) *Ibid.*
(40) *Ibid.*

réserves sur ce mot). Ou bien encore, dans le domaine de ces fameuses mathématiques plongées dans les quanta de l'antimatière ? Au contraire, répond-il, il s'agit là d'un état d'esprit plus grave encore, car si le matérialisme a servi à couper l'homme des domaines qu'il ne pouvait plus comprendre, cette attitude risque de déchaîner le domaine des forces inférieures. Et, comme l'écrit Paul Sérant : « Il y a pire que le refus de toute spiritualité, c'est la spiritualité à rebours (41). »

Cette pseudo-spiritualité, qu'elle relève du domaine occultiste ou, maintenant, du domaine scientifique, ne peut servir qu'à libérer le flot des forces de dissolution (trente ans après, aujourd'hui donc, nous pouvons penser qu'elles sont à l'œuvre dans le monde), annonçant la fin de notre cycle cosmique. C'est dans cette perspective qu'il dénonce les pseudo-doctrines du théosophisme et du spiritisme. Ces dernières, comme tout néo-spiritualisme, sont évolutionnistes. Or, si l'on considère dans son ensemble la prétendue doctrine théosophiste, « on s'aperçoit tout d'abord que ce qui en constitue le point central, c'est l'idée d'" évolution " ; cette idée est absolument étrangère aux Orientaux, et, même en Occident, elle est de date fort récente. En effet, l'idée même de " progrès ", dont elle n'est qu'une forme plus ou moins compliquée par des considérations prétendues " scientifiques ", ne remonte guère au-delà de la seconde moitié du XVIIIe siècle (42)... » » Et si, comme le prétendent les théosophistes (et spirites de l'école française), un sens nouveau naît à chaque race, « comment se fait-il donc que les peuples qu'on nous présente comme des vestiges de races antérieures... aient pourtant cinq sens, tout comme nous (43) » ?

En réalité, pas plus que le spiritisme, l'intuitionnisme bergsonien, la psychanalyse et bien d'autres néo-spiritualités, confondant le plus souvent psychisme et esprit, le théosophisme ne peut masquer ses véritables desseins (même involontaires) très longtemps. Car ne nous y trompons pas, le néo-spiritualisme corrompt peu à peu la mentalité de tout l'Occident, même s'il n'est que l'expression des forces désagrégatives en œuvre : « Outre cela, le " néo-spiritualisme ", par sa partie que nous avons qualifiée de " pratique " est encore très conforme aux tendances " expérimentales " de la mentalité moderne ; et c'est par là qu'il arrive à

---

(41) Paul Sérant, *Planète Plus*, numéro spécial Guénon.
(42) René Guénon, *Le Théosophisme, op. cit.*
(43) *Ibid.*

exercer peu à peu une influence sensible sur la science elle-même, et à s'y insinuer en quelque sorte (44)... »

On le voit aujourd'hui, devant tous les courants métapsychiques et autres, qui ne masquent que cette volonté désagrégative évoquée par Guénon. Car enfin, « qui » ou « quoi » dirige ces subversions, sinon que « c'est qu'il y a là quelque chose, qui répond parfaitement aux exigences d'un " contrôle " exercé sur ces influences psychiques inférieures, déjà essentiellement « maléfiques " par elles-mêmes, pour les utiliser plus directement en vue de certaines fins déterminées (45)... »

C'est que le diable n'est pas loin dans la pensée de Guénon, qui emploie souvent l'expression de « forces sataniques » s'immisçant dans le monde ; bien sûr, il s'agit d'un Satan autre que celui de la théologie, mais Satan tout de même.

Et l'Occident est malade, très malade, bien plus encore qu'il y a un siècle, au temps de l'industrialisation et du positivisme triomphant : « En effet, tout d'abord le matérialisme proprement dit, qui correspond à la solidification sous sa forme la plus grossière..., a déjà perdu beaucoup de terrain... D'autre part, et corrélativement à ce changement, l'illusion de sécurité qui régnait au temps où le matérialisme avait atteint son maximum d'influence... s'est en grande partie dissipée du fait même des événements et de la vitesse croissante avec laquelle ils se déroulent (46)... »

Car, le temps n'existant qu'en fonction des événements qui surviennent, le temps, corrélativement à l'espace qui se rétrécit, s'accélère, en vertu de la loi des *manvantara* (47). Car il s'agit bien d'involution et non d'évolution à propos de cette fin de cycle, et nous ne pensons pas qu'aujourd'hui beaucoup de gens puissent nourrir encore des illusions sur l'avenir, proche ou lointain. « A ce propos, il est encore un point sur lequel nous devons nous expliquer d'une façon plus précise : les partisans du " progrès " ont coutume de dire que l'" âge d'or " n'est pas dans le passé, mais dans l'avenir ; la vérité, au contraire, est que, en ce qui concerne notre *manvantara*, il est bien réellement dans le passé, puisqu'il n'est pas autre chose que l'" état primordial " lui-même (48). »

On connaît, à ce sujet, les déclarations optimistes d'une certaine

---

(44) René Guénon, *Le Règne de la quantité et les signes des temps, op. cit.*
(45) *Ibid.*
(46) *Ibid.*
(47) Notre cycle, le quatrième, est réellement le plus bref. *Ibid.*
(48) René Guénon, *op. cit.*

astrologie annonçant l'ère du Verseau et un renouveau spirituel et hiérarchique : ce n'en sera toutefois que la contrefaçon, contrefaçon spirituelle, contrefaçon de la hiérarchie sociale, telle que nous la voyons apparaître depuis près d'un siècle : « Leur erreur, portée à son degré le plus extrême, sera celle de l'Antéchrist lui-même prétendant instaurer l'" âge d'or ", par le règne de la " contre-tradition ", et en donnant même l'apparence, de la façon la plus trompeuse et aussi la plus éphémère, par la contrefaçon de l'idée traditionnelle, du *Sanctum Regnum* (49)... »

Que nous allions d'un cataclysme à une ère de renouveau total, cela est évident, car notre époque, celle de l'« âge sombre », ne peut et ne doit déboucher que sur un cataclysme, permettant ensuite un recommencement (non pas identique d'ailleurs) ; seulement, il ne faut surtout pas en tirer des conclusions qui illusionneraient davantage sur le temps présent : en lui-même, le manvantara (ou ensemble de plusieurs cycles) est à la fois passé et avenir, « mais à la condition de ne pas se borner au présent *manvantara* et de considérer la succession des cycles terrestres, car en ce qui concerne l'avenir, c'est de l'" âge d'or " d'un autre *manvantara* qu'il s'agit nécessairement ; il est donc séparé de notre époque par une " barrière " qui est véritablement infranchissable pour les profanes qui parlent ainsi (50)... »

Le règne de l'Antéchrist ne sera pas, en définitive, le règne de la quantité qui est pratiquement déjà dépassé, mais bien celui de l'illusion et de la contrefaçon dans tous les domaines, conformément aux paroles du Christ : « Il s'élèvera de faux prophètes qui parleront en mon nom... » Et, dans l'Apocalypse, il est bien dit que c'est « à la fin des temps » que viendra la Jérusalem céleste. Et donc Guénon, qui n'accepte jamais de compromission (« la Vérité n'a pas à être consolante »), annonce que nous allons entrer dans le règne de la contre-tradition, touchant de près aux abîmes d'en-bas. Mais comme le dit Paul Sérant, « on se tromperait si l'on attribuait à la pensée de Guénon un caractère d'irrémédiable pessimisme (51) ».

La fin du cycle n'est que la « fin d'un monde » et non la fin du monde, dont parlent ceux qui ne peuvent concevoir la théorie cyclique du temps. A la fin de ce cycle, l'humanité sera balayée, entièrement ou en partie, et avec elle toute trace de son passage matériel : à nouveau s'établira le règne de l'esprit, pour une nouvelle succession de *yuga*.

---

(49) René Guénon, *op. cit.*
(50) *Ibid.*

D'ailleurs, s'il semble y avoir dans le devenir un aspect maléfique instable et provisoire, et un aspect bénéfique, ce dernier « possède un caractère permanent et définitif » : « Il en est encore ainsi quand on considère la fin même du cycle : au point de vue particulier de ce qui doit alors être détruit, parce que sa manifestation est achevée et comme épuisée, cette fin est naturellement " catastrophique "... mais d'autre part, au point de vue où la manifestation, en disparaissant comme telle, se trouve ramenée à son principe dans tout ce qu'elle a d'existence positive, cette même fin apparaît au contraire comme le " redressement " par lequel... toutes choses sont non moins soudainement rétablies dans leur état primordial (52). » Car c'est toujours, en toute chose, le point de vue partiel qui semble être maléfique, et notre époque, celle de la division et de la fragmentation, en mesure toute l'angoissante appréhension.

Pourquoi, se demandera-t-on, se préoccuper, face à une telle perspective, d'un quelconque message spirituel ? Pourquoi, au fond, Guénon a-t-il pris à cœur de tenter un « redressement » de la pensée occidentale ? Or, Guénon n'a jamais tenu une position fataliste. Pas plus qu'un être réel, c'est-à-dire spirituel, ne se laisse aller à la passivité face à la perspective de sa mort inéluctable, mais au contraire recherche le chemin de la « délivrance », l'humanité occidentale et même universelle doit se préoccuper du mouvement ascendant toujours susceptible de préparer le futur : c'est la notion guénonienne de « germes » spirituels dont l'élite a la tâche.

Il ne s'agit pas, comme pour les « défenseurs de l'Occident » politique et géographique, d'une action extérieure, car l'« élite n'a pas à se mêler à des luttes qui, quelle qu'en soit l'importance, sont forcément étrangères à son domaine propre ; son rôle social ne peut être qu'indirect..., car, pour diriger vraiment ce qui se meurt, il ne faut pas être entraîné soi-même dans le mouvement (53). » Voici, d'ailleurs, en manière de conclusion sur ce sujet, les dernières lignes de *La Crise du monde moderne,* message d'un espoir peut-être abstrait, mais d'espoir toutefois : « Ceux qui seraient tentés de céder au découragement doivent penser que rien de ce qui est accompli dans cet ordre ne peut jamais être perdu ; que le désordre, l'erreur et l'obscurité ne peuvent l'emporter qu'en apparence et d'une façon toute momentanée, que tous les

---

(51) Paul Sérant, *op. cit.*
(52) René Guénon, *op. cit.*
(53) On sait que J. Evola identifie Guénon à un brahmane et lui-même à un *Kshattrya.*

déséquilibres partiels et transitoires doivent nécessairement concourir au grand équilibre total, et que rien ne saurait prévaloir finalement contre la puissance de la vérité (54)... »

Redressement occidental et ésotérisme chrétien

Si, il y a trente ans, Guénon pouvait préconiser un rapprochement (entente et non fusion, précise-t-il) entre un Orient resté traditionnel et un Occident affolé et lancé dans le règne de l'illusion, on peut aujourd'hui constater le même processus d'uniformisation, de falsification sur toute la planète, et, si ces deux « continents » doivent se rencontrer, on peut craindre — et bien des signes avant-coureurs l'annoncent — que ce soit sous le signe même de la contre-tradition.

Certes, on peut relever chez Guénon une attitude de Cassandre, et parfois de fausses appréciations ; ainsi lorsqu'il écrit : « Les Chinois sont le peuple le plus profondément pacifique qui existe... la guerre répugne à leur tempérament et voilà tout (55)... » ; ou encore : « Quand les bolchevistes racontent qu'ils gagnent des partisans à leurs idées parmi les Orientaux, ils se vantent ou s'illusionnent (56)... » Il semble que le devenir historique et cyclique l'ait devancé très largement bien souvent ; de même dans les tentatives de rapprochement entre l'Orient et l'Occident, il semble que là aussi le message de Guénon ait été un demi-échec.

Mais, dans l'ordre individuel, Guénon a changé la vie de beaucoup. Ainsi, écrit justement Yves Millet : « Guénon a arraché — mérite immense et rarement apprécié à sa juste valeur — à l'occultisme ses vérités sous toutes ses formes, pour les rendre au catholicisme... Guénon a montré ce que pouvait et devait être une civilisation chrétienne intégrale, allant infiniment plus loin que les textes (57)... » Enfin, ajoute ce même auteur, Guénon a montré que les doctrines orientales (mais à notre avis plutôt indiennes que tout autre) n'étaient pas incompatibles avec le catholicisme.

Pour cet ésotériste — se réclamant par là même de la tradition —, seul le catholicisme représente la véritable Eglise chrétienne, et

---

(54) René Guénon, *La Crise du monde moderne*, op. cit.
(55) René Guénon, *Orient et Occident*, op. cit.
(56) *Ibid.*
(57) Y. Millet, *Les Cahiers de l'homme-esprit*, n° 3 (1973).

la seule forme traditionnelle authentique de l'Occident (nous avons déjà souligné par ailleurs ses critiques du protestantisme). Le christianisme appartient à la tradition universelle, et dans *Le Roi du monde,* Guénon écrit (assimilant les Rois Mages aux trois chefs du Centre spirituel suprême, ou *Agarttha*) : « L'hommage ainsi rendu au Christ naissant, dans les trois mondes qui sont leur domaine respectif, par les représentants authentiques de la Tradition primordiale, est en même temps... le gage de l'orthodoxie du christianisme à l'égard de celle-ci (58). » Et corrélativement au christianisme, la véritable tradition occidentale dans sa forme sociale est la royauté.

Société idéalisée que celle du Moyen Age, ou société sacrée qu'un « moderne » ne peut plus comprendre ? Celle où le principe des castes était scrupuleusement respecté et délimité en trois ordres. Notons bien que pour Guénon le pouvoir royal des *Kshattrya* (au contraire d'Evola) est toujours situé au-dessous du pouvoir sacerdotal, et par exemple Philippe le Bel, en renversant l'ordre traditionnel (et en falsifiant par exemple la monnaie), a marqué les approches de la fin du Moyen Age. Car, ainsi que l'écrit J.-C. Frère : « Pour Guénon, il est certain que les rapports entre le plan spirituel et le plan temporel sont exclusivement ceux qui peuvent exister entre la Connaissance (envisagée dans son sens de gnose de l'homme, du monde et de l'univers) et l'action (définie comme mouvement qui va de la discorde à la concorde, pour se résorber enfin en un point d'équilibre qui transcende l'action elle-même) (59). »

Pourtant, René Guénon admet, comme tout ésotériste, que dans les temps anciens autorité royale et pouvoir spirituel étaient confondus, ce dont on peut retrouver un écho dans le prodigieux Ordre templier médiéval, initiatique et extrêmement secret : « Dans un monde de tradition judéo-chrétienne, une telle organisation devait assez naturellement prendre pour symbole le Temple de Salomon ; ayant depuis longtemps cessé d'exister matériellement, elle ne pouvait avoir alors qu'une signification

---

(58) René Guénon, *Le Roi du monde, op. cit.*

On ne peut s'empêcher, à propos des Rois Mages — qui, selon la Tradition, venus d'*Orient,* visitèrent toute la terre — d'évoquer l'organisation agartthienne selon la description de Saint-Yves d'Alveydre, évoquant le *Brahatmah,* « Support des âmes en Dieu » et ses deux assesseurs, le *Mahatmah* et le *Mahanga*. Ces trois « Représentants » de la Tradition, dans leur hommage au Christ, lui auraient conféré la triple sanctification par l'or, la myrrhe et l'encens, c'est-à-dire la Royauté, le Sacerdoce et l'Investiture divine.

(59) J.-C. Frère, *Planète Plus,* numéro spécial R. Guénon.

tout idéale (60)... » A partir d'un certain moment, les deux pôles du *Pontifex* se sont séparés, et enfin irrémédiablement perdus avec l'élimination des templiers (qui, soit dit en passant, correspond à l'« occultation » des rose-croix véritables) : « D'autre part, on peut comprendre, dans ces conditions, que la destruction de l'Ordre du Temple ait entraîné pour l'Occident la rupture des relations régulières avec le " Centre du monde " ; et c'est bien au XIVe siècle qu'il faut faire remonter la déviation qui devait inévitablement résulter de cette rupture, et qui est allée en s'accentuant jusqu'à notre époque (61)..»

Quel peut être le remède (si remède il y a) à un tel état de choses, aujourd'hui ? Pour Guénon, il semble que la réintégration au sein de la Tradition primordiale devrait se faire par le retour de la royauté investie par l'autorité supérieure et retrouvée de l'Eglise catholique. Seulement, on le sait, pour Guénon, et c'est selon la logique de l'ésotérisme, si nous pouvons nous permettre cette expression, rien n'est vraiment fondé dans l'ordre du spirituel sans l'initiation authentique et orthodoxe. Ainsi, le christianisme devra retrouver des sources qu'il a oubliées, car actuellement « il n'est certainement rien d'autre qu'une religion, c'est-à-dire une tradition d'ordre exclusivement exotérique, et il n'a pas en lui-même d'autres possibilités que celles de tout exotérisme... Une initiation peut naturellement s'y superposer, et elle le devrait même... pour que la tradition soit vraiment complète, possédant effectivement les deux aspects ésotérique et exotérique (62)... »

Rêverie, face à l'état actuel de l'Eglise se désacralisant de jour en jour ? Certes, mais, nous le répétons, il s'agit, pour Guénon, de laisser des « germes », puis d'attendre la levée.

---

(60) René Guénon, *Aperçus sur l'ésotérisme chrétien*, Editions Traditionnelles.
(61) *Ibid*. Les templiers, d'ailleurs, par leurs rapports initiatiques avec les *Haschichins* (ou Ismaéliens) offrent une belle symbolique de relations avec le « Centre » spirituel. Le « Vieux de la Montagne », en effet, n'évoque-t-il pas, d'une certaine façon, le Monarque universel sur l'axe cosmique ? Les Supérieurs Inconnus pourraient bien figurer eux-mêmes les *Dwija*, deux fois nés, « formant le Grand Cercle agarttheen dont parle Saint-Yves d'Alveydre dans sa *Mission de l'Inde (op. cit.)*. L'occultation ou la disparition de ces Supérieurs Inconnus marquerait l'« ouverture de l'Anneau sacré » protégeant l'Occident des forces désagrégatives.
(62) René Guénon, *op. cit.*

Le symbolisme et l'initiation

Le rôle de Guénon était de poser des principes plutôt que d'en montrer l'application : « C'est dans l'énonciation des principes que son génie intellectuel s'exerce avec une maîtrise incontestable », dit F. Schuon (63). Tout dépend de l'état d'esprit du lecteur : il ne s'agit évidemment pas, à la lecture de Guénon, de trouver une sorte d'initiation ou de « maîtrise » spirituelle (rôle dont il s'est toujours défendu) ; accepter les postulats des principes énoncés, c'est déjà se trouver dans une position réceptive, « car il va sans dire que les principes universels ne se contredisent point ; même sous le voile de l'inépuisable diversité du possible, leur immutabilité est toujours discernable (64) »...

La nature de l'initiation (nous l'avons vu dans l'Introduction) tient essentiellement dans la transmission d'une influence spirituelle suprahumaine permettant de s'élever à l'état édénique, ou encore de réintégrer le « Centre » ; mais qui en Occident entend encore ce langage, désignant un état de fait vécu, et non, comme selon la culture profane, un discours plus ou moins mental et imprécis.

Mais l'initiation ne dispense pas du rattachement à une forme exotérique : « L'adhésion à un exotérisme est une condition préalable pour parvenir à l'ésotérisme, et, en outre, il ne faudrait pas croire que cet exotérisme puisse être rejeté dès lors que l'initiation a été obtenue, pas plus que les fondations ne peuvent être supprimées une fois que l'édifice est construit (65). » Il s'établit une double polarité entre exotérisme et ésotérisme, car d'autre part : « L'ésotérisme est véritablement, par rapport à l'exotérisme religieux, ce qu'est l'esprit par rapport au corps, si bien que, lorsqu'une religion a perdu tout point de contact avec l'ésotérisme, il n'y reste que " lettre morte " et formalisme incompris, car ce qui la vivifiait c'était la communication effective avec le Centre spirituel du monde (66)... » On voit donc que, loin de prétendre à

---

(63) F. Schuon, *Planète Plus,* numéro spécial Guénon.
(64) René Guénon, *Initiation et Réalisation spirituelle,* Editions Traditionnelles.
(65) René Guénon, *op. cit.*
(66) *Ibid.* Il a toujours tenu à cœur de préciser sa pensée (mais sous l'aspect du symbole) à propos de ce « centre » spirituel : « Mais, de même que le Paradis terrestre est devenu inaccessible, le centre suprême, qui est au fond la même chose, peut au cours d'une certaine période n'être pas manifesté extérieurement, et alors on peut dire que la tradition est perdue pour l'ensemble de

une voie coupée d'une religion, jugée par beaucoup trop exotérique, Guénon, au nom de la doctrine initiatique, la recommande ; et pour nous, Occidentaux, la plus adaptée semble être le christianisme. Toutefois, les autres rattachements sont valables, s'ils ne procèdent pas d'un exotisme facile, comme dans le cas des néo-spiritualités.

Or, si l'Occidental moderne est, comme il le dit, réellement inapte à concevoir la nature initiatique, il n'empêche que la transmission est tout à fait indispensable pour l'élite. « Or, comme l'écrit J. Evola, il suffit de matérialiser, de laïciser et de démocratiser ces aspects du droit initiatique et de les traduire en termes individualisés, pour retrouver aussitôt les principes de base des idéologies subversives et révolutionnaires modernes (67). » C'est ainsi qu'il s'agit pour l'Occidental (considéré bien sûr généralement) non d'une incompréhension, mais bien d'une compréhension du monde littéralement à rebours. Certes, au temps de l'âge d'or, les hommes ne connaissaient nul besoin de l'initiation, vivant, pour ainsi dire, dans le Principe même (68) : « Mais par suite de la " descente " qui s'est effectuée depuis lors, conformément au processus inévitable de toute manifestation cosmique, les conditions de la période cyclique où nous nous trouvons actuellement sont tout autres que celles-là, et c'est pourquoi la restauration des possibilités de l'état primordial est le premier des buts que se propose l'initiation (69). »

Il va de soi qu'entre initiation virtuelle et initiation effective il y a la même différence qui existe entre un livre traitant d'initiation et un enseignement oral vécu. Il y a là comme une invite de sa part afin que nous nous mettions dans l'« état » convenable à la rencontre du maître : « Il va de soi... que tant qu'il n'en est qu'à l'initiation virtuelle, il peut ne faire que poursuivre simplement, à un degré plus profond, une préparation doctrinale... mais il en va tout autrement dès qu'il entre dans la voie de la réalisation. Pour lui, le contenu du livre n'est plus alors proprement qu'un support de méditation, au sens qu'on pourrait dire rituel (70)... »

D'autre part, il est certain que le principe inconditionné qui tend

---

l'humanité, car elle n'est conservée que dans certains centres rigoureusement fermés, et la masse des hommes n'y participe plus d'une façon consciente et effective... » R. Guénon : *Le Roi du monde, op. cit.*

(67) J. Evola, *Le Mystère du Graal,* Editions Traditionnelles.
(68) Cf. *Corpus Hermeticum,* ed. Les Belles Lettres.
(69) *Ibid.*
(70) J. Evola, *op. cit.*

à résorber l'individualité dans la « délivrance » est supérieur à l'identification de l'individualité et d'un dieu personnel : supériorité donc de la métaphysique sur la mystique (mais, sur ce point, nous ne sommes pas tout à fait bien éclairés, car peut-on toujours distinguer, dans leurs dépassements ultimes, les deux voies ?).

Dans une perspective sotériologique, le « délivré » parvient à l'étape parfaite, ayant épuisé tout résidu karmique, alors que le mystique n'aura fait que sauver sa personnalité propre ; différence, en quelque sorte, en le Moi et le Soi : « L'homme ordinaire, qui ne peut pas atteindre actuellement à un état supra-individuel, pourra du moins, s'il obtient le salut, y parvenir à la fin du cycle humain ; il échappera au danger dont nous venons de parler, et ainsi il ne perdra pas le bénéfice de sa naissance humaine (71)... »

Mais la « délivrance » est, nous le savons, le but vers lequel tend tout initié ou tout du moins initiable : cette délivrance est d'ordre métaphysique, et cette métaphysique même est ce à quoi Guénon a tenté de donner une présentation à l'Occidental que nous sommes.

Métaphysique orientale et connaissance traditionnelle

« La naissance humaine est difficile à obtenir », dit la tradition indienne ; *Le Sentier suprême des disciples* du yoga tibétain secret déclare de la même façon : « Ayant obtenu un corps humain libre et bien doué, ce qui est difficile, ce serait une cause de regret d'effriter vainement cette vie (72). »

Il est donc indispensable, pour qui songe — ne serait-ce qu'un souhait — à se tourner vers l'approche spirituelle, de se mettre en état de recevoir la doctrine initiatique et ensuite de la réaliser. Et, pour cela, vient René Guénon : « Nous avons expliqué ailleurs ce que nous entendons par élite intellectuelle, quel sera son rôle si elle parvient un jour à se constituer en Occident, et comment l'étude réelle et profonde des doctrines orientales est indispensable pour préparer sa formation. »

Et, pour cela, il est nécessaire de se défaire du point de vue dualiste, propre à l'Occident et si bien étayé par les « réductions

---

(71) *Ibid.*
(72) « Sentier Suprême des disciples » dans *Le Yoga tibétain et les doctrines secrètes, op. cit.*

infâmes » de Descartes et les systèmes philosophiques de toute nature : « En effet, la dualité " esprit-matière " n'avait jamais été posée comme absolue et irréductible antérieurement à la conception cartésienne... La conception d'une dualité de ce genre a pour unique mérite de représenter assez bien l'apparence extérieure des choses ; mais, précisément parce qu'elle s'en tient aux apparences, elle est toute superficielle et, se plaçant à un point de vue spécial, purement individuel, elle devient négative de toute métaphysique (73)... »

Ce n'est pas du monisme dont il est question pourtant ; lui aussi pèche, mais par excès contraire : ne tenant pas compte de l'opposition relative, il a tendance à nier toute approche réelle, pour une simple définition de mots. La seule préparation indispensable à toute compréhension métaphysique, c'est la connaissance théorique et la concentration, mot évidemment désuet dans notre monde moderne.

Retrouver le Centre, c'est-à-dire l'Unité, et au-delà de l'Unité même l'état parfait, « primordial », croit-on cela si facilement accessible ? « Cette réalisation de l'individualité intégrale est désignée par toutes les traditions comme la restauration de ce qu'elles appellent l'" état " primordial, état qui est regardé comme celui de l'homme véritable, et qui échappe déjà à certaines des limitations caractéristiques de l'état ordinaire... la succession apparente des choses s'est transmuée pour lui en simultanéité ; il possède consciemment ce que l'on peut appeler le " sens de l'éternité " (74). »

« Cité des Saules » du taoïsme, *Agarttha* des traditions indiennes, *K'aaba* islamique, telle est la notion de ce centre intérieur, éclairé, transmué, comme cette Pierre qui, par les opérations, se spiritualise, Oeil du Cœur, seuil où l'adepte disparaît en tant qu'individualité distincte : « Pour la métaphysique orientale, l'être pur n'est pas le premier ni le plus universel des principes, car il est déjà une détermination ; il faut donc aller au-delà de l'être, et c'est même là ce qui importe le plus (75). »

Et pour conclure cette étude, trop rapide pour prétendre être autre chose qu'un survol, nous citerons cette ultime pensée, au seuil du mystère métaphysique : « C'est pourquoi, en toute conception vraiment métaphysique, il faut toujours préserver la

---

(73) René Guénon, *Introduction générale à l'étude des doctrines hindoues*.
(74) René Guénon, *L'Homme et son devenir selon le Vedanta*, Editions Traditionnelles.
(75) René Guénon, *La Métaphysique orientale*, Editions Traditionnelles.

part de l'inexprimable ; et même tout ce qu'on peut exprimer n'est littéralement rien au regard de ce qui dépasse toute expression, comme le fini, quelle que soit sa grandeur, est nul vis-à-vis de l'Infini (76). » On peut lire dans le *Rigveda,* comme en écho spirituel : « Il n'y avait pas l'être, il n'y avait pas le non-être en ce temps... L'Un respirait sans souffle mû de soi-même : rien d'autre n'existait par ailleurs (77). »

Apport de René Guénon

A peine apprenait-on en France la mort de René Guénon, que déjà de partout s'élevaient les critiques. Il faut dire que celui-ci par son combat pour la vérité s'était fait beaucoup d'ennemis (dans ses comptes rendus de livres, rigoureux, non sans humour acerbe) qui ne lui ont jamais pardonné son attitude. Mais peu importe ; pour qui veut bien considérer objectivement la mesure et la portée d'une telle œuvre, et d'une vie tout entière tournée au service de la spiritualité l'apport de Guénon est évident.

On sait que lors d'un entretien Gide s'était exclamé : « Si Guénon a raison, eh bien ! toute mon œuvre tombe... » à quoi il avait pourtant ajouté : « Je n'ai rien, absolument rien à objecter à ce que Guénon a écrit. C'est irréfutable (78). »

Certes, il eut des « réticences » chrétiennes de la part du cardinal Daniélou, des attaques des ordres martinistes sous la conduite de R. Amadou (79), et bien d'autres... Ainsi cette opinion de Raymond Abellio, point dénuée de fondement, mais partielle : « Guénon me semble surtout avoir fait une critique " externe " de la Tradition. Je ne sais point s'il l'a vécue de façon intérieure et sur ce point je ne peux porter qu'un jugement subjectif... ce n'est en fin de compte qu'un travail sur la Tradition et non une œuvre de re-création intérieure (80). » Mais recrée-t-on la Tradition, qui est Voie spirituelle, approfondissement intérieur et lent apprentissage en soi-même ?

Et, comme l'écrit F. Schuon : « Le rôle de Guénon consiste

---

(76) *Ibid*.
(77) *Rigveda* (10, 129), traduction Jean Varenne, Editions Marabout Université.
(78) Cité par S. de Wendel, *Planète Plus,* numéro spécial Guénon.
(79) Cf. *Les Cahiers de l'homme-esprit, op. cit.*
(80) Raymond Abellio, *Planète Plus,* numéro spécial Guénon.

essentiellement en une fonction de transmission et de commentaires et non de réadaptation. Il n'a pas d'autre mérite que d'avoir exprimé quelques idées traditionnelles. » En tout état de cause, l'œuvre de Guénon apparaît comme providentielle, ou peu s'en faut, au moment où elle paraît ; et d'ailleurs, nous avons suffisamment décrit le marasme spirituel des années précédant sa venue pour qu'on ait pu mesurer toute la différence le séparant des « néo-spiritualistes ».

Après lui, rien ne pourra jamais plus être comme avant : et même s'il n'a pas fait (et il n'avait pas à le faire) œuvre de prosélyte, plusieurs, par lui — par eux (81) ? —, ont pu trouver le « chemin » intérieur, et commencer la route. Son importance sur d'autres grands ésotéristes n'est pas mince non plus, et ses disciples directs, Titus Burckart et Fridtjof Schuon, en témoignent par leurs œuvres personnelles. Quant au dernier des grands auteurs traditionnels occidentaux, le baron Giulio Caesar Evola, on peut dire que ses écrits, sa pensée, même s'ils divergent du contemplatif René Guénon, en portent maintes fois l'empreinte et le sceau.

« Pour les hommes du Moyen Age, dit encore F. Schuon, une telle œuvre eût été sans objet, premièrement parce que la " fin d'un monde " était encore trop éloignée et que la sagesse n'était pas encore méconnue... et deuxièmement parce que l'Inde était pratiquement inexistante pour l'Occident. »

Rendons-lui peut-être l'hommage d'avoir été le transmetteur intègre et scrupuleux, rigoriste, d'un Orient que peu encore connaissaient : « Le théoricien en tant que tel s'efface, par définition, derrière la doctrine ; rien ne serait plus injuste que de la lui reprocher, et d'attendre de lui un autre argument que la vérité doctrinale (82). »

---

(81) On suppose que Guénon, au sens ésotérique, n'était pas « seul » à écrire ses ouvrages.
(82) F. Schuon, *Planète Plus*, numéro spécial Guénon.

Julius Evola (1898-1974)

> *Le ciel descend sur la terre, les eaux s'élèvent jusqu'au ciel, seules les turbines obsèdent ce silence métallique, et il se peut que, pour une parole prononcée, le monde éclatera en éther et en rire.*
>
> Julius Evola

L'homme différencié

Il semble, tout d'abord, que très peu de rapports puissent être établis entre des êtres aussi différents qu'Aleister Crowley, René Guénon, ou encore Julius Evola. Tout semble les opposer : existences studieuses et contemplatives, ou délirantes et exacerbées, guerrières et actives, ou plongées dans les espaces du dedans. Comment, par exemple, pouvons-nous étudier avec intérêt le *Kshattrya* incarné par le baron Giulio Caesar Evola, après un contemplatif tel que René Guénon ? Et ce dernier ne tenait-il pas Crowley le mage pour un dangereux bouffon engagé dans la magie noire ? D'autre part, comment concilier l'œuvre effacée et impersonnelle de Guénon et celle, vibrante et passionnée, du Romain Evola ? L'un s'intéresse à la magie sexuelle et à la métaphysique du sexe, à la notion d'aryenneté de la race spirituelle ; l'autre ne les évoque que pour en dénoncer les illusions ou (ce qu'il croit en être) les dangers.

Soyons plus clairs : Guénon est venu en un temps où sa fonction s'avérait indispensable : celle d'une remise en ordre des notions traditionnelles. Mais l'histoire de la pensée ésotérique ne s'arrête pas avec lui, pas plus que l'on ne peut omettre des « cas » aussi importants que Crowley ou encore Georges Ivanovitch Gurdjieff. La fonction de Guénon appartient déjà à un stade où les temps n'étaient pas encore venus de tout révéler à l'usage de ceux qui en pourraient profiter, sans préjudice des dangers inhérents.

Ainsi, la tradition tantrique ne tient-elle pas un autre langage : les temps sont arrivés où tout peut être exhumé, car... ce qui aurait été poison il y a un siècle peut servir aujourd'hui de mets profitable à qui sait assimiler et transmuer.

C'est ainsi, à nos yeux, que se présente l'œuvre et la pensée de Giulio Caesar Evola, dit Julius Evola, premier grand théoricien du tantrisme et de la fonction initiatique du sexe, mais aussi de la magie et de la race, homme engagé — non prisonnier — dans son époque, absolutiste et déroutant, courageux et extrêmement solitaire.

Mêlé, comme beaucoup d'ésotéristes ou de mages, durant la dernière guerre, aux pouvoirs politiques fascistes, Evola gêne beaucoup de nos craintifs contemporains. On ne l'édite (en langue française) que parcimonieusement, et trois ans après sa mort nulle étude sur l'homme et son œuvre n'a jamais encore été entreprise (83). C'est ainsi que nous avons dû nous contenter de miettes biographiques, et nous priver par ailleurs de nombre de ses ouvrages non encore traduits en français (ceux justement qui ne sont pas de mise). Malgré tout, cela, nous l'espérons, ne saurait nous empêcher de tracer le portrait de celui qui fut un des derniers seigneurs de la pensée ésotérique en Occident, voire de la pensée tout court.

Il barone Giulio Caesar Evola naît le 15 mai 1898, à Rome, au sein d'une famille aristocrate de vieille souche, et dont il gardera la marque de noblesse toute sa vie durant. « Reconstituer la jeunesse et l'adolescence de Julius Evola, avant son incorporation comme officier de réserve dans l'artillerie pendant la Première Guerre mondiale en 1916, n'est pas une tâche aisée », dit E. Antebi (84). Toutefois, par bribes et comme subrepticement, on apprend ce que furent les années de jeunesse de ce noble romain « au front haut, aux longues mains et aux yeux perçants », tel du moins que nous nous plaisons à l'imaginer. Car on ne connaît pas de portrait ou de photographie de Julius Evola (il détestait, plus encore que Guénon, qu'on le photographie).

Toutefois, on sait qu'il s'intéresse très tôt au mouvement dadaïste, et en général à tout ce qui touche aux arts et lettres. L'avant-gardisme littéraire, le futurisme l'attirent et le voient adhérer aux côtés de Marinetti, Papini et Preziosi. On connaît

---

(83) L'ouvrage autobiographique intitulé *Il cammino del Cinabro* (Le Chemin de Cinabre), non traduit en français, ne nous permet pas, malheureusement, d'acquérir sur lui plus de notions. Nous emprunterons donc de larges extraits de l'excellente interview qu'a réalisée E. Antebi avec Evola, retranscrite dans *Ave Lucifer,* Editions Calmann-Lévy.

(84) E. Antebi, *Ave Lucifer, op. cit.*

assez cette époque pour en deviner le climat d'agitation et de contestation, ne serait-ce qu'à travers des revues comme *Voce, Leonardo, Acerba*. Mais ces groupes dadaïstes, et bourgeoisement anarchisants, ne peuvent longtemps satisfaire son tempérament exalté. C'est ainsi qu'il publie une plaquette intitulée *Arte astratta*, ensemble de poèmes et de théories, et donne une soirée dada dans un cabaret, où il lit un de ses poèmes, *La Parole obscure du paysage intérieur,* sur musique de Schönberg et Satie, en 1921.

Déjà, ainsi que le note E. Antebi, Evola est « sans doute ce qu'il sera toute sa vie, turbulent, intransigeant, amateur de jolies femmes, excessif et entêté (85) ». Comme passablement de jeunes poètes, pour lesquels magie et poésie semblent procéder de la même vision, Evola, dès son plus jeune âge, s'intéresse au développement des pouvoirs magiques. Après la guerre, qui l'a marqué assez profondément, il fondera le groupe de recherches magiques « UR » dans lequel il signera ses études du nom d'Ea. Groupe assez secret, pour lequel, jusqu'à présent, on ne dispose que de peu de renseignements. Répondant aux questions d'E. Antebi, Evola déclare qu'« UR » s'occupait essentiellement d'ésotérisme : « Nous avions tenté d'organiser un petit cercle opératif (86)... » Ce groupe (dont la signification est celle de *Feu*) donna naissance à un ouvrage, *Introduction à la magie* (87).

Dans cet ouvrage, on apprend que : « La magie est une science active de l'esprit, non une attitude médiumnique et dévotionnelle. » Définition et déjà programme de l'attitude spirituelle que l'auteur maintiendra tout au long de sa vie. La magie, comme le bouddhisme ou toute autre voie d'éveil, sont avant tout des attitudes viriles, aussi éloignées que possible de toute religiosité vague. Car, dit-il : « J'avais déjà une culture orientale (à partir de 1922), mais peu spécialisée. Dans la période qui exactement suivit l'expérience dadaïste, j'ai publié mes deux ouvrages sur l'individu absolu... Mais, à la même époque, j'ai aussi écrit *Essais sur l'idéalisme magique* dans le sens des idées de Novalis (88). »

Déjà le portrait de l'homme futur se dessine dans l'adolescent : échapper aux formes de la société bourgeoise, à toute forme donnée, se réveiller. Ainsi, il avouera qu'il a adhéré au mouvement dada comme à un mouvement limite, sans préoccupations de la forme « artiste ». « Si l'on est sérieux, on ne pouvait

---

(85) *Ibid.*
(86) *Ibid.*
(87) Aujourd'hui épuisé.
(88) *Ibid.*, cité par E. Antebi : *Ave Lucifer, op. cit.*

en rester là. On rebrousse chemin, comme l'ont fait Aragon, Breton... Ou bien l'on se tue, ce qui est aussi une solution cohérente (89)... »

Après la période du groupe « UR », Evola, déjà possesseur d'une solide connaissance traditionnelle, fait paraître, vers 1949, *Le Yoga de la puissance,* premier essai (d'une longue suite) sur le yoga tantrique qui, en raison de ses interférences avec la magie — qui intéressa toujours vivement l'auteur —, le concerne plus particulièrement. « Il ne s'agissait pas alors d'activisme, comme il le déclare personnellement, mais de dépassement de la condition humaine (90). » Tourné vers les philosophes allemands tels que Nietzsche, Weininger et Michael Staedter, il publie à la même époque, en 1930, *La Théorie de l'individu absolu,* dans laquelle il critique violemment les positions idéalistes, puis, en 1931, *Phénoménologie de l'individu absolu,* où, pour la première fois, dit Pierre Pascal, « on cherche à faire entrer, dans les schémas déductifs dialectiques d'une doctrine des catégories, les variétés de l'expérience super-normale, ascétique et magique (91). »

C'est à partir de cette date qu'Evola va s'affirmer comme le plus grand représentant de l'ésotérisme traditionnel européen. Après *Le Yoga de la puissance,* consacré à l'analyse des textes et des enseignements des techniques de libération exposées dans les *tantra,* et ayant atteint la plénitude de sa pensée, Evola publie, dans cette période d'entre-deux-guerres, si riche en bouleversements de toute sorte, une véritable condamnation de toute la néo-spiritualité. Ce sera, en 1931, *Masques et visages de la spiritualité contemporaine.* Dans cet ouvrage, que nous avons maintes fois cité au cours de cette étude, Evola, reprenant l'attitude critique de Guénon (car, ainsi que nous le disions précédemment, Evola a eu, à un certain moment, besoin du « médiateur » Guénon), y dénonce violemment le spiritisme, le théosophisme de Mmes Blavatsky et Besant, l'anthroposophie mais aussi la psychanalyse, freudienne ou non, et les divers courants contre-initiatiques. Car l'auteur, conscient de sa fonction, sent de façon aiguë la nécessité d'arracher le masque plaqué sur le visage de la spiritualité contemporaine. On note par ailleurs le même état de révolte intérieure face à la défiguration qu'ont fait subir au monde traditionnel le modernisme et la pensée profane.

---

(89) Ibid., cité par E. Antebi : *Ave Lucifer, op. cit.*

(90) En fait, son degré d'érudition est quelque chose de prodigieux, tant en connaissance traditionnelle, qu'en culture proprement universelle.

(91) Pierre Pascal, Avertissement de *La Doctrine de l'Eveil,* Editions Adyar.

Relevant les oppositions irréductibles (en s'aidant, dans une première partie, de la Tradition), car essentielles, de la Tradition et du progrès, de la qualité et de la quantité, du règne de l'élite et du triomphe des masses, il rejoint une des attitudes clefs de René Guénon, qui se traduit, en 1934, par *Révolte contre le monde moderne,* où Evola se découvre tout entier ; car, au vu même du titre, on comprend aisément qu'il ne s'agit pas seulement de souligner une crise, mais bien de lutter contre elle, si faire se peut. Puis en 1937 viendra un de ses ouvrages fondamentaux, connu sous le titre de *La Tradition hermétique,* étude des grandes filiations initiatiques, du symbole alchimique et ses rapports avec la voie initiatique de la transmutation, dans une optique traditionnelle occidentale.

Un de ses livres majeurs, tant par sa richesse « documentaire » que par sa puissance évocatrice : *Le Mystère du Graal et la tradition gibeline de l'Empire,* paraît en 1937. Il s'agit là de retrouver ce qui a fait du Moyen Age une époque privilégiée du point de vue spirituel ; la réunion, au sein des ordres de chevalerie — dans le cycle des récits arthuriens plus particulièrement — du temporel et du spirituel. En fait, Evola soutient là un des aspects traditionnels qui est celui de la divinité de la personne royale. Pour Evola, le *Kshattrya* (au moins depuis le VIe siècle av. J.-C.) représente l'être spirituel : « C'est pourquoi, même celui qui aurait reçu l'" épée " doit attendre pour la saisir, le moment juste ne pouvant être que celui où les forces, auxquelles la chaîne n'a pas encore été mesurée, atteindront, par l'effet d'un déterminisme immanent, leur limite, et où un cycle s'achèvera — le moment où, en face de situations existentielles extrêmes, un instinct désespéré de défense jaillissant des profondeurs, de la " mémoire de sang " pourrait-on dire, galvanisera éventuellement à nouveau et donnera une vraie force efficiente à des idées et à des mythes liés à l'héritage des temps meilleurs (92). » Ce « templarisme » actif d'Evola, se réclamant de la Tradition primordiale dans son aspect royal et guerrier, montre un visage de l'auteur qui va permettre de le situer, et mieux de le comprendre, au cours de l'étrange période qui suivra. Nous voulons bien entendu parler de l'Europe se divisant dans les années 1936 entre fascismes, socialismes marxistes et républiques bourgeoises, à la façon d'un corps pestiféré qui verrait se contracter et se durcir des organes malades et anarchiques.

Car Evola, on le sait, prit position, dans ces années où le destin

---

(92) J. Evola, *Le Mystère du Graal,* Editions Traditionnelles.

occidental sembla brusquement se décider, et W. Gerson par exemple écrit : « Evola, dit-on, fut le conseiller officieux de Mussolini en matière de romanité ésotérique, et de résurrection de l'emperium conçu en mode gibelin. Il a été, ajoute-t-il, le directeur initiatique, à partir de 1936, d'un Comité d'action pour l'universalité de Rome (C.A.U.R.) qui, après un congrès mondial à Erfurt, devint un allié du *Weltdienst* nazi dirigé par le colonel Flaichauer (93). C'est du moins à Erfurt qu'Evola rencontra Mgr Jouin, qui fut, comme on le sait peut-être, le directeur de la *Revue internationale des sociétés secrètes,* revue antimaçonnique et antisioniste en général, avec laquelle d'ailleurs René Guénon polémiqua longuement (94). D'ailleurs, Evola dit lui-même : « A la différence de René Guénon, je ne me suis pas borné à exposer des doctrines traditionnelles, j'ai cherché quels pouvaient être leurs aboutissements dans la réalité. Guénon était un prudent, un contemplatif s'opposant à toute académie établie, mais aurait pu entrer à la Sorbonne. » Prudent, nous l'avons dit, Evola ne le fut jamais. Car *Révolte contre le monde moderne* fait déjà figure d'un « fascisme purifié ». Et le rôle réel d'Evola dans le mouvement fasciste italien fut celui d'un penseur et d'un organisateur des idées (dont le mussolinisme avait un extrême besoin, à vrai dire).

Emettre l'idée de romanité (tradition romaine) se rattachait pour lui à sa thèse principale : celle de l'idée de race spirituelle, aryenne et hyperboréenne, capable d'accéder à l'Eveil. « Si tel est le cas, déclarera-t-il aux chefs du fascisme italien, vous devez régler la question du christianisme, dans la mesure où votre morale se rattachera aux idées païennes, incompatibles avec votre vision catholique de la vie (95). » Mais Evola prend bien soin de préciser qu'il n'était pourtant pas, comme Rosenberg lui-même le croyait, l'éminence grise du fascisme.

En cela, Evola suit toujours le même point de vue occidental de l'action, au lieu du point de vue oriental de la contemplation, dit P.

---

(93) W. Gerson, *Le Nazisme, société secrète,* Editions Belfond, coll. Initiation et Connaissance.

(94) On sait que Guénon lui reprochait, entre autres choses, d'être l'instrument d'une orientation politique d'une fraction de l'Eglise catholique d'extrême droite, conservatrice et anti-orientale au possible.

(95) E. Antebi, *op. cit.*

Or, sur un plan à la fois occulte et politique, cet état d'esprit se traduira par l'occupation de l'Ethiopie chrétienne du Négus (descendant de Salomon) par les troupes du Duce selon l'antique tradition romaine (abstraction faite du côté caricatural que Mussolini présentait).

Pascal (96). Cela demande toutefois quelques nuances : ainsi Evola n'ignore pas l'attitude du *çakravartin* ou ascète bouddhique, autour duquel tourne la roue du monde ; le cas de cet auteur est bien plus complexe : anticonformisme et intransigeant, il prend position dans la lutte contre le monde moderne et ses fausses valeurs sans — croyons-nous — s'y engager totalement ; il s'agit, souvenons-nous, d'être debout parmi les ruines. Evola, sur ce sujet, ne s'est jamais fait trop d'illusions : l'Occident n'est pas « ressuscitable » aussi facilement.

Sa *Révolte contre le monde moderne* eut, en Allemagne, un très grand retentissement. En fait, le lecteur ne s'étonnera pas de voir surgir dans ce dernier pays un intérêt pour tout ce qui touche au mythe et au symbole, beaucoup plus qu'en toute autre nation européenne, et peut y voir une constante de l'esprit germanique, nostalgique et secret, depuis les premières années du XVIIIe siècle (on se souvient des rose-croix, de Christian de Rosenkreutz...). Le romantisme, de plus, avait préparé un terrain qui allait donner naissance à la théorie aryenne et germano-nordique des antiques sagas, débouchant parfois dans de cruelles manifestations. En raison des idées développées par l'auteur (origine boréale de la race aryenne, antichristianisme en raison de son substrat sémite), ce dernier fut invité, dès les années 1935, à Berlin par le Herrenklub, ou « cercle des Seigneurs », dirigé par Von Gleichen, son ami intime. Il y connut Himmler, von Papen, von Rohan, tandis qu'il collaborait à Rome, sans pourtant faire partie d'aucun parti ou organisation, à des revues fascistes et antimaçonniques, *la Vita italiana* et *Il regime fascista*.

On connaît peut-être l'importance pour ces dignitaires nazis de l'« Ahnenerbe » ou « Héritage des ancêtres » fondé sur les valeurs du sol et de la race et « dont, dit A.D. Grad, les relations se composaient essentiellement de voyageurs ayant séjourné au Tibet, comme l'explorateur suédois Hedin... l'« Ahnenerbe » fut rattachée à l'Ordre noir S.S. que dirigeait Heinrich Himmler (97). » On peut concevoir ainsi les préoccupations d'Evola, que nous pouvons peut-être mettre en relation avec la « Théorie de la cosmologie glaciaire » de Hans Horbiger, la recherche du « Centre du Monde », et la doctrine des origines hyperboréennes de la race blanche aryenne (98). Ce pan de la vie d'Evola, à vrai dire, doit

---

(96) P. Pascal, *op. cit.*
(97) A.D. Grad, *Le Temps des kabbalistes,* Ed. La Baconnière.
(98) On sait que Gurdjieff et Haushofer s'étaient rencontrés au Tibet et en Asie centrale, dans des centres initiatiques, mais aussi en tant que « chargés de

nous rester inconnu et cela vaut mieux ainsi. Tout au moins permet-il de concevoir plus attentivement certaines composantes du mouvement nazi en tant que manifestation réellement occulte et magique, en même temps que monstrueuses.

Evola, parlant des invitations au Herrenklub (il connut probablement ces fameux châteaux de l'Ordre, où étaient entraînées les troupes d'élite des Junkers, en rapport avec certains enseignements de l'O.T.O.), avoua qu'il se permettait de tourner parfois en dérision les théories « biologiques » des « penseurs » allemands. Car il est bien évident que les idées racistes du baron restaient fort différentes de celles d'un Streicher ou d'un Rosenberg : « Ils considéraient comme équivoque l'unité de l'âme et du corps, établissant les qualités morales à partir du fond biologique. La conception de la race correspond évidemment à la conception qu'on a de l'homme », dit-il éloquemment (99). Car on ne peut évidemment suivre le fanatisme de la propagande nazie, qui, se réclamant de Gobineau, de Fabre d'Olivet ou des « sources » tibétaines ou indiennes, aboutit à établir la suprématie d'un peuple prétendument aryen : « Mais être aryen ne peut être monopolisé par un peuple plus que par un autre. La race " allemande " dit-il, est une absurdité (100). » Il parlera, par ailleurs, de ce même racisme pangermanique « associé au néo-paganisme, et pour lequel le concept, qualitatif et aristocratique de race, se trouve dégradé en quelque chose d'oscillant entre le biologisme scientiste moderne et un mythe nationaliste collectif (101) ».

Il ne saurait pourtant être question de passer sous silence certains aspects de Julius Evola, ce qu'il nous est possible de faire grâce à l'excellente interview de E. Antebi. Car l'auteur collabora tout de même avec les théoriciens allemands à des « théories sur le problème de la race juive », et préfaça les *Protocoles des Sages de*

---

mission » puisque Haushofer « travaillait » pour la Société Thulé, noyau futur du mouvement nazi, et Gurdjieff, semble-t-il, pour le XIIIe Dalaï-Lama contre l'Angleterre. Tout cela paraît en fait lié avec les pérégrinations exploratrices de Sven Hedin (en fait à la recherche, semble-t-il là aussi, de l'*Agarttha*), les errances de Trebitch-Lincoln (initié hong de la Grande Triade) dans les steppes mongoles. On y retrouve clairement cette idée de Centre du Monde, mythique, allant de Berlin à Tokyo. Cette ligne géographique et occulte donne à songer en fait à la migration du peuple de Ram, aryen et hyperboréen, et dominateur des races noires et sémites lunaires.

(99) E. Antebi, *op. cit.*
(100) *Ibid.*
(101) J. Evola, *Masques et Visages de la spiritualité contemporaine, op. cit.*

Sion, faux documents comme l'on sait sur la « félonie juive », mais vrais instruments de propagande antisémite. C'est d'ailleurs avec *Le Mythe du Sang,* en 1942, et *Synthèse d'une doctrine de la Race* en 1941, que Julius Evola retrace l'histoire de la race depuis l'Antiquité jusqu'à Adolf Hitler, où tout un chapitre retrace la *Studentenjudenfrage,* histoire et genèse de l'hébraïsme en tant que force destructrice. Mais, comme le précise Pierre Pascal, « il s'agit d'ouvrages qui opposent au racisme biologique et matérialiste une doctrine des races de l'esprit (102) ». On ne peut pourtant pas s'empêcher de voir là une de ces dangereuses perversions, commises par les théoriciens nazis, entre un fonds traditionnel vrai et certaines « idéologies » aberrantes. La confusion des deux est d'ailleurs illustrée logiquement par l'horreur d'Auschwitz et de Treblinka. Car (et Evola a compris par la suite toutes les « erreurs » racistes qu'il avait cautionnées) dans les inquiétantes préoccupations des théoriciens du Reich reviennent entre autres la question juive et la notion d'aryanisme. Deux perversions de la Vérité doctrinale, conduisant aux camps de déportation massive : celle du juif en tant qu'être maudit (de même que les gitans, qui, issus du Pamir ou du Tibet, plus exactement du pays de Kham, auraient été chassés à la suite d'une malédiction. Ces mêmes gitans étaient d'ailleurs classés eux aussi comme « race inférieure » par les nazis, qui tentèrent de les éliminer physiquement) (103). De la même façon, les nazis se recommandèrent de l'andrasvastica, ou croix indo-tibétaine inversée (comme dans l'antique religion Bön, à substrat animiste et magique). Nous reviendrons plus tard sur tout ce pan très obscur et très magique de l'Histoire du monde contemporain (104), toutefois était-il nécessaire d'en donner

---

(102) P. Pascal, *op. cit.*

(103) Toujours, d'après l'irremplaçable témoignage rapporté par F. Ossendowsky, les Gitans ou Bohémiens sont issus de l'*Agharti :* « Voilà pourquoi les Olets et les Kalmouks sont d'habiles sorciers et prophètes. Quelques tribus noires de l'Est pénétrèrent aussi à Agharti et y vécurent plusieurs siècles. Plus tard, elles furent chassées du royaume et retournèrent sur la surface de la terre, rapportant avec elles le mystère des prédictions selon les cartes, les herbes et les lignes de la main. Ce sont des Bohémiens... ». F. Ossendowsky, *op. cit.* Doit-on voir, dans les Gitans et les Juifs, des peuples venant du Centre (au sens symbolique et physique) et persécutés en tant que tels par les nazis (professant eux-mêmes la religion du « Vril », chtonienne et tellurique), ou s'agit-il encore d'une déviation de la Tradition servant à des fins politiques ? Toutefois, séparer les deux aspects ne paraît pas satisfaisant pour une compréhension globale de l'Histoire.

(104) On ne saurait donc mêler ce penseur à toutes les formes « noires et démoniaques » prises parfois par les théories nazies, occultes et souvent

quelques éléments succincts pour mieux situer le complexe personnage de J. Evola, défenseur de l'idée d'une race « spirituelle », aryenne et solaire (en dehors de toute notion moderne de peuple ou de race biologique) et opposé à l'aspect « lunaire » du sémitisme : « Le Juif est un déraciné, ce n'est pas l'hébraïsme traditionnel qui est dangereux, mais celui qui n'a pas de patrie, pas de repaire... Ce complexe de ressentiment a pris racine dans l'inconscient et déterminé certaines formes de comportement (105). » Et enfin, concluant sur certains aspects déterminés de ce comportement, il voit, dans l'élément juif, cette dualité de leur caractère, déchiré entre le rigorisme ascétique, et la réalité pécheresse, ce qui les conduit, comme Marx ou Max Nordau, à chercher à l'extérieur les motifs d'une contestation profonde de tout ce qui existe. Ce qui est également notable, d'après le même auteur, dans l'ancêtre de la psychanalyse, occupé à une « fixation des bas-fonds de l'inconscient (106) ». Toutefois, que l'on ne se méprenne pas sur Julius Evola ; comme il le dit lui-même, et cela, à la lecture de ses œuvres maîtresses, est évident, ce qui lui paraît digne d'attention est la notion de « race intérieure ».

---

inexplicables par des moyens rationnels. C'est ainsi qu'on a parlé à propos des exterminations perpétrées par les nazis, de « vengeances raciales » et nous empruntons à A.D. Grad cet éloquent passage : « L'homme d'aujourd'hui sait que, dès 1926, une colonie d'Indiens et de Tibétains s'était installée dans la capitale allemande et à Munich, la capitale du nazisme. Il sait que le contact entre l'Allemagne national-socialiste et le Tibet était permanent, et que les instructions venaient directement de la patrie imaginaire des Allemands. Il sait que ces instructions concernaient la conquête *matérielle* du monde par les sept initiés du groupe Thulé... Il sait que nos sectateurs impitoyables étaient « protégés » magiquement par leurs maîtres tibétains, et placés sous le signe de la *svastika,* la croix gammée. Ce qu'il ne sait pas, par contre, c'est que la *svastika* indique le sens dans lequel s'exercent les forces périphériques et qu'elle a une valeur active qui s'oppose au sceau de Salomon, figure close statique. C'est ainsi que la conquête du monde pour les nazis devait impliquer l'extermination totale des Juifs. »   A.D. Grad, *op. cit.*

(105) Cité par E. Antebi : *Ave Lucifer, op. cit.*
(106) *Ibid.*

« Une remarque cependant, dit par ailleurs René Guénon, pourquoi les principaux représentants des tendances nouvelles, comme Einstein en physique, Bergson en philosophie, Freud en psychologie, et bien d'autres encore de moindre importance, sont-ils à peu près tous d'origine juive, sinon parce qu'il y a là quelque chose qui correspond exactement au côté « maléfique » et dissolvant du nomadisme dévié, lequel prédomine inévitablement chez les juifs détachés de leur tradition ? » René Guénon, *Le Règne de la quantité, op. cit.*

Il ne fait ainsi que reprendre à son compte la vieille théorie traditionnelle des quatre races primordiales dont Fabre d'Olivet par exemple s'était déjà fait le mentor, mais les recompose en quatre courants occultes. Ainsi distingue-t-il la tendance « tellurique », où prédomine la hantise de la mort, et la nostalgie (comme chez les Slaves et les Noirs), « lunaire » chez les Juifs — dominée par l'idée de péché et d'expiation —, « dyonisiaque » telle qu'elle se manifeste chez les peuples préoccupés de matérialisme et de jouissances (latins, par exemple), enfin « titanesque et faustienne », présente chez les peuples nordiques, aryens et germains.

« Aucun peuple européen n'est de race pure, dit-il, il s'agirait donc de mettre en valeur l'élément dominant comme fonction formatrice des autres (107). » C'est de la même façon que plus tard, en 1953, Evola tentera de reprendre l'idée de la tradition européenne, unie au-delà de l'opposition fascisme-antifascisme (ce qui peut nous donner à songer à Saint-Yves d'Alveydre). Principes d'autorité d'un pouvoir (comme il dit légitime) royal authentique afin d'aboutir à l'unité européenne (108).

Parallèlement, il publie en 1943 le livre exprimant ce qui fonde le substrat profond de sa pensée ésotérique : *La Doctrine de l'Eveil*. Cet essai s'inscrit dans une méditation transcendante de l'ascèse bouddhique dans laquelle il voit une affirmation de l'attitude virile et guerrière, mettant toutes les forces de l'individu au service de la libération virile : « Si le terme aryen peut être appliqué à l'ensemble des races indo-européennes, en raison de leur origine commune... ce terme est devenu ensuite une désignation de caste. On a essentiellement considéré comme aryenne une aristocratie, opposée par l'esprit et le corps... aux races obscures, bâtardes et démoniaques (109)... »

Car l'auteur, nous l'avons dit, ne se sent aucune affinité avec le christianisme, religion, selon lui, d'« esclaves » : « En ce qui concerne l'aryanité de l'enseignement bouddhique, une de ses principales caractéristiques est l'absence de la manie du prosélytisme, laquelle est presque sans exception, en raison directe du caractère plébéien, anti-aristocratique d'une croyance. » Et qu'est-ce que l'Eveil ? « Il en est, répond Evola, qui, en certains moments donnés, ont la possibilité de se détacher d'eux-mêmes, de

---

(107) Cité par E. Antebi, *op. cit.*

(108) Idée qui poursuit les ésotéristes et occultistes occidentaux depuis le XVIIIe siècle, et qui n'aboutit jamais sur un plan concret : n'est-ce pas là le dilemme occidental, la séparativité ?

(109) J. Evola, *La Doctrine de l'Eveil*, Ed. Adyar.

descendre au-delà du seuil, toujours plus bas dans les obscures profondeurs de la force qui soutient leur corps et où cette force perd son nom et son individuation. C'est alors que l'on a la sensation que cette force s'élargit, reprend le " moi " et le " non-moi ", envahit toute la nature, substantifie le temps, transporte des myriades d'êtres comme s'ils étaient ivres ou hallucinés, se représentant sous mille formes, force irrésistible, sauvage, inépuisable, sans repos, sans limite, brûlée par une insuffisance et une privation éternelles (110). »

Mais revenons à la période de guerre, où Evola, dans les derniers temps de l'aventure nazie, se trouvait dans Berlin, aux côtés d'Hitler dans le fameux Q.G. (nous ne saurions dire d'ailleurs s'il eut des contacts avec la division tibétaine dont, selon le témoignage de Rom Landau, les survivants sortirent en armes se faire massacrer dans les rues de Berlin, au moment de la mort du Führer). Julius Evola devait être blessé à la colonne vertébrale à Vienne, en 1944, lors d'un bombardement aérien, alors qu'il travaillait avec un groupe d'universitaires allemands à l'édification d'une nouvelle théorie raciale pour Himmler, à partir de documents francs-maçons secrets razziés en France. Blessure qui devait changer son existence, puisqu'elle le laissa paralysé des membres inférieurs. Toutefois, le vieux lion ne désempara point, et deux ans après son retour en Italie, il milita de nouveau avec le mouvement *Imperium*, jusqu'à son arrestation avec d'autres extrémistes. Peu après sa libération paraît *Les Hommes et les Ruines*, en 1952, où l'auteur expose la synthèse des valeurs traditionnelles pouvant servir de support à ceux qui, aujourd'hui, sont encore « debout parmi les ruines ».

Un de ses ultimes ouvrages, *Chevaucher le tigre*, traduit ce que doit être l'attitude de l'Homme différencié au sein de la dissolution. Depuis le nihilisme nietzschéen, jusqu'à l'existentialisme, et la « deuxième religiosité », Evola fait tout le constat de l'impasse du monde moderne et énonce les moyens de s'y maintenir en « éveil » sans chuter, comme si l'on chevauchait le tigre de la légende. Enfin, avec *La Métaphysique du sexe*, Evola expose de manière extrêmement originale, bien que traditionnelle, l'élément mystagogique et métaphysique de toute sexualité, faisant ainsi table rase de toute théorie profane de la chose, qu'elle soit naturaliste, psychanalytique ou moraliste bourgeoise. A propos de la libération sexuelle, l'auteur dira par ailleurs : « J'ai toujours mené

---

(110) *Ibid*.

la lutte contre les tabous bourgeois et je ne me suis jamais marié, mais le mouvement dont vous parlez est une aberration... Sous prétexte de valoriser le sexe, on le primitivise, et l'on en perd l'aspect magique et sacré (111). »

Enfin paraîtra en 1968 *l'Arco e la Clava* (l'Arc et la Clé), non traduit en français où, là encore, Evola insiste sur la distinction essentielle en matière de recherche spirituelle, entre libérer le sexe (de façon profane, mentale et exacerbée périphériquement), et se libérer du sexe, comme réalisation intérieure et virile. Car, ainsi qu'il l'écrit dans *la Métaphysique du sexe*, « il faut même dire que c'est justement parce que de nos jours la psychanalyse, avec un renversement presque démoniaque, a mis en relief une primordialité sub-personnelle du sexe, qu'il est nécessaire d'opposer à cette primordialité une autre, métaphysique, dont la première est la dégradation (112). »

Extrémiste déroutant, ce monarchiste antijudéo-chrétien et absolutiste vécut jusqu'à ses derniers jours à Rome, dans son antique et austère palais romain du Corso Vittorio-Emmanuele. Jusqu'à sa mort, survenue en 1974, Evola ne sépara jamais écriture, pensée et « action » que l'on peut à juste titre définir comme politico-occulte (113). Il n'est jamais facile d'intégrer la pensée et la vie, surtout si la première se réclame de la Tradition primordiale et sacrée. Surtout si, comme le baron Evola, la pensée est celle d'un guerrier « égarée » dans un siècle féminisé et dissolu, comparable aux derniers jours de Rome. Car ce qui attend l'Homme différencié est la plus complète solitude, nécessitant lucidité et courage absolus. Ce fut, à notre avis et à beaucoup d'égards, son destin et son attitude. Nous ne prenons en aucune façon part à ses engagements politiques, mais il faut bien avouer que ceux-ci participent d'une orientation logique selon son idéologie traditionnelle.

Mais en fait, c'est surtout l'orientaliste, l'ésotériste, bref le penseur qui nous motive, l'homme des derniers temps qu'il sût incarner. Néanmoins, nous nous sommes engagés à décrire brièvement sa vie au sein de la tourmente que l'on sait afin de dégager le personnage fermé, imprévisible, paradoxal et supérieurement lucide qui fut un des derniers, sinon l'ultime, pôles spirituels de l'Occident.

---

(111) Cité par E. Antebi, *op. cit.*
(112) J. Evola, *La Métaphysique du sexe, op. cit.*
(113) Jusqu'à sa mort, il fut lié de très près au *M.S.I.* et à *Ordine nuovo*, mouvement de l'extrême-droite traditionnelle.

L'Oeuvre : l'Eveil et la Puissance

Si l'on étudie les grandes lignes de l'œuvre, on s'aperçoit très vite que l'auteur n'a jamais cessé de proposer le monde en tant que jouissance et puissance, ce qui est le propre de toute spiritualité guerrière. En fait, les thèmes directeurs tiennent en quatre pôles principaux :

1/. Notions de la tradition occidentale au sein du Moyen Age, liée au « Templarisme » intérieur dans l'époque contemporaine ;
2/. Critique du monde moderne, appuyée par la Tradition ;
3/. Doctrine de l'Eveil au sens bouddhique ;
4/. Tantrisme et métaphysique du sexe.

Si donc l'aspect le plus connu de ses écrits est l'orientalisme, on voit que l'œuvre elle-même n'est, de loin, pas limitable à cette seule coloration, mais recoupe justement l'étude de la Tradition primordiale à travers ses principaux visages et fonctions.

1) Aspects de la tradition occidentale

On sait qu'Evola débuta, si l'on peut dire, dans l'étude ésotérique par la « voie magique » au sein du groupe « UR », et cela n'est pas sans raison. Est-ce par le désir nietzschéen de « se faire le seigneur du chaos que l'on est », qu'Evola choisit la voie solitaire tantrique ? « Il existe, dit-il, une relation entre la magie... et la tradition et l'initiation " royales ", en tant que distinctes de celles dites " sacerdotales ". »

Cette « haute magie » reconduit, par conséquent, à la discipline qui, dans la tradition, porte le nom d'*Ars Regia*, tout en ayant une certaine relation aussi avec la *théurgie* antique et avec cette magie qui, au cours des siècles précédents, fut spécifiquement entendue comme « magie divine », en opposition avec la magie « naturelle » et même avec la magie « céleste » (114). Car toujours cet auteur propose théorie et praxis, doctrine et réalisation. « La magie peut donc être libérée des diverses idées préconçues, de l'aspect " occultiste " et de l'aspect miraculiste et superstitieux, de l'association avec des " loges " et des personnages ténébreux (115)... »

Car, ainsi qu'il le déclare dans *La Tradition hermétique* (à propos du mage ou de l'alchimiste) : « Tout exhibitionnisme, et tout personnalisme, il le juge puéril. Il n'existe pas, il ne parle pas...

---

(114) J. Evola, *Masques et Visages de la spiritualité contemporaine*, op. cit.
(115) *Ibid.*

En lui est survenu un état qui détruit toute résonance des jugements humains. Ce qu'on pense de lui, ce qu'on dit de lui, qu'on soit juste ou injuste, bon ou méchant envers lui, tout cela cesse de l'intéresser. » Et concluant, comme s'il définissait là sa propre attitude, Evola écrit : « S'il agit, il n'adhère pas à l'action comme à une chose qui lui appartient (116). »

Car la magie, comme toute discipline de la Science sacrée, requiert bien évidemment, et avant tout, un désir profond et désintéressé, tout à fait contradictoire à l'attitude habituelle de l'Occident : « S'il vient à quelqu'un le désir de nous voir uniquement par curiosité, il ne sera jamais en communication avec nous. Mais si, en fait, sa volonté le porte à s'inscrire dans le livre de notre fraternité, nous, qui jugeons par les pensées, nous lui ferons voir la vérité de nos promesses... » dit un texte intérieur de la rose-croix médiévale.

Mais qu'est, pour Evola, la tradition occidentale ésotérique ? Ce qui marque la véritable tradition occidentale est, selon lui, la tradition hermétique (c'est-à-dire alchimique et magique), « enseignement secret, de nature à la fois doctrinale, pratique et opérative » qui s'est transmise depuis toujours réclamée de Arabes. Que cette tradition se soit depuis toujours réclamée de l'« Art Royal » dont le symbole est l'Or, c'est-à-dire d'une tendance solaire et secrète, conduit Evola à la rattacher au noyau même de la Tradition primordiale (dont les premiers temps sont dits justement l'Age d'Or). Héroïque et guerrière, même si ultérieurement, selon l'auteur, elle dégénéra en forme mystique : « Il existe une tradition « initiatique » royale qui, dans ses formes pures, peut être considérée comme la filiation légitime la plus directe de la tradition initiatique primordiale des époques plus récentes. Elle apparaît surtout dans ses variantes " héroïques ", c'est-à-dire comme une réalisation, une reconquête, conditionnée par des qualités viriles équivalentes sur le plan de l'esprit à celles propres au type guerrier (118). »

Mais la théologie, selon lui, a conduit progressivement à l'occultation plus ou moins complète de la tradition en Occident. Que ce soit l'alchimie, la magie ou encore tout art « hermétique », chacun suppose un arrière-fonds de connaissance ésotérique sans lequel la pratique est dénuée de toute profondeur. Car selon cet auteur, la magie « peut essentiellement se définir comme une

---

(116) J. Evola, *La Tradition hermétique, op. cit.*
(117) Cité par J. Evola, *ibid.*
(118) J. Evola, *Le mystère du Graal et l'idée impériale gibeline, op. cit.*

attitude d'esprit. Elle exprime une forme d'intégration hypernormale de la personnalité, en laquelle l'élément viril et actif se trouve au premier plan : raison pour laquelle, au fond, ne vient particulièrement souligner en elle que ce par quoi, en général, la réalisation initiatique s'oppose à toutes les formes extatiques, panthéistes et vaguement spiritualistes, car, ici, l'élimination de ce " Moi ", barrant l'accès à des forces plus profondes de l'être, ne provoque pas un dépassement descendant, mais ascendant (119) ».

Le Moyen Age, qui, comme nous le savons, maintenait en dépôt cette attitude spirituelle n'était pas coupé — comme on l'a cru parfois — du « Centre ». Car les différences de la conception traditionnelle en Orient et en Occident furent minimes au Moyen Age, comparativement à la « cassure » représentée par la Réforme et les diverses forces profanes à l'œuvre en Occident. Or, cette tradition, pour Julius Evola, et nous l'avons évoquée maintes fois, est le legs d'une race première, primordiale, « porteuse » d'une spiritualité transcendante et souvent considérée, pour cette raison, comme « divine » ou « semblable à celle des dieux »... Cette race-principe se retrouve dans le dépôt du sacré occidental sous la forme du mythe, « actif », comme dans le cycle du Graal, ou encore dans la recherche alchimique de la « Pierre ». Tout cela, selon le même auteur, appartient à la même tentative réintégratrice de retour au sein de l'Age d'Or, encore que cet Age lui-même soit le reflet de la race primordiale (et pour Evola, hyperboréenne) : « L'Age d'Or, dont toutes les traditions parlent d'une façon ou d'une autre, est un lointain souvenir du cycle de cette race, mais celle-ci, sa fonction et son siège furent également conçus sur un plan suprahistorique, du fait qu'à un moment donné, ce qui avait été manifesté devint caché (120). »

Car ainsi l'enseigne Hésiode, les hommes de cet âge primordial ne moururent pas, mais comme Hénoch, disparurent, en devenant invisibles, forme sous laquelle ils guident les mortels depuis le centre du monde : « Du thème de l'Age d'Or, on passe donc à celui d'un centre métaphysique... Ainsi se définit la notion traditionnelle d'un invisible " Roi des Rois ", ' Seigneur Universel " ou " Roi du Monde ", notion qui se trouve liée à des symboles bien déterminés dont certains proviennent directement d'analogies, alors que d'autres sont les souvenirs " mythologisés " de la terre ou des terres où se déroula le cycle primordial olympien (121) ».

---

(119) J. Evola, *Masques et Visages de la spiritualité contemporaine*, op. cit
(120) J. Evola, *Le Mystère du Graal et l'Idée impériale gibeline*, op. cit.
(121) *Ibid.*

Or ce cycle primordial appartient à l'Occident sous la forme orale et littéraire du Graal. Car le cycle de légendes relatives au Graal en tant que support symbolique de la Connaissance retrace, selon l'auteur, le culte gibelin de l'empire en tant qu'*imperium sanctum*. Législateur invisible et universel (comme par exemple Arthur, dont le nom signifie Ours, correspondant de façon claire à la Grande Ourse, et à la race hyperboréenne) le monarque assure les fonctions royale et sacerdotale (122). Cela est reproduit par ailleurs dans la légende du prêtre-roi Jean, qui aurait, selon la légende, donné à l'empereur Frédéric III « un vêtement incombustible en peau de salamandre, l'eau de l'éternelle jeunesse et un anneau avec trois pierres, ayant la vertu de faire vivre sous l'eau, de rendre invulnérable et invisible (123) »...

Or, dans la tradition occidentale, le « roi Jean » apparaît, somme toute, comme le « Roi du Monde », roi et sacerdote à la fois, qui investit ainsi l'autorité royale de la sacralité, *sanctum regnum*.

Ce don constitue en fait « une sorte de "mandat" de caractère supérieur, offert au représentant du Saint-Empire Romain pour que celui-ci établisse un contact réel avec le principe du " Seigneur Universel " (124) ». Or le prêtre Jean, c'est aussi celui qui veille à la fois sur le royaume visible et invisible, et par là même, sur le destin occidental. A tel point que le royaume du prêtre Jean s'identifie à *Avalon*, à l'« Ile des Vivants », ou terre des Hyperboréens. D'ailleurs, que penser du Graal lui-même, sinon qu'il est la projection spirituo-matérielle de la Réintégration initiatique, lié en cela à tous les Ordres templiers, eux-mêmes porteurs du double pouvoir humain, et investi d'autorité sacrée ? C'est ainsi qu'on ne peut dissocier le Graal, ciboire et coupe, émeraude tombée du diadème luciférien, de l'Ordre templier, des Grands rose-croix, Supérieurs Inconnus, et du Centre du Monde, où résiderait, sous une forme non matérielle ni physique, la Tradition primordiale. « La Pierre du Graal a été rapportée sur terre par des anges, et elle sera emportée plus tard aux Indes, dit ainsi Pierre Ponsoye... Elle est le principe eucharistique dont se nourrissent exclusivement les élus. Elle guérit les maladies, conserve la jeunesse, préserve de la mort. Elle attire les hommes en grand nombre, mais nul ne la découvre en dehors des

---

(122) C'est-à-dire celles du Pontifex, Arche d'Alliance entre le ciel et la terre.
(123) J. Evola, *Le Mystère du Graal et l'Idée impériale gibeline*, op. cit.
(124) *Ibid.*

prédestinés (125). » Cette Pierre, assimilable, selon Otto Rahn (126), à la *Minne* (Eglise cathare) et au *mani (dorje)* tibétain, c'est-à-dire au diamant spirituel, montrerait ainsi sa double fonction eucharistique et royale. Dans la symbolique de la Pierre, on trouve d'ailleurs la même étrange destination et provenance de la *Ka'aba,* du *dorje,* des pierres noires pontiques, et en règle générale, des *Lapsit exillis* (127). Mais « alors que le Graal est purement ésotérique, la Pierre Noire assure en outre l'aspect et le rôle correspondant sur le plan exotérique. Leur relation est donc réelle, mais indirecte, l'homologue du *« Lapsit exillis »* étant plutôt la Pierre de la *Ka'aba* céleste, archétype de la Pierre Noire (128)... »

C'est ainsi, selon Evola, que la tradition enseigne le principe de réintégration alchimique et ascétique, mais toujours placé sous le signe royal et solaire. D'ailleurs, l'exemple du Moyen Age l'enseigne, l'initiation primordiale dans le cycle est sous forme guerrière, non chrétienne : « Quant à la défense du Graal et à la garde que montent auprès de lui les templiers, on peut y voir aussi quelque chose d'équivalent à ce qu'est, en général, le secret initiatique. Dans un sens plus particulier, et qui se relie à ce que nous dirons... il s'agit toutefois de la défense d'un centre spirituel. A cet égard,... le siège du Graal apparaît toujours comme un château, comme un palais royal fortifié et jamais comme une église ou un temple (129). »

Loin donc d'appartenir à toute notion d'Eglise, catholique ou non, le cycle des légendes du Graal est bien plutôt l'héritage « de la tradition primordiale, selon l'unité indivise, qui lui est propre,

---

(125) *Ibid.*

On sait que le monarque, au Moyen Age, recevait, en même temps que son investiture royale, le double symbole de la boule d'or surmontée de la croix. Il est curieux de comparer ce fait à ce que rapporte Ossendowsky sur le Roi du Monde (d'après les révélations d'un lama mongol) : « il était vêtu d'un manteau blanc et portait sur la tête une tiare rouge d'où pendaient des rivières de diamants... Il bénissait le peuple avec une pomme d'or surmontée d'un agneau. Les aveugles retrouvèrent la vue, les sourds entendirent, les infirmes recommencèrent à marcher, et les morts se dressèrent dans leurs tombeaux partout où se posèrent les yeux du Roi du Monde ». (Ossendowsky, *op. cit).*

(126) Cf. Otto Rahn, *Croisade contre le Graal,* Ed. Stock, coll. Du Monde entier.

(127) Cf. René Guénon, *Le Roi du Monde, op. cit.*

(128) P. Ponsoye, *L'Islam et le Graal,* cité par Otto Rahn dans *Croisade contre le Graal, op. cit.*

(129) J. Evola, *Le Mystère du Graal et l'Idée impériale gibeline, op. cit.*

des deux dignités : royale et spirituelle (130). » Et d'ailleurs Wolfram von Eschenbach ne dit-il pas : « Quiconque veut conquérir le Graal ne peut ouvrir son chemin vers cet objet précieux, que les armes à la main (131) », armes qui, bien entendu, sont celles de l'initiation en tant que réalisation effective. Donc, d'après Evola, on assiste là à une tentative pour former l'Occident selon le symbole impérial, c'est-à-dire selon le mode gibelin. C'est ainsi que l'organisation politique européenne du Moyen Age témoigne de la lutte constante entre les forces antagonistes de l'empereur et du pape : « Dans son ensemble, selon la conception courante,... la civilisation médiévale résulta de trois éléments, l'un nordico-païen, le second chrétien, le dernier romain (132)... » Entre ces trois apports très particuliers est née l'Europe médiévale, composée de survivances de l'Hyperborée, de l'élément chrétien et des vestiges de la Rome impériale. « Le Christianisme, malgré tout, raviva le sentiment général d'une transcendance... Le symbole romain offrit l'idée d'un *Regnum* universel (133)... »

Quant à l'éthique et au comportement chevaleresque (c'est-à-dire viril et noble, au point de vue de l'initiation, en rapport avec la caste guerrière), cela vint évidemment des descendants de Thulé, chantés dans les *Eddas* runiques. Mais selon Julius Evola, le point de fusion le plus élevé de cette renaissance spirituelle de l'Europe postérieure des Grandes Invasions était le mythe et le symbole du Graal dans toutes les acceptions que nous en avons succinctement données : « Le Moyen Age attendait le héros du Graal, afin que le chef du Saint-Empire Romain devînt une image ou une manifestation du " Roi du Monde " lui-même, en sorte que toutes les forces reçussent une nouvelle impulsion, que l'Arbre Sec refleurît, qu'une action absolue triomphât de toutes les usurpations, de tous les antagonismes, de toutes les discordes, qu'il existât vraiment un ordre solaire, que l'empereur invisible fût aussi l'empereur visible et que l'" Age du Milieu ", le Moyen Age, eût aussi le sens d'un Age du Centre (134). »

Cette espérance, présente dans tout le Moyen Age et qu'Evola résume si bellement, ne la retrouve-t-on pas aussi chez les cathares par exemple (*Al cap dels sept cens verdego le laurel* : Au cap des

---

(130) *Ibid.*
(131) Wolfram von Eschenbach, cité par O. Rahn, *op. cit.*
(132) J. Evola, *op. cit.*
(133) *Ibid.*
(134) *Ibid.*

sept cents ans, le laurier refleurira) (134 bis) ? A la division des pouvoirs entre la Germanie et Rome vint s'ajouter, au Moyen Age, le problème des millénarismes ou encore des hérésies de grande importance, qui forment un troisième pôle (135).

Ainsi René Nelli parle de Montségur en tant que « symbole universel d'une activité "templiste", c'est-à-dire *à la fois spirituelle et chevaleresque* (car enfin, où a-t-on vu en Occident, ailleurs qu'à Montségur, un temple-forteresse braver, *au nom de l'Esprit,* l'impérialisme romain (136) ?). »

Le Graal, c'est-à-dire encore suivant la tradition le mode guerrier et occidental, ce serait, ou aurait pu être, l'empereur historique et hiéro-historique, ayant réalisé en lui-même le « Mystère du Graal ». Ce qui, sur un plan profane, a constitué l'éternelle lutte, l'éternel affrontement entre les Empereurs allemands et les chefs de la papauté. Et comme le déclare lui-même J. Evola : « La raison la plus profonde de la lutte entre l'Empire et l'Eglise n'est pas uniquement, comme l'histoire le prétend, une question de primauté temporelle, mais la prétention qu'a eue l'Eglise d'être souveraine, et celle qu'a eue l'Empire, comme le signale Dante, d'emprunter à l'Eglise sa dignité surnaturelle (137). » C'est dévoiler par là même que le mythe du Graal lui-même est bien antérieur à ces deux notions de Pouvoir, et exprime l'essence de la Tradition occidentale.

D'ailleurs, l'auteur, interrogé sur sa recherche au travers du cycle arthurien sur la vraie tradition européenne, expose nettement les différences de conceptions qui le séparent de Guénon. Et Evola, critiquant Wagner et tous les spiritualistes ayant tenté de présenter le Graal sous la forme d'un « ésotérisme chrétien », conclut : « Nous avons montré que les thèmes fondamentaux du Graal sont, au contraire, non chrétiens et préchrétiens, et nous avons vu à quel ordre traditionnel d'idées, inspirées de la spiritualité royale et héroïque, ils se relient... Les éléments chrétiens ne sont que secondaires et de couverture ; ils découlent d'une tentative d'adaptation qui n'a jamais réussi à venir

---

(134 bis) A propos du symbolisme de l'Arbre (l'amandier en terre occitane), signalons qu'il s'apparente à l'amandier du Royaume de luz de la Kabbale, où l'Ange de la Mort n'a point pouvoir.

(135) Ce qui est aussi dans la tradition templière, s'éloignant, jusqu'à sa perte, des conceptions guelfes et gibelines également partielles et profanes.

(136) René Nelli, Préface à *Croisade contre le Graal*, d'O. Rahn, *op. cit.*

(137) J. Evola, *Le Mystère du Graal et l'Idée impériale gibeline*, *op. cit.*

à bout de ce qui correspond à une hétérogénéité d'inspiration fondamentale (138). »

Qu'en semblera-t-il au lecteur, qu'en semblera-t-il à l'être conscient du destin dramatique occidental ? Sinon qu'il n'y a pas à opérer un partage entre Guénon et Evola et « choisir » une des deux conceptions fondamentales sur ce destin, mais qu'il importe de voir (nous semble-t-il) que la seconde semble infiniment mieux adaptée aux temps qui s'acheminent à grands pas...

Car le moment de l'Action semble effectivement venu, et les textes traditionnels (et universels) parlent à ce sujet de la lutte définitive qui partagera les forces symboliques. « Dans nos anciennes Ecritures, dit Thoubten Jigme Norbou, on parle d'un pays du Nord, le pays de Shambala, où doit se dérouler une bataille décisive entre les forces de la religion et celles de l'athéisme. Shambala y est décrit comme une région entourée de montagnes aux cimes couvertes de neige et, au centre, se trouve une énorme cité dans laquelle le roi a son palais. D'aucuns disent que c'est de là que vint le grand tantra Lamèd, car le roi Souchanandra, premier des rois-prêtres de Shambala, reçut les enseignements de Bouddha lui-même... Jusqu'au dernier moment, la capitale de Shambala sera le seul lieu où la doctrine de Bouddha sera préservée. La paix y régnera jusqu'à ce que la corruption atteigne les murs de la ville. Alors, le Roi-Dieu rassemblera son armée de Dieux et sortira à cheval pour attaquer les forces du mal et les détruire (139). »

Cet extrait de l'ouvrage du frère du Dalaï-Lama évoquera certainement, chez quiconque est un peu au fait de l'*Agarttha*, de très explicites échos. On apprend également dans *Bêtes, Hommes et Dieux,* la très énigmatique prophétie du « Roi du Monde », rapportée par le *houtouktou* de Narabanchi, et que retranscrit F. Ossendowski : « Quand le Roi du Monde apparut devant les lamas, favorisés de Dieu, dans notre monastère, il y a trente ans (c'est-à-dire en 1890), il fit une prophétie relative aux siècles qui vont suivre... : " De plus en plus les hommes oublieront leurs

---

(138) *Ibid*.
(139) J. Thoubten Norbou, *Le Tibet,* Ed. Stock.

Dans *Révolte contre le monde moderne,* Evola écrira que « le premier fondement de l'autorité et du droit des rois et des chefs, la raison pour laquelle ils étaient obéis, craints et vénérés dans le monde de la Tradition, était essentiellement leur qualité transcendante et non humaine, considérée, non comme une expression vide, mais comme une puissante et terrible réalité ». J. Evola, *Révolte contre le monde moderne,* Ed. de l'Homme.

âmes et s'occuperont de leurs corps. La plus grande corruption régnera sur la terre. Les hommes deviendront semblables à des animaux féroces... Toute la terre se videra. Dieu s'en détournera. Sur elle se répandront seulement la nuit et la mort. Alors j'enverrai un peuple, maintenant inconnu, qui, d'une main forte, arrachera les mauvaises herbes de la folie et du vice, et conduira ceux qui restent fidèles à l'esprit de l'homme dans la bataille contre le mal... Ensuite, il y aura dix-huit ans de guerres et de destruction. Alors les peuples d'*Agharti* sortiront de leurs cavernes souterraines et apparaîtront sur la surface de la terre (140) ". »

Pareillement, l'Apocalypse (141) révèle : « Puis je vis la bête, et les rois de la terre, et leurs armées, rassemblés pour faire la guerre à celui qui était monté sur le cheval et à son armée. Mais la bête fut prise et avec elle, le faux prophète... » Nous pourrions opérer maint passionnant rapprochement, mais nous préférons pourtant laisser à la sagacité du lecteur de soin de juger des aspects d'un problématique futur.

2) Révolte contre le monde moderne

Si nous avons donc insisté aussi fortement sur la notion de « Templarisme intérieur » selon la conception de Julius Evola, c'est qu'il détermine et colore toute son œuvre (dans sa plus large totalité), et appelle nécessairement à « la Révolte contre le monde moderne ».

Loin d'être (pas plus que *La Crise du monde moderne* de René Guénon) un banal pamphlet contre l'idée d'une certaine société, l'ouvrage d'Evola s'appuie sur les textes traditionnels comparés (il excelle à ce genre d'étude) et « cherche à retrouver les constantes de différentes forces traditionnelles, dont la caractéristique générale était que toute la vie avait une orientation du haut vers le bas (142). » Dans la partie historique de l'analyse du monde, Evola s'emploie justement à percevoir le sens métaphysique de l'Histoire. Déjà, dans *La Métaphysique du Sexe,* Evola n'écrivait-il pas : « Ce n'est pas l'homme qui descend du singe par évolution, mais le singe qui descend de l'homme par involution. Comme pour de Maistre, pour nous aussi, les peuples sauvages ne sont pas des peuples originels mais bien des restes dégénérés, crépusculaires,

---

(140) *Agharti :* orthographe mongole de *Agarttha.* F. Ossendowski : *Bêtes, Hommes et Dieux,* Ed. Plon.
(141) Apocalypse (XIX, 19, 20).
(142) Cité par E. Antebi, *op. cit.*

nocturnes, de races plus anciennes, entièrement disparues (143) » ?

Car sur quelles conceptions repose la notion d'homme moderne, sinon sur un ensemble d'idées toutes artificielles, et « réductrices » de l'ampleur spirituelle de l'être humain : « Il y a lieu, avant tout, de relever la singulière facilité avec laquelle l'homme occidental s'est accoutumé à un concept, toujours plus dégradé, de lui-même... quelques dizaines d'années de scientisme, de darwinisme et d'évolutionnisme ont suffi pour que l'homme occidental, dans une forte majorité des cas, se soit mis à croire sérieusement qu'il n'était rien de plus que l'exemplaire d'une espèce biologique donnée, certes, si l'on veut, à la tête de la sélection naturelle, mais sans une quelconque différence substantielle par rapport aux diverses autres espèces animales (144). » De la même façon, nous ne saurions mieux faire que citer l'autre « grand mythe » moderne : celui de progrès et d'évolution vers lesquels l'humanité assurerait sa marche triomphale, depuis l'état prétendu « naturel » et « primitif » : « La vérité vraie, toutefois, ne correspond ni à l'un, ni à l'autre de ces points de vue... Aussi bien comme race biologique que comme civilisation, les " sauvages ", dans la plus grande majorité des cas, sont des résidus crépusculaires de cycles d'une humanité tellement antique que s'en sont perdus, souvent, jusqu'au nom et au souvenir. Ceux-là ne représentent donc pas le début, mais la fin d'un cycle, non la jeunesse, mais l'extrême sénilité (145). »

D'autres mythes (146), par nous déjà cités dans l'étude de René Guénon, relèvent par exemple des rêves (de moins en moins optimistes toutefois) de la science moderne ; mais combien ont-ils vécu sur ces idées creuses et toutes fabriquées ? « L'apogée du mythe de la science physique a coïncidé avec celui de l'ère bourgeoise, lors de la vogue du scientisme positiviste et matérialiste. Puis on a commencé à parler d'une crise de la science et une critique interne de celle-ci s'est formée, jusqu'au moment où l'on est entré dans une nouvelle phase inaugurée par la théorie d'Einstein (147). » Et l'auteur, comme nous l'avons déjà montré au cours de cet ouvrage, n'accorde pas plus de valeur à la vulgarisation scientifique, entretenue par « certains milieux » qui

---

(143) J. Evola, *La Métaphysique du sexe, op. cit.*
(144) J. Evola, *Masques et Visages de la spiritualité contemporaine, op. cit.*
(145) *Ibid.*
(146) Mythe est pris ici dans le sens habituel, vulgaire, de fausse croyance.
(147) J. Evola, *Chevaucher le tire, op. cit.*

prétendent assurer l'accord de la science et d'une contrefaçon spirituelle : « En marge de celle-ci, le mythe scientiste a tout récemment repris de la vigueur avec une valorisation du savoir scientifique qui a parfois suivi de curieux développements : on a prétendu que la science actuelle a désormais dépassé la phase du matérialisme et qu'après s'être débarrassée des vieilles spéculations inopérantes, elle rejoint la métaphysique dans ses conclusions sur la nature de l'univers (148)... »

Car nous vivons, selon la formule de Nietzsche, dans un « monde où Dieu est mort ». Ce monde où Dieu ne représente plus aucune valeur dans la conscience, exprime par là même un état où disparaît toute valeur traditionnelle, et où tout ersatz peut, durant un temps, créer l'illusion. « L'un des mirages d'une époque où, en réalité, les processus de dissolution ont directement envahi le domaine même de la connaissance (149). » Et la « chute » a tout de même eu pour effet de couper l'homme du « Centre » ; et par là même, les enseignements des anciens temps ne sont plus directement utilisables. Toutefois, l'être doit tendre vers ce retour au point central de l'initiation, comme unique et primordiale. Car « il n'existe pas une " initiation moderne " au sens spécifique du terme. Par définition, tout ce qui est " moderne " est la contradiction de tout ce qui peut se référer à une véritable initiation (150) ».

Toutefois, Evola, nous le comprendrions, ne serait-ce que par l'attitude qui fut la sienne son existence durant, ne se pose pas en conservateur du « monde bourgeois », celui-là même qui est aujourd'hui en crise. L'homme différencié qui est le seul capable de faire face aux ruines présentes et futures du monde moderne ne doit pas se préoccuper de ce qui est branlant dans les vieilles murailles. Mieux même, Evola reconnaîtrait un aspect positif au Nietzsche destructeur des tabous de la morale ancienne, si ce philosophe ne débouchait au fond que sur le plus angoissant et non connaissant existentialisme. Car les tendances générales actuelles concourent vers une régression, que masque une ivresse du faux dépassement, d'une frénésie dyonisiaque, mais extrêmement basse : « Au dépassement spirituel du temps, qu'on obtient en s'élevant jusqu'à une sensation de l'éternel, s'oppose aujourd'hui sa contrefaçon : un dépassement *mécanique* et illusoire obtenu par la rapidité, l'instantanéité et la simultanéité, en

---

(148) *Ibid.*
(149) *Ibid.*
(150) J. Evola : *La Doctrine de l'Eveil, op. cit.*

utilisant comme moyens les ressources de la technique et les diverses modalités de la nouvelle « Vie intense » (151).

Il s'agit donc de maintenir une ferme attitude, intérieure s'entend : « Les transformations déjà intervenues sont trop profondes pour être réversibles. Les forces qui sont à l'état libre, ou en passe de l'être, ne sont pas susceptibles d'être réintégrées dans le cadre des structures du monde d'hier (152). » Or, ne cherchons pas à maintenir le vieux monde, mais au contraire, ajoute-t-il humoristiquement, il est bon de contribuer à « faire tomber ce qui déjà vacille ». On retrouve d'ailleurs en cela un des côtés anticonformistes (au sens fort) du penseur romain ; le même qui déclarait, selon E. Antebi : « Ces professeurs et ces ignorantins qui échafaudent des mythes nordiques ne valent rien pour nous... Vous me demandez pourquoi je les tolère ? Parce qu'ils contribuent à la décomposition. »

Evidemment, le risque d'une telle attitude, dit-il, est évident, mais tout, au sein d'une époque de dissolution est de nature dangereuse. Guénon, lui, parlait de décomposition, ce qui est assez significatif et symbolique de l'état cadavérique du monde moderne ; se servir de celui-ci revient à transformer les poisons en aliments. Or, quels sont les échappatoires ou les aboutissements d'une telle crise, conduisant à la dissolution dans les domaines de l'art, de la connaissance, de la philosophie ?... « L'alternative est la suivante : ou bien cette " négation de la négation " débouchera sur le néant — ce néant qui jaillit des formes multiples du chaos, de la dispersion et de la rébellion qui caractérisent de nombreuses tendances des dernières générations, ou cet autre néant qui se cache mal derrière le système organisé de la civilisation matérielle — ou bien cette négation créera, pour les hommes dont il est question ici, un nouvel espace libre qui pourrait éventuellement représenter la condition préalable d'une action formatrice ultérieure (153). »

Nous sommes dès à présent entrés dans une phase ultime et résolutive, et « une époque semble s'annoncer où l'affirmation individualiste " luciférienne " et théophobe sera définitivement vaincue et où des puissances incontrôlables entraîneront dans leur sillage ce monde de machines et d'êtres ivres et éteints qui avaient,

---

(151) J. Evola : *Révolte contre le monde moderne, op. cit.*
(152) J. Evola : *Chevaucher le tigre, op. cit.*
(153) *Ibid.*

dans leur chute, élevé pour elle des temples titanesques et leur avaient ouvert les voies de la terre ».

Car Evola n'ignore pas la théorie involutive des cycles cosmiques : « En effet, les textes qui parlent du *Kali-yuga* et de l'âge de *Kali* proclament aussi que les normes de vie qui étaient valables pour les époques où les forces divines demeuraient, à un certain degré, vivantes et agissantes, doivent être considérées comme périmées durant le dernier âge (154). » C'est ainsi que cet auteur (en accord avec la tradition tantrique) écrit que le dernier âge « verra » apparaître un type d'homme essentiellement différent, incapable de suivre les anciens préceptes ; de plus, en raison de la différence du milieu historique, voire planétaire, ces préceptes, même s'ils étaient suivis, ne porteraient pas les mêmes fruits (155) ». C'est ce qu'enseigne la tradition tantrique, dont nous avons déjà révélé quelques aspects. « C'est pour cela que des normes différentes sont désormais proposées et qu'est abrogée la loi du secret qui couvrait auparavant certaines vérités, une certaine éthique, et certains « rites » particuliers, à cause de leur caractère dangereux et de l'antithèse qu'ils constituaient avec les formes d'une existence normale, réglée par la tradition sacrée (156). »

Il est bien évident que notre époque, pour être une ère de dissolution, permet par là même une liberté individuelle qui, à condition d'être poursuivie et menée jusqu'au seuil « absolu », peut permettre un éclatement positif. Ceci s'appliquant, il va de soi, à l'homme différencié, et non à l'homme vulgaire (qui toutefois, dans les derniers temps, connaîtra la mansuétude divine). C'est le sens de la « chevauchée du tigre » qui « peut signifier que lorsqu'un cycle de civilisation touche à sa fin, il est difficile d'aboutir à un résultat quelconque en résistant, en s'opposant directement aux forces en mouvement (157) ». Car, et

---

(154) J. Evola, *Révolte contre le monde moderne, op. cit.*

(155) *Ibid.* « Et plût au ciel que je n'eusse pas à mon tour à vivre au milieu de la cinquième race, lit-on chez Hésiode, et que je fusse ou mort plus tôt ou né plus tard. Car c'est maintenant la race du fer. Ils ne cesseront ni le jour ni la nuit de souffrir fatigues et misères, ni la nuit d'être consumés par les dures angoisses que leur enverront les dieux... Nul prix ne s'attachera plus au serment tenu, au juste, au bien ! C'est à l'artisan, à l'homme tout démesuré, qu'iront leurs respects... Alors, quittant pour l'Olympe la terre,..., cachant leurs beaux corps sous des voiles blancs, Conscience et Vergogne, délaissant les hommes, monteront vers les Eternels. » Hésiode, *Les travaux et les jours*, Ed. Les Belles Lettres, (texte établi par P. Mazou).

(156) J. Evola, *Chevaucher le tigre, op. cit.*

(157) *Ibid.*

ne s'agit-il pas ici du plus important aspect de la pensée d'Evola, son message pour le temps présent : « L'essentiel est de ne pas se laisser impressionner par la toute-puissance et le triomphe apparent des forces de l'époque. Privées de lien avec tout principe supérieur, ces forces ont, en réalité, un champ d'action limité (158). »

Dans tous les cas, les perspectives — positives ou non — à longue échéance ne doivent plus jouer aucun rôle pour l'homme « debout parmi les ruines », et comme l'enseigne le bouddhisme zen, il s'agit de trouver le *satori* « ici et maintenant ». Les valeurs auront un caractère d'immanence et de pure individualité (en tant que perspective sotériologique toutefois). Car « les possibilités positives ne peuvent concerner qu'une très petite minorité, composée uniquement des êtres en qui, précisément, préexiste ou peut s'éveiller la dimension de la transcendance... Seuls ces êtres peuvent procéder à une évaluation toute différente du " monde sans âme " des machines, de la technique et des grandes villes modernes, de tout ce qui est pure réalité et objectivité, qui apparaît froid, inhumain, menaçant (159) ». Loin donc d'y voir tentation d'angoisse et de nihilisme, Evola engage à s'y lancer en toute lucidité. « C'est justement en acceptant pleinement cette réalité et ces processus que l'homme différencié peut s'essentialiser et se former selon une équation personnelle valable ; en activant en lui la dimension de la transcendance, en brûlant les scories de l'individualité, il peut extraire la personne absolue (160). »

Ces structures objectives et inhumaines, caractéristiques du monde contemporain, créent, en dissolvant la personne humaine (à l'image de la vitriolisation alchimique), l'œuvre au noir, premier état de l'Oeuvre alchimique. Et serait-il utile, dans ces conditions, ou même simplement sérieux, de songer à se tourner vers un Orient plus ou moins exotique, afin de trouver une issue, somme toute extérieure ? Ou alors faut-il suivre ceux qui, à l'instar de Guénon, ont cherché, dans un Orient encore traditionnel, « des points de référence utiles au relèvement et à la réintégration de l'Occident » ?

Il convient toutefois de ne pas se leurrer : « L'Orient lui-même suit désormais la voie que nous avons prise, il succombe de plus en plus aux idées et aux influences qui nous ont conduits là où

---

(158) *Ibid.*
(159) *Ibid.*
(160) *Ibid.*

nous sommes, en se " modernisant " et en adoptant nos propres formes de vie laïque et matérialiste, si bien que ce qu'il conserve encore de traditionnel perd de plus en plus de terrain (161)... » Ce n'est qu'une question de temps pour que la planète entière en soit à ce silence métallique et suprêmement « libérant » : « Il n'y a pas d'autre civilisation qui puisse nous servir d'appui, nous devons affronter seuls nos problèmes (162)... »

Et Evola, préfigurant Raymond Abellio qui s'exprimera en termes assez proches sur ce point, décèle comme unique perspective positive pour nous-mêmes le fait que l'Occident soit entré le premier dans l'Age sombre : « C'est pourquoi il n'est pas exclu que nous soyons aussi les premiers à dépasser le point zéro », mais enfin, cela reste fort hypothétique. Peut-être (et peut-être seulement), peut-on rêver à un Occident futur vivifié, renouvelé et « qualifié pour remplir une nouvelle fonction de guide ou de chef, bien différente de celle qu'il a remplie dans le passé avec la civilisation technico-industrielle et matérielle, et qui, désormais révolue, a eu pour seul résultat un nivellement général (163) ».

3) La tradition orientale et la doctrine de l'Eveil

Le lecteur est en droit de se demander le sens des travaux de Julius Evola sur l'ascèse bouddhique ou le yoga tantrique si, comme cet auteur le déclare : « Le " mythe de l'Orient ", en dehors des cercles de savants et de spécialistes de disciplines métaphysiques, est fallacieux (164) ». Il semble que J. Evola se définisse lui-même dans cette affirmation, qui ne manque d'ailleurs pas de brusque franchise. En effet, semble-t-il, l'auteur ne se voulut jamais vulgarisateur de traditions orientales, sommairement comprises et divulguées au grand public. Mais, on le conçoit bien, il s'agit avant tout pour Evola de chercher à relier l'idée d'une tradition guerrière, aryenne et solaire et l'ascèse bouddhique, aussi bien que tantrique. Cette tradition s'exprime d'ailleurs parfaitement à travers l'ascèse (pratique et discipline) bouddhique. Si ce mot d'ascèse a évoqué en Occident un « affreux réseau de malentendus et de préjugés », il n'en va pas de même pour la Doctrine de l'Eveil du Prince Siddharta. Celui-ci présente, selon

---

(161) *Ibid.*
(162) *Ibid.*
(163) *Ibid.*
(164) *Ibid.*

Evola, toutes les caractéristiques requises pour un système « libérateur » authentique : ascèse véritable et virile ; système objectif et réaliste ; doctrine d'esprit purement aryen ; voie d'éveil tenant compte des conditions cycliques d'un *yuga* donné.

Car c'est, dit-il, « précisément dans la " doctrine de l'éveil " — dans le bouddhisme — que l'on trouve, comme en bien peu d'autres grandes traditions historiques, la possibilité d'isoler aisément les éléments d'une ascèse " à l'état pur ". On a fort justement affirmé qu'en cette doctrine les problèmes de l'ascèse ont été posés et résolus de façon claire, on pourrait même dire, logiquement, que les autres mystiques apparaissent incomplètes, fragmentaires, inconcluantes, en face d'elle. On a encore noté qu'en cette doctrine, contre tout empiètement de l'élément émotionnel et sentimental, prédomine un style de clarté intellectuelle, de rigueur et d'objectivité, qui fait presque penser à la mentalité scientifique du monde moderne (165) ».

A l'appui de cette profession de foi en la doctrine bouddhique on trouve, dans un passage du fameux Sermon de Bénarès, où l'Eveillé explique la « mise en mouvement de la Roue de la Loi » : « Voici, ô moines, la Vérité Sainte sur la douleur : la naissance est douleur, la vieillesse est douleur, la maladie est douleur, l'union avec ce qu'on n'aime pas est douleur... » et la suppression de cette universelle douleur suit le chemin le plus simple apparemment, le plus sereinement guerrier : « Voici, ô moines, la Vérité Sainte sur l'origine de la douleur : c'est la soif (de l'existence) qui conduit de renaissance en renaissance, accompagnée du plaisir et de la convoitise, qui trouve çà et là son plaisir : la soif de plaisir, la soif d'existence, la soif d'impermanence (166). » Ces soifs, deviennent convoitise et douleur en s'identifiant à l'espoir de la durée perpétuelle de la vie ou, au contraire, au désespoir provoqué par l'identification du néant et de la mort physique.

Il n'est point de place dans cette noble doctrine pour la moralité en tant que telle, ni pour la moindre confusion entre sentiment et spiritualité : « Sur de telles bases, dit-il, on peut affirmer avec raison que, dans le bouddhisme — comme dans le yoga également — l'ascèse s'élève à la dignité et à l'impersonnalité d'une science ; ce qui ailleurs est fragment devient ici un système ; ce qui est instinct devient pleine conscience technique ; au labyrinthe spirituel des âmes qui poursuivent une élévation à

---

(165) J. Evola : *La Doctrine de l'Eveil, op. cit.*
(166) Cité par René Guyon, *Anthologie bouddhique*, Ed. Crès.

travers l'œuvre d'une " grâce ", parce qu'elles sont justement conduites par hasard sur la juste voie, au moyen de suggestions, de terreurs, d'espérances et de ravissements, font place une lumière calme et égale qui s'affirme jusqu'au bord de profondeurs abyssales, et une méthode qui n'a pas besoin de soutiens extérieurs (167). » Car le bouddhisme est Voie d'Eveil, non religion, voie dévotionnelle, que l'auteur n'estime qu'assez peu ; puisque, selon sa perspective, la conception théiste de toute religion, particulièrement en Occident, marque une limitation pour l'Adepte. Or, cette conception, loin d'incarner la finalité spirituelle ultime, ne fait qu'exprimer le point d'un certain développement en suspens : « Quoi que l'on puisse en penser, la conception théiste correspond à une vision incomplète du monde, parce qu'elle est dépourvue de son aspect hiérarchique extrême. Du point de vue métaphysique et traditionnel en sens supérieur, la notion de l'être selon une forme personnelle... ne saurait être celle au-delà de laquelle il n'y ait plus de quoi s'élever encore (168). » Et à une doctrine supérieure telle que le bouddhisme « fut donné de concevoir et de rejoindre l'extrême ligne de crête, à savoir ce qui se trouve au-delà, tant d'un tel être que de son contraire, le non-être (169) ». C'est définir par là l'attitude virile, périlleuse (ne la nomme-t-on pas au Tibet : sentier du précipice), mais dans le plus pur style de la parfaite Connaissance. C'est pourquoi le Bouddha est souvent nommé *Jiva*, ou le Vainqueur (de lui-même, des dieux et des démons). Mais la question se pose de savoir ce qu'Evola entend par aryanisme de la doctrine de l'Eveil. Car loin de refléter un Bouddhisme exotérique, « exporté » en Occident contemporain sous les pires formes d'une sentimentalité — redevable aux bons soins initiaux des théosophistes — le bouddhisme est en fait la *Voie des Seigneurs*. « Malgré l'attitude du bouddhisme en face du problème des castes, dit l'auteur, il fut généralement admis que les *bodhisattva* — ceux qui pourront un jour devenir des Eveillés — ne soient jamais d'extraction paysanne ou servile, mais bien guerrière, ou bien *brahmane*, c'est-à-dire issus des deux castes les plus pures et les plus élevées de la hiérarchie aryenne : on veut même que, par suite des temps, ceux-ci proviennent essentiellement de la caste guerrière des *kshatriya* (170). »

---

(167) J. Evola, *La Doctrine de l'Eveil, op. cit.*
(168) *Ibid.*
(169) *Ibid.*
(170) *Ibid*. On voit apparaître dans les textes brahmaniques le rite essentiel de l'aspersion sacrée ou *abhisheka*, conférant au prince une autorité surnaturelle.

On doit ici se défaire de l'idée fausse du guerrier et de la guerre, toute extérieure et négative : « Or c'est un fait que cette noblesse aryenne et cet esprit guerrier se reflètent dans la doctrine même de l'Eveil (171). » Noblesse qui impose le respect de l'autre et l'éviction de tout prosélytisme. On sait que parmi l'œuvre de jeunesse d'Evola figurait déjà l'essai paru sous le titre de *Phénoménologie de l'individu absolu*, où le monde apparaît sous des aspects non objectifs, mais purement comme production mentale ; on peut noter déjà dans cette tentative ce qui motivera chez Evola l'intérêt porté au bouddhisme : le caractère transcendant de l'expérimentation de l'irréalité du monde et de la connaissance de soi. Toutefois, cela seul est valable dans la doctrine originelle, fort éloignée des aspects « populaires » du bouddhisme *mahayana* : « La décadence du bouddhisme devait être fatale dès qu'il commença à se répandre : et cela par le fait que la doctrine *ariya* de l'éveil, plus que n'importe quelle autre, se trouve tout près d'une voie initiatique, susceptible d'être seulement comprise et suivie par un petit nombre d'êtres chez lesquels, à côté d'une force exceptionnelle, soit fort vive l'aspiration à l'inconditionné (172). »

Le roi est tout d'abord assimilé au Dieu-Roi, *Varuna* ou *Indra*. Le sacre religieux communique au monarque la nature de Prajapati, qui incarne la nature du brahmane ou sacerdote.
Evola rappelle ainsi la naissance princière du Bouddha, puis celle du Christ, né dans la tribu royale de Juda, et non dans celle, sacerdotale, de Lévi y voyant là la confirmation même de l'aryanisme de la spiritualité.
(171) *Ibid*. Dans la même perspective, on lit, dans la Bagavad-Gîta, la réponse de Krishna à Arjuna : « D'où te sont venus cet accablement, cette souillure, cette obscurité d'âme à l'heure de la difficulté et du péril, ô Arjuna ? Telle n'est pas la voie chère à l'homme aryen ; cet état ne vient point des cieux ni ne peut conduire aux cieux ; et sur terre il aliène la gloire. » (*Bagavad-Gîta*, chap. II, 2. Traduction et notes de Sri Aurobindo. Ed. Albin Michel, coll. Spiritualités vivantes).
Dans ses commentaires du verset cité, Sri Aurobindo précise toutefois que « La Gîta n'est pas un simple évangile de guerre et d'action héroïque... qui tient la pitié pour une faiblesse. Il y a une compassion divine qui descend sur nous d'en haut... Mais telle n'est pas la compassion qui pousse Arjuna à rejeter sa tâche et sa mission. Ce n'est pas de la compassion, mais une impuissance, la faiblesse d'une pitié sur soi... Or, la pitié sur soi est parmi les plus vils et les moins aryens de tous les sentiments. » (Sri Aurobindo, *op. cit*.)
(172) *Ibid*. Toutefois, nous ne suivons pas, personnellement, Evola sur ce sujet : que le Bouddhisme *mahayana* soit une dégénérescence du bouddhisme primitif nous semble un peu vite dit. On pourrait plutôt parler d'adaptation religieuse aux exigences du plus grand nombre sans que le « noyau » même de la doctrine soit dégradé pour autant. Et nous ne voyons pas dans le traité de la

Car, ainsi que l'enseigne Vasubandhu, dans la *Prajnaparamita*, la dualité est sans réalité et se résorbe dans l'éveil illuminateur : « Le vide est la forme, et la forme est le vide... » ou encore, on lit dans *Le Sentier suprême du disciple* : « C'est une grande joie de réaliser que dans l'infinie Connaissance de la Réalité au-delà de la pensée, toutes différenciations du Samsara sont inexistantes (173)... » Car si le profane est toujours entraîné dans le monde illusoire créé par ses sens et son mental obscurci, « qui, au contraire, dit Evola, se compénètre de la réalité du " vide ", de l'irréalité de tout ce qui, sur la terre ou dans les cieux, semble objectif, laisse peu à peu derrière lui l'ivresse, pressent un calme supérieur, se détache de l'action assoiffée... prépare son esprit pour une connaissance supérieure (174) ».

4) Tantrisme et métaphysique du sexe

Si nous avons pu tenter, à travers l'œuvre de Julius Evola, de définir le bouddhisme aryen originel comme une véritable science spirituelle et non une mystique vague, il va sans dire que la réalisation du *sadhana* tantrique exige également la plus grande discipline. Or le tantrisme est bien, parmi les voies initiatiques orientales, celle qui est le plus souvent détournée — en Occident — de son véritable sens, dénaturée, faussée.

Une idée, dont il importe avant tout de se défaire, est bien celle de toute pratique tantrique comme procédé « sexuel », en vue d'une jouissance profane, sensuelle et vulgaire : le tantrisme est, rigoureusement, voie d'éveil spirituel. Ce qui contribue à la séduction qu'il exerce actuellement est justement la méconnaissance que l'on en a, et le côté apparemment « pratique » et engagé dans la sensualité qui est le sien. « On peut même dire, écrit Evola, qu'à la voie de la contemplation il oppose celle de l'action, de la réalisation pratique, de l'expérience directe... Ce n'est ni une lamentation, ni une contrition, ni un repentir devant une divinité. C'est le *sadhana* de l'union de *purusha* et de *prakriti,* le *sadhana* destiné à unir dans le corps le principe masculin et le principe maternel (175)... » Toutefois, nous l'avons dit, si le tantrisme semble aujourd'hui se révéler universellement (en réalité à la seule

---

Prajnaparamita, par exemple, une perversion des sermons de Gautama. Toutes choses, que, bizarrement, Evola ne semble pas avoir considérées objectivement, peut-être à la suite d'une position trop « idéaliste ».

(173) Sentier suprême du disiple dans *Le Yoga tibétain et les doctrines secrètes,* trad. française de Marguerite La Fuente, Ed. Maisonneuve.

(174) J. Evola, *La Doctrine de l'Eveil, op. cit.*

(175) J. Evola, *Le Yoga tantrique,* Ed. Fayard, coll. Documents spirituels.

élite), c'est selon la loi involutive qui veut qu'au moment où apparaissent les forces destructrices du monde apparaissent aussi les remèdes : « A examiner l'aspect qu'offre le dernier âge, " l'âge sombre " ou *Kali-yuga,* l'on remarque deux traits essentiels. Le premier, c'est que l'homme de cet âge-là est désormais étroitement lié à son corps ; il ne peut en faire abstraction ; la voie qui lui convient n'est pas celle du détachement pur... mais bien celle de la connaissance, du réveil et de la domination des énergies secrètes enfermées dans le corps (176). » Le second aspect caractéristique du tantrisme, c'est d'être applicable aux époques de dissolution.

L'âge du *Kali-yuga* signifie bien que nous sommes entrés dans le règne de Kali, c'est-à-dire celui de la femme sous son aspect « terrible », où les forces élémentaires, telluriques et désagrégatives qui dormaient encore aux âges précédents s'éveillent. Il ne sert à rien de se lamenter sur la dissolution : le faire est la marque même du *paçu* ; il s'agit bien plutôt d'affronter ces forces déchaînées, d'apparence noires et négatives, et de « courir l'aventure... c'est-à-dire d'en tirer profit, selon le principe tantrique qui est de " transformer le venin en remède " (177) ».

C'est là ce que l'on a appelé le tantrisme *de la Main Gauche (vamacara).* Cette voie initiatique extrêmement difficile, mais adaptée au dernier âge apporte un dépassement de la transcendance et l'immanence, *Brahman* et *Samsara,* monde et ascèse spirituelle. « On enlève en même temps à ce monde tous les caractères d'apparence pure... qui lui étaient attribués dans le *Vedanta.* Le monde n'est pas *maya,* mais puissance. Et cette coexistence paradoxale de la liberté ou dimension de la transcendance en soi, et de la jouissance du monde... est très étroitement liée à la formule ou tâche essentielle du tantrisme : l'union de Civa impassible avec l'ardente Çakti dans notre être propre et sur tous les plans de la réalité (178). » Car ainsi l'enseigne la tradition indienne, c'est la respiration et la sexualité qui figureront comme les deux seules voies ouvertes à l'homme de ces temps. C'est pourquoi le tantrisme allie au *yoga* du souffle *(hatha-yoga,* ou *yoga* violent, puisque le souffle peut tuer) l'utilisation de la femme et de la magie sexuelle, formant un corpus de réalisation nommé *kundalini-yoga.* « Compris comme " yoga de la puissance du serpent "... dit encore Evola, il est basé sur le réveil de la Çakti

---

(176) *Ibid.*
(177) *Ibid.*
(178) *Ibid.*

primordiale, latente dans l'organisme humain dans le cadre des correspondances entre homme et monde, entre microcosme et macrocosme (179). »

Car l'union sexuelle, selon les rites, vise à la réintégration des Principes polaires : « La véritable union sexuelle est l'union de la Paraçakti (kundalini) avec Atman ; les autres ne représentent que des rapports charnels avec les femmes (180). » (Kularnava Tantra, V, III, 112). Il ne saurait y avoir de culte religieux dualisant dans l'ascèse tantrique : on n'adore une divinité qu'en « devenant » cette divinité ; c'est le sens d'expérimentation ou *sadhana*. La difficulté — presque infranchissable — à comprendre le sens du tantrisme vient du fait que celui-ci n'est explicite que dans l'état de réalisation.

Cette conception s'exprime par ailleurs dans la représentation sexuelle des *Bodhisattva* et de leurs parèdres comme union de *prajna* (ou connaissance) et de *upaya* (la méthode de réalisation). Ce qui est explicité par Evola comme extériorisation du principe tantrique même : « Il n'existe pas un monde des " phénomènes ", des apparences sensibles, et derrière celui-ci, impénétrable, la réalité vraie, l'essence ; il existe une donnée unique, qui possède plusieurs dimensions, et il existe une hiérarchie de formes possibles dans l'expérience humaine (et surhumaine) où ces dimensions se découvrent peu à peu jusqu'à permettre de percevoir directement la réalité essentielle (181). »

Nettement au-delà de la pensée dualisante de toute religion exotérique (Créateur-créature), le tantrisme élimine le partage entre phénomènes et noumènes comme ignorance et impotence. Car « il n'existe pas, de ce point de vue, une réalité relative, et, au-delà, une réalité absolue impénétrable, mais il y a, pour percevoir une réalité unique, un mode fini, relatif, conditionné, et un mode absolu (182). » Seule importe l'ouverture de l'Oeil de Civa (ou Oeil de la Connaissance) : tout est donné à qui sait voir, de façon immédiate et absolue. A ce niveau, la symbolique vient donner un

---

(179) *Ibid.*

(180) La tradition tantrique connaît la fonction divine et supradivine du sexe (assimilé au *vajra* : diamant, foudre) dans la *vajroli-mudra* : « Celui qui connaît la *vajroli-mudra*, même s'il agit à sa guise sans observer les règles édictées dans le yoga, cet homme est un *yogin*, réceptacle des pouvoirs surnaturels ». *Hatha-Yoga-Pradipika* (Traduction Tara Michaël), Ed. Fayard, coll. Documents Spirituels.

(181) *Ibid.*

(182) *Ibid.*

sens effectif aux pratiques qui apparaissent comme *conjonctio oppositionnis,* et transmutation de l'être extérieur. « Mais la vérité, c'est que le sexe qui existe dans le corps existe aussi et d'abord dans l'âme, et dans une certaine mesure, dans l'esprit même (183) », écrit Evola, ce que l'on peut rapprocher des enseignements du lama Anagorika Govinda (184) lorsqu'il dit que l'on est homme et femme à l'intérieur de soi tout d'abord, avant de l'être à l'extérieur.

Ces deux courants, solaire et lunaire, correspondent, d'ailleurs, dans le *kundalini-yoga,* aux deux *nadi, ida* et *pingala,* qui réunis dans la « montée » de l'énergie cosmique concourent à la réintégration androgynique, ce qui donne ainsi au tantrisme sa coloration alchimique solaire et guerrière. L'action amène un changement ontologique et existentiel, en totale opposition avec la notion de « science » moderne, effective sur le plan matériel et mental, mais inexistante sur le plan d'une réalisation spirituelle concrète.

Pour emprunter une expression d'A. Crowley, ce n'est pas la volonté « vraie » qui agit en vue de la puissance dans le cas de la science moderne, mais une volonté agie, sans connaissance de soi, « vampirisée » par le mental. Elle ne porte aucun changement à la situation existentielle de l'homme, ni à sa conscience. Ce qui, d'autre part, est le fait du tantrisme, mettant en rapport l'individu et la puissance supra-humaine du dépassement, ou pouvoirs magiques *(siddhis).* « Comme la Çakti suprême *(Paraçakti)* dépasse les contraires, de même le bien et le mal, l'honneur et le déshonneur ; de même que la Çakti est absolument libre, le *vira* est appelé *svecchacarin* ou " celui qui peut faire tout ce qu'il veut " (185). »

Dans cette perspective absolument transcendante, on ne s'étonne alors pas de voir prendre au *virya* ce qui, pour le profane, est poison mortel, en nourriture profitable : sexe, drogues, rites ascético-orgiaques (186). De même Evola voit-il dans l'expérience

---

(183) J. Evola, *La Métaphysique du sexe, op. cit.*

(184) Lama Anagarika Govinda, *Les Fondements de la mystique tibétaine, op. cit.*

(185) J. Evola, *La Métaphysique du sexe, op. cit.*

(186) Alexandra David-Neel dit elle-même que « la morale de l'initié n'est pas celle de la foule. Bien que des règles rigides, appliquées indistinctement en toutes circonstances, causent beaucoup de mal, déclarent les ascètes tibétains, une complète absence de règle en causerait probablement encore davantage. Il ne faut donc pas détourner les esprits débiles de l'observation des codes moraux. » A. David-Neel : *Initiations lamaïques,* Ed. Adyar.

du sexe et de l'amour « la possibilité de produire un changement de niveau de la conscience ordinaire, "physique", et parfois même une certaine suspension de la conditionnalité du Moi individuel (187)... ». Dans *Henri d'Ofterdingen,* Novalis déclare : « Et nous avons l'amour pour vie,/ Nous en mêlons toutes les vagues/ Dans une étreinte d'éléments,/ Une fusion de cœur à cœur (188). » Ainsi poursuit-il plus loin : « En effet, il y a pour nous un second domaine, beaucoup plus important, correspondant aux traditions qui ont connu une sacralisation du sexe, un emploi magique, sacré, rituel ou mystique (189)... »

Dans sa profondeur, l'éros est tout de même l'impulsion de l'être à dépasser la dualité originelle. Et dans son étymologie, l'amour (a-mor) est la possibilité donnée à l'homme de gagner l'immortalité, puisque, selon la pensée de l'auteur, inspirée du yoga tantrique, la réintégration n'est pas tant un état mystique qu'une conquête de *puissance*. Ainsi voit-on de tels exemples chez Platon et la « fureur héroïque », chez les corybantes grecs, dans l'orgie sacrée : « L'orgie, de même que l'immersion dans l'eau, annule la création, mais la régénère en même temps (190)... » Et dans la Voie de la Main Gauche, la divinité *(Gita)* dans sa forme suprême ne peut être que l'infini, et représente la crise, la destruction, la « fracture de tout ce qui a un caractère fini, conditionné, mortel (191). »

De même que dans le développement de la manifestation on assiste à un passage de la détermination de la forme, puis à la destruction et au retour à l'inconditionné, ainsi dans l'Amour sacré, on recherche la destruction du fini, du conditionné. Car le tantrisme comme élément transfigurant du niveau profane peut être retrouvé dans les traditions occidentales antiques, comme dans le culte dyonisiaque hellène, la religion de Zagreus, fort proche du culte de Durga et Çiva. Et dans l'Antiquité, comme en Orient, le culte de la femme sous son aspect sacré contribuait à rendre effective la présence de la divinité dans son être, comme hiérogamie et créatrice d'archétypes. C'est aussi le sens de la prêtrise des Vestales, de la prostitution sacrée, des Ménades (192)...

---

(187) J. Evola, *La Métaphysique du sexe,* op. cit.
(188) Novalis, *Henri d'Ofterdingen,* Bibliothèque 10-18.
(189) J. Evola, *op. cit.*
(190) M. Eliade, *Histoire des religions,* Ed. Payot, coll. Payothèque.
(191) *Ibid.*
(192) L'« archétypésation » féminine avait lieu sous un double aspect de bipolarité : vierge ou prostituée sacrée. Dans le cas de la virginité, Evola écrit

Dans une époque où la sexualité se limite à n'être qu'une seule excitation périphérique et dépersonnalisante, les considérations traditionnelles d'Evola prennent tout leur sens et leur « pouvoir. » : « Tout comme le monde traditionnel, et qui s'est conservé jusqu'à lui,... dans des civilisations autres que l'Occident moderne, connaissant une image de l'homme qui, pour n'être pas limitée à la matérialité, à la " psychologie " et à la physiologie, était infiniment plus complète que l'image moderne, ainsi, en ce monde traditionnel, on considéra intégralement le sexe, on l'étudia et on l'activa dans ses valeurs et dans ses possibilités supérieures (193). »

Car le sexe, on l'admettra au regard des traditions antiques, apparaît véritablement comme une « porte » ouvrant sur le monde transcendantal (194), par là même véritable voie initiatique et libératrice : « Aussi, conclut-il, en ce qui concerne le sexe, la redécouverte de son sens primaire et le plus profond et l'usage de ses possibilités supérieures dépendent de la réintégration éventuelle de l'homme moderne, de son redressement et du dépassement des bas-fonds psychiques et spirituels où l'ont conduit les mirages de sa civilisation matérielle. »

Mais selon la polarité de toute chose, la sexualité peut conduire l'homme et la femme modernes plus bas encore, et les mutiler dans leur intégrité psychique et intellectuelle. « En effet, dans ces bas-fonds, le sens même du fait d'être vraiment homme ou femme est destiné à s'effacer ; le sexe ne servira qu'à conduire encore plus bas ; même hors de ce qui concerne les masses, réduit à son

---

que : « Un tel emploi de la femme ne fut pas limité aux mystères de la Grande Déesse de l'antique monde méditerranéen, il est attesté dans l'Orient aussi. Dans l'Inde... on rencontre aussi l'offrande rituelle des vierges pour « nourrir » la divinité, c'est-à-dire pour en activer efficacement la présence. » (J. Evola, *Métaphysique du sexe, op. cit.)* De l'autre côté, les danseuses du temple, les *hétaïres* sacrées, ou même les prostituées situées en dehors de ces cadres institutionnels, « l'hétaïrisme antique et oriental avait des aspects non purement profanes, les femmes étant qualifiées pour donner à l'acte d'amour des dimensions et un dénouement désormais ignorés » *(Ibid.)*

(193) J. Evola, *Métaphysique du Sexe, op. cit.*
(194) Dans l'érotique des bas-reliefs des temples indiens, l'image de la non-dualité est ainsi représentée par l'union sexuelle divinisée, *maithuna* : « A considérer — toute vulgarité admise — l'acte sexuel comme un processus spirituel de montée vers la lumière, écrit Max-Pol Fouchet, la beauté heureuse des visages et des corps s'éclaire... L'homme et la femme, révélés l'un à l'autre comme images de la nature divine, participent à la vérité cosmique par l'abolition de leur moi, barrière entre les créatures et cette vérité. » *L'Art amoureux des Indes,* Coll. Idées-Arts, Ed. Gallimard.

contenu de simple sensation, le sexe sera uniquement le lénitif illusoire, sombre, désespéré, pour le dégoût et l'angoisse existentiels de celui qui s'est engagé dans une voie sans issue (195). »

L'apport de Julius Evola

Il ne convient pas de juger tout un chacun selon les mêmes critères. Au fond, le but de cet ouvrage serait — toute prétention mise à part — de faire partager au lecteur une vision plus élargie de la réalité, comme Evola lui-même écrivait : « l'autre monde n'est pas une *autre* réalité, c'est une *autre dimension* de la réalité ».

Qu'entendons-nous par là, sinon qu'il est indispensable, pour concevoir tous les niveaux réels, de se défaire des œillères mentales dont le rationalisme et la pauvreté spirituelle de notre époque nous ont affligés. Ainsi en est-il de l'existence de ceux que nous avons nommés « Les Grands Initiés de notre temps », existences souvent « anormales », autant que leur action et leur œuvre. Et de la même façon, comment considérer l'histoire, sinon comme un iceberg, dont la partie visible ne serait que l'élément « rationnel », politique et plus ou moins explicable.

C'est ainsi que, selon Julius Evola, « il serait utile de considérer combien de " hasards ", combien d'éléments indéductibles, germes d'événements parfois décisifs il y a dans la vie et dans l'histoire ; combien il y en a également dans l'ordre des phénomènes naturels au-delà des lois qui expliquent le comment, mais non le pourquoi de leur apparition (196)... » Et combien, de nos jours, peuvent prendre conscience de cette part de la réalité, combien surtout seraient capables de la supporter ? Car « derrière les coulisses de la conscience des hommes et de leur histoire, là où le regard matériel n'arrive pas et où le doute n'ose pas se porter, il peut y avoir quelqu'un... Il y a lieu de penser qu'aucun événement social ou historique de quelque importance, aucun phénomène qui ait eu pour effet un cours déterminé d'événements terrestres, y compris certaines " découvertes " et la naissance d'idées nouvelles, n'a eu une origine fortuite et spontanée, mais a obéi à une intention, parfois à un véritable plan conçu derrière les coulisses et réalisé

---

(195) J. Evola, *La Métaphysique du sexe*, op. cit.
(196) J. Evola, *La Tradition hermétique*, op. cit.

par des moyens qu'on est fort loin d'imaginer aujourd'hui (197)... »

Nous pouvons nous rendre compte de ce que cet aveu révèle de lumières sur le double du monde, l'« autre » dont parle Platon, dans le *Timée,* et qui s'adapterait en une sorte de « négatif photographique » sur le « même », c'est-à-dire notre réalité physique. Tous les êtres à apparence humaine ne sont pas forcément des hommes, avait déjà dit en substance René Guénon. Evola, citant Homère, reprend : les dieux (ou parfois les démons) parcourent la terre, et avec eux les Invisibles veillant sur l'humanité. Mais l'histoire connaît des profondeurs occultes que l'homme commun doit ignorer toujours.

Ainsi, et même si nous n'avons fait qu'évoquer, tout au long de ce livre, les rapports entre l'idée de la réunification européenne selon un gouvernement spirituel et temporel traditionnel, le renouveau de la spiritualité, dans la voie du catholicisme retrouvé pour les uns, dans la tradition magico-indienne pour les autres, nous n'aurons encore rien dit. Il y a le monde, tel qu'il va, selon l'ordre involutif ; il y a de tragiques et sinistres tentatives de redressement, il y a enfin des aspects liés à cet « autre monde », invisible aux *paçus,* aux hommes vulgaires de l'Age sombre, précipités vers leur anéantissement.

C'est en cela que le cas de Julius Evola apparaît comme particulièrement passionnant, et ne peut être séparé de son œuvre. Actif, certes il le fut, mais actif de l'intérieur et dans les profondeurs occultes agissant sur l'histoire visible au commun. Déjà Lao-Tseu met en garde : « de même que le poisson ne pourrait vivre en abandonnant les abîmes ténébreux, ainsi que l'homme commun ne connaisse pas l'arme de cette sagesse (198). » C'est ainsi que Julius Evola met bien en garde ceux qui voudraient devenir les « fils royaux d'Hermès » le Trois fois Grand : « pour ceux qui, malgré tout, voudraient en savoir davantage, il n'y a qu'un seul moyen à indiquer : créer en soi l'aptitude à une vision pour laquelle ce qui est derrière sa conscience et sa pensée devienne clair et distinct comme l'est pour l'œil et l'intelligence liée au corps la vision des choses extérieures (199). » Tant il est vrai que la connaissance des énigmes, mieux, des mystères de l'Univers, procède avant tout de la connaissance du Soi.

---

(197) *Ibid.*
(198) Lao-Tseu, *Tao Tö-king, op. cit.*
(199) J. Evola, *La Tradition hermétique, op. cit.*

Cette gnose, nous l'avons dit, se traduit dans l'œuvre d'Evola par la Doctrine bouddhique originelle de l'Eveil, par le refus (du moins personnel) de toute attitude non virile, c'est-à-dire religieuse et dévotionnelle, enfin par la notion de « race intérieure ».

Car il importe d'être avant toute chose « bien constitué » au point de vue du comportement, surtout dans notre « fin de cycle » : « Le contact avec le spirituel et l'affleurement de celui-ci peuvent présenter un risque fondamental pour l'homme, en ce sens qu'ils peuvent avoir pour effet un amoindrissement de son unité intérieure, de cette appartenance à soi, de ce pouvoir de présence claire qui lui est propre, de vue non moins claire et d'action autonome, lesquels définissent précisément l'essence de la personnalité (200). » Raison pour laquelle la pire des tentations est la néo-spiritualité, qui précisément mine la personnalité et le psychisme humains.

Ainsi, la véritable ascèse se situe bien au-delà de toute forme mystique, telle que l'enseigne la pratique bouddhique de l'Eveil : « Le bouddhisme... conduit la volonté de l'inconditionné à des limites presque inimaginables pour l'Occidental moderne. Ici encore, dans cette ascension le long de l'abîme, il rejette toute « mythologie », procède par le moyen d'une force pure, éloigne tous les mirages, détruit tout résidu de faiblesse humaine... Certes, cette voie n'est pas exempte de périls ; mais elle est celle qui convient à un esprit viril (201)... »

Cet esprit caractérise et marque celui qui jusqu'au bout saura « chevaucher le tigre » et trouver, dans les apparences les plus défavorables, les meilleures occasions de réalisation. Dans une époque de dissolution, il se « haussera » à l'altitude intérieure indispensable ; au sein de temps d'angoisse existentielle et affolée de plaisirs réduits à leur expression la plus basse, au sein de jouissances serviles, il trouvera encore le moyen supérieur de la libération. Et ces formes, au lieu de le dissoudre, l'affirmeront comme initié véritable.

Peu sont « éveillés », moins encore s'« éveilleront ». Il n'importe, car la libération est le fait de l'élite, élite qui ultérieurement « redressera » ce qui peut encore l'être. L'initié, lui, écrit enfin le baron Julius Evola qui se replie en cette phrase sur son propre mystère, ne sera jamais reconnu par l'homme du commun, car « par définition, l'initié est un être occulte et sa voie n'est ni visible,

---

(200) J. Evola, *Masques et Visages de la spiritualité contemporaine*, op. cit.
(201) J. Evola, *La Doctrine de l'Eveil*, op. cit.

ni pénétrable... On peut être son ami, son compagnon ou son amante ; on peut penser posséder tout son cœur et toute sa confiance. Pourtant il restera un autre, au-delà de celui que l'on connaît. On ne s'apercevra de cet " autre " que lorsqu'on aura pénétré dans son royaume. Alors on aura peut-être la sensation d'avoir côtoyé un abîme (202). »

---

(202) J. Evola, *La Tradition hermétique, op. cit.*

IV
MAGES ET THAUMATURGES

Aleister Crowley (1875-1947)

Les corps des serpents bondissant vers l'au-delà
Toi dans la Lumière et dans la Nuit,
Sois Un, supérieur à leur puissance mouvante
Il fouette, incise une croix sur le cœur, attache la chaîne autour
du front, en disant :
Eau lustrale ! Que ton flot se déverse à travers moi
Lymphe, moelle et sang !

Aleister Crowley
Extrait du *Rituel de Cefalu*

Contemporain de René Guénon, qui le considérait comme un charlatan peu recommandable, méprisé, honni dans sa propre patrie, celui qui a su défrayer la chronique de l'Europe entière, Crowley, incarne à nos yeux le type même d'une certaine révolte adolescente et magique, marquant la fin des grands mages de l'histoire occulte.

Nous nous devions de parler d'Aleister Crowley, qui, avec plus ou moins de cette orthodoxie chère à Guénon, allait néanmoins introduire en Occident la pratique tantrique en magie cérémonielle. Il ne s'agit pas là de présenter un théoricien, encore moins un contemplatif. Mage, tout simplement ? Certainement, et plus que cela : le créateur d'un *corpus* magique concourant, au fond, à la voie initiatique réelle. Si l'on oublie les extravagances, le masque et le délire raisonné de Crowley, alors reste l'Adepte, suivant une voie périlleuse, pour lui et pour les autres, mais libératrice sûrement. A ce titre, on ne peut ignorer le cas unique de Douglas Alexander Crowley.

Aleister Crowley, magia sexualis et Golden Dawn

Lorsque Wynn Wescott confia, dans le soin de les lui faire déchiffrer, les manuscrits de la *Kabbala denudata* de Knorr de Rosenroth au jeune Maçon Mac Grégor Mathers, il ne se doutait pas qu'il provoquait là la future fondation de la si célèbre *Golden Dawn*.

Qu'était-ce que la *Golden Dawn* (l'Aube Dorée), sinon, dans son inspiration, une société secrète rose-croix comme il en existait tant à la fin du XIXᵉ siècle en Angleterre et ailleurs ? Rites d'origine allemande (de Knorr de Rosenroth), *« mots de pouvoir »* empruntés au système magique de John Dee, redécouvert au XVIIIᵉ siècle par Elias Ashmole (1). Rien qui pour l'instant ne soit pas familier à l'univers magico-occultiste (si nous pouvons nous permettre ce néologisme). Si nous consacrons toutefois plusieurs pages à cette société, c'est que son nom reste lié à l'un des plus extravagants, sinon des plus fameux magistes des temps modernes, Aleister Crowley et son extraordinaire aventure. Celle-ci, même si elle reste soumise à la critique, n'en est pas moins singulière, et marque la fin des grands mages occidentaux.

Les premières années d'existence de la *Golden Dawn* semblent assez peu intéressantes, mis à part quelques rituels de magie invocatoire devant beaucoup à Eliphas Lévi, mais surtout à John Dee, qui était pour Mathers et ses « frères » le Grand Maître. Toutefois, les objets rituels, les systèmes de concentration (empruntés aux *Tattva* indiens) révèlent un aspect original. Ainsi, dit F. King, la façon dont la Golden Dawn se servait du symbolisme des couleurs pour ouvrir les portes de l'esprit trouva sa meilleure illustration dans l'usage qu'elle fit des *Tattva,* figures géométriques colorées qui, dans certaines écoles tantriques indiennes, symbolisent les éléments de la terre, de l'air, du feu, de l'eau et d'*akasa,* — ce dernier, généralement traduit par " esprit ", semble plus avoir en commun avec la lumière astrale de Lévi qu'avec ce qu'on entend habituellement par esprit en Occident (2). » D'ailleurs ne nommait-on pas ces *Tattva,* portes astrales, permettant l'élévation de la conscience à un niveau supérieur (mais après bien des péripéties créées par l'imagination concentrée).

Le futur mage devait construire ses « objets de force », les consacrer : « Un talisman, dit le Rouleau volant XIV, est une figure magique chargée de la force qu'elle doit représenter (3). » Si les

---

(1) A propos de l'*Alphabet énochien,* cf. *La Tour Saint-Jacques,* numéro spécial La Magie (11-12).

« Tout cela, dit F. King, fut étudié par Mathers et les autres chefs de la Golden Dawn, qui combinèrent la « magie énochienne » de Dee avec d'autres aspects de la tradition occidentale. Ce mélange apparaît bien dans le Grand Phare de l'Est qui combine l'un des carrés de Dee à d'autres éléments magiques et mystiques, notamment inspirés par la géomancie. » F. King, *op. cit.* A propos de John Dee et d'Elias Ashmole, cf. *L'Ange à la fenêtre d'Occident* de G. Meyrinck. Meyrinck.

(2) F. King, *La Magie,* Ed. Le Seuil.

(3) *Ibid.*

rites, les interdits, les commandements étaient fort complexes, si la doctrine était pour le moins défendable au point de vue intellectuel, il ya sans dire que les membres n'avançaient guère dans leur effort initiatique ; ce qui, nous le constatons, revient comme une constante dans toute société initiatique non orthodoxe.

Au bout de quelques années, l'éclatement de la société était prêt à survenir, ce qui arriva, à Paris, au printemps 1900 : le poète anglais Butler Yeats fomenta un schisme et interrompit une séance de telle façon que la police dut intervenir dans le sanctuaire ! C'est ici qu'intervient la figure déconcertante à plus d'un titre de Douglas-Alexander Crowley, dit Aleister, ou « La Bête ». Car Crowley avait été initié à ving-deux ans par Mathers lui-même à l'*Ordre hermétique de l'Aube dorée à l'extérieur* (4).

Pourquoi donc cette précision de « à l'extérieur » ? C'est, répond Serge Hutin, parce que « tout l'aspect visible de l'Ordre, celui qui s'exprimait par des rites matériels, se trouvait considéré par Mathers et ses amis comme correspondant à une autre face, invisible et intérieure, celle des Maîtres cosmiques de la Grande Loge Blanche qui vivent sur un autre plan que l'existence terrestre tout en modelant à leur gré la réalité physique (5) ». Voilà qui est étrange, car nous allons retrouver le même genre de déclarations chez les théosophistes (employées dans un autre sens il est vrai).

Mathers décrivant ces Maîtres disait : « Je ne connais même pas leurs noms terrestres (ceux qu'ils portèrent avant d'atteindre la surhumanité). Je les connais seulement par certains hiéronymes secrets et je ne les ai vus que très rarement sous leurs espèces physiques : en ces rares occasions, ils me donnaient rendez-vous astralement et me rencontraient en chair et en os... Pour ma part, je crois qu'ils sont humains et qu'ils vivent sur cette terre ; mais qu'ils possèdent de terribles pouvoirs surhumains (6)... » Retenons bien cette déclaration ; trop de pseudo-visions, trop de thèses, vagues assurément, mais suffisamment précises toutefois, concordent en ce début de siècle... Ces fameux Maîtres, ces pseudo-communications avec les morts des spirites, cette « découverte » de la psychanalyse, accréditent beaucoup notre conviction d'« entités » ou d'« influences » pour le moins maléfiques qui se seraient chargées de pervertir les mentalités du XXe siècle.

---

(4) *Hermetic Order of the Golden Dawn of the Outer.*
(5) Serge Hutin *Aleister Crowley,* Ed. Marabout, coll. Univers secret.
(6) Cité par Serge Hutin, *op. cit.*

Quant au nom même d'*Aube dorée,* c'est simplement une indication des buts poursuivis par la secte même ; sur un vieux fond gnostique de Chute et d'état de ténèbres où se trouve l'Humanité, on se propose de retrouver l'état originel adamique, en dépassant l'individualité propre, pour retrouver les conditions de l'immortalité : « Chez l'adepte, dira Mathers, la mort ne peut survenir que lorsque la Volonté Suprême y consent, et c'est là qu'intervient tout le mystère de l'élixir de Vie (7). »

Le jeune Crowley, pour être admis à la phase terminale de l'adeptat, devait réussir la grande opération magique du grimoire (authentique ou faux) nommé *Livre d'Abramelin le mage.* On ne sait s'il réussit, et peu importe... Qui était-il lui-même, avant de devenir, selon les uns « le plus grand des mages modernes », ou selon les autres « mage noir », « Satan incarné », etc... et qui devait donner une suite si spectaculaire à la *Golden Dawn,* à l'*Astrum Argentinum,* sa propre secte, et à l'O.T.O. ?

Il était né, en 1875, à Leamington, au sein d'une famille de puritains darbystes, dont il devait garder l'horreur son existence durant. Toute sa jeunesse n'étant que contrainte et moralisme rigoureux, il réagira contre cela point par point plus tard. Jeune poète, peintre expressionniste de talent, il fait la connaissance d'un alchimiste, Julian Baker, qui le fait entrer à la *Golden Dawn,* et sous le nom initiatique de Perdubaro, devient vite le « lieutenant » de l'Imperator Mathers. A Londres, il est, dit-on avec quelque raison, amené au tantrisme et à l'usage de l'héroïne par Allan Bennet (futur moine bouddhiste à Ceylan). Crowley, de tempérament fastueux, achète un manoir et s'y consacre à la magie cérémonielle.

Toute sa vie, d'ailleurs, nomade et bohème dans l'âme, il passera ainsi de pays en pays, et de la richesse à la misère ; et comme Julius Evola, il manifestera un goût prononcé pour l'alpinisme et la magie sexuelle. « On ne compte pas le nombre de ses conquêtes féminines et de ses compagnes magiques (les " Femmes écarlates ", selon sa dénomination), bien qu'il n'ait jamais pu vivre avec une seule sans une orageuse rupture (8). »

D'ailleurs, dit Serge Hutin, « le propre de Crowley, tout au long de sa vie, sera de ne jamais sacrifier aucune de ses passions, même celles qui pouvaient sembler... bien éloignées de ses activités de

---

(7) *Ibid.*
(8) Ce qui d'ailleurs est bien caractéristique de l'aspect « magique » qu'il voyait dans la sexualité, et non domestique.

mage (9) ». Ainsi réussit-il de grandes premières dans l'Himalaya et les Andes, bien que toxicomane notoire ! Car le personnage est complexe, déroutant, puéril parfois.

En 1902, subitement, il se marie et avec sa femme, Rose Kelly, part en Egypte. Rose, médium, (comme la femme de Fabre d'Olivet) obtient, sur les demandes d'Aleister, l'évocation d'une entité matérialisée, divinité chaldéenne (Aïwass ou Aïfass) et *Supérieur Inconnu,* qui dicte au couple en trois épuisantes journées *« Le Livre sacré d'une nouvelle révélation »,* dont Aleister Crowley se voit instauré prophète. C'est le fameux *Al liber legis* ou *Livre de la Loi,* Loi qui doit se substituer à celles de Moïse et Jésus, et Crowley ainsi investi par cette mystérieuse puissance se proclame « La Grande Bête » ou Maître Thérion. On conçoit l'association entre son nom et la Bête de l'Apocalypse, dont le chiffre est 666 (10). Sa femme prend par la même occasion le nom de « Femme écarlate ».

Ce *Livre de la Loi* montre l'aspect proprement « luciférien » de Crowley, au plein sens du mot : « Fais ce que voudras » sera l'intégrité de la Loi ! (11) Luciférien, disions-nous, et non pas satanique, car Crowley hisse l'orgueil et la volonté au-dessus de tout amour : « La loi est Amour, l'Amour assujetti à la volonté. »

Ce livre servira plus tard à Crowley dans la fondation de sa propre secte, l'*Astrum Argentinum,* enseignement qualifié de *Magick* dans l'ancienne graphie anglaise, que nous définirons ultérieurement.

Voyages toujours, au Sahara, en Allemagne, où il est soupçonné d'espionnage au service de l'Angleterre ; il milite aussi pour l'indépendance irlandaise, brûlant une existence aventureuse qui le voit ruiné, puis renfloué, comme magiquement, toujours suivi d'une cour d'admiratrices. Il vit quelques mois à Fontainebleau, et — coïncidence étrange ou clin d'œil du destin — presque en face du prieuré d'Avon où réside Gurdjieff. Ils ne se connaîtront d'ailleurs pas (bien que K. Mansfield ait eu « affaire » à Crowley qu'elle détestait).

Enfin il émigre en Sicile et achète une ferme isolée, à Cefalu, près de Palerme. C'est là que va se situer un des épisodes les plus passionnants de sa « vie », car mettant en pratique les préceptes du *Livre de la Loi ;* il y fonde *Théléma,* qui, comme son nom

---

(9) Serge Hutin, *op. cit.*
(10) Nous en verrons ultérieurement un autre aspect.
(11) « Do what Thou whilt ! »

l'indique, se veut une sorte d'abbaye de Thélème. Centre initiatique, tantrique, satanique ? Avant de porter un jugement trop rapide sur Crowley, il importe de connaître ce qui s'est passé là-bas. Bien sûr, il avait attiré un certain nombre de disciples hommes et femmes, ces fameuses « Femmes écarlates », qui lui servaient de partenaires en magie sexuelle (12). Mais les querelles éclatent vite, comme les accidents : sa propre fille meurt, suivie de Raoul Loveday, mort d'entérite, qui sera enterré selon les rites magiques par Mega Thérion (Crowley). Les autorités mussoliniennes s'émeuvent (et profitent aussi de l'occasion pour refouler quelqu'un qu'elles soupçonnent d'être un espion à la solde de l'Angleterre).

A Tunis, Crowley, se déclarant antinazi (il avait pourtant séjourné en 1936 à Berlin sans être inquiété, connu Théodor Reuss et K. Haushofer), propose à Churchill un moyen magique pour gagner la guerre ! La misère est là, qui le voit descendre les marches de la sordidité et de la presque complète solitude (13). Enfin, obèse et malade, il tente de rassembler un dernier carré de disciples. Toxicomane ou usé par ses pouvoirs, il meurt en 1947 d'une crise cardiaque, après avoir maudit son médecin qui lui refusait une dernière dose de morphine. Ce dernier mourra, trois jours plus tard, dans un accident.

Ses disciples organisent à Londres de grandioses funérailles païennes, revêtus de leurs habits de mages et scandalisant l'Angleterre bien pensante. Crowley, en grande robe aux couleurs symboliques, ceint d'une écharpe aux signes zodiacaux, couronné, le glaive et le sceptre au poing, est incinéré selon son vœu, après la célébration d'une messe gnostique. Avec lui, c'est la fin du dernier des grands mages modernes, du moins d'un de ces personnages baroques et munificents, dont la vie étonnante soutient une pratique magique plus étonnante encore.

Nous ne voulons pas par là signifier que Crowley entrait dans le domaine de la spiritualité contemplative (à la façon d'un René Guénon, par exemple) : son existence prouve assez son nomadisme intérieur et ses humeurs fantasques. Néanmoins, son œuvre écrite ou pratique, pour être luciférienne (14), représente un essai

---

(12) Et scandalisaient les paysans siciliens en restant étendues nues sur des rochers, offertes au soleil... ou au Maître.

(13) Puisque jusqu'à la fin, il fera des conquêtes de jeunes et belles femmes, grâce à ses pouvoirs.

(14) C'est-à-dire au fond occidentale, et d'ailleurs on le sait, les deux termes ne peuvent qu'être associés. Qu'entendons-nous par là, sinon que l'Occidental

pour surmonter l'individu et ses limitations. Initié tantrique, il l'était certainement, et Evola, qui pourtant ne l'appréciait pas spécialement (15), en a pourtant parlé dans *La Métaphysique du sexe* comme d'un pratiquant de la « Voie de la main gauche ».

Crowley ? Un personnage, un essai pour accorder tantrisme et magie occidentale. Personnage inquiétant aussi, probablement, qui appartient à une époque obscure, où certaines « forces » se sont manifestées, dans la montée des groupes politico-magiques, dans la venue des guerres et de l'éclatement paroxystique et soudain de la planète.

Magick

Le système magique de Crowley, qu'il nommait *Magick* pour le différencier des autres formes de magie, fort original, comprenait quatre grandes composantes, empruntées à des sources diverses, mais toutes convergeant vers un seul et même point. C'est ainsi qu'il déclare : « Je me suis consciemment voué au Grand Oeuvre, entendant par là l'œuvre de devenir un être spirituel, libre des contraintes, des hasards et des déceptions de l'existence matérielle... J'ai donc choisi le mot de Magie comme étant, par essence, le plus sublime, et à l'heure actuelle, le plus discrédité de tous les termes possibles (16). » Et ailleurs : « J'ai juré de réhabiliter la magie, de l'identifier à ma carrière propre et d'amener l'humanité à respecter, aimer et croire ce qu'elle a méprisé, haï et craint (17) » (*Magick,* XVI).

Dans la fondation de sa propre secte, l'*Astrum Argentinum*,

---

est souvent plus avide de « pouvoirs », ou de connaissances secrètes pour les utiliser dans un système personnel (comme Saint-Yves d'Alveydre, et l'*Agarttha*). Fait significatif, c'est aussi en Occident que l'on trouve (surtout depuis le XIXe siècle) les exemples les plus significatifs de ceux que l'on a nommés les « poètes maudits » ; c'est-à-dire ayant « dérobé » une vision, un pouvoir sans être spirituellement affirmés et gardés. Les exemples ne manquent pas, de Rimbaud à Nietzsche et Artaud. Et si, selon l'image théologique, Lucifer, séparé des Elus, se lamente dans sa prison de cristal, on peut y associer la définition de l'Occident, selon la Tradition, comme l'*Ile de Verre, Avalon* où l'émeraude tombée du diadème lucifèrien s'est fichée.

(15) Conseiller de Mussolini, Evola était-il au courant de l'arrêté d'expulsion de Crowley ?
(16) Cité par P. Victor : *Aleister Crowley et sa magie,* in La Tour Saint-Jacques, n° spécial : La Magie, 1957.
(17) *Ibid.*

Crowley semble avoir voulu réformer la *Golden Dawn,* mais très rapidement, il supprime les grades, les conférations humaines pour établir un ordre fondé sur une chaîne intemporelle de prophètes, de visionnaires supra-humains : « L'initiation, dit un de ses disciples, ne pouvait être atteinte que par soi-même et c'est dans ce but que Crowley rédigea le remarquable rituel « 671 » d'auto-initiation (18)... »

Ses voyages à travers le monde, en Inde surtout, lui avaient procuré une bonne connaissance du yoga, principalement tantrique, dit « de la main gauche » ou *vamacarim,* le fondant en un système de magie (qui reste d'ailleurs sous-jacent au yoga tantrika de l'Inde). Détestant par-dessus tout le christianisme, il en vint par ailleurs à l'éliminer complètement de tout son enseignement, et sous toutes ses formes (19).

Avec ses deux premières composantes (magie et yoga tantrique), le Maître Thérion devait adjoindre encore la curieuse magie sexuelle de l'*Ordre des Templiers de l'Orient (Ordo Templis Orientalis)* dont nous aurons l'occasion de parler, et où se retrouve Theodor Reuss, un des futurs fondateurs de la Société Thulé, Haushofer, Trebitch-Lincoln, Guénon même, dans un très court passage. En fait, l'*O.T.O.* paraît avoir tenu un rôle des plus importants en tant que société réellement secrète, et qui représentait le *Cercle Intérieur* de beaucoup de sociétés rosicruciennes de couverture. Cette confrérie magique, d'origine germanique, prônait une magie sexuelle visant à transposer le simple orgasme en expérience révélatrice et surnaturelle. « Il est probable, dit F. King, que l'origine du mouvement est à chercher à l'Est, peut-être dans une variante non orthodoxe du soufisme ou plus vraisemblablement dans une variante libre bengali du tantrisme (20). » Il est d'ailleurs remarquable que ce genre de sociétés réellement secrètes ne soient connues du public qu'après leur disparition, et comme l'écrit W. Gerson à propos de cet Ordre : « Si son rôle politique est indéniable, la mise en œuvre de la magie

---

(18) A ce sujet, rappelons que les textes du Védanta parlent aussi non pas de l'auto-initiation (encore un signe luciférien), mais de l'initiation spontanée (reçue par puissance d'En-Haut). Est-ce là ce que voulait signifier Crowley ?

(19) Christianisme, ou plutôt parodie du christianisme de son enfance, tel qu'il en avait conservé l'image. Ainsi, il écrira : « Il vaut mieux évoquer le plus repoussant des démons venu du plus atroce des Enfers que de prendre ses propres exaltations pour une bénédiction de Dieu... » *Magic without tears,* cité par P. Victor, *op. cit.*

(20) F. King, *op. cit.*

opérative n'en est pas moins son but essentiel. Elle est le parfait exemple de ces groupes de " magiciens telluriques " définis par Raymond Abellio, comme utilisant des forces infra ou supranormales pour obtenir le pouvoir social (21). » Dans la revue nazie *Oriflamme,* on pouvait lire : « Le prêtre de cette église, suivant l'exemple de Parsifal, pourra communiquer à ses fidèles l'esprit de Dieu qu'il porte en lui et domptera le démon par un attouchement mystique (22). » Mais l'O.T.O. avait des buts autrement plus précis, du moins selon ces extraits d'un texte secret : « Nous ne voulons pas fonder une nouvelle religion, mais nous voulons balayer les décombres que le christianisme a entassés sur l'ancien monde, afin que l'ancienne religion de la Nature reprenne de nouveau ses droits... Nous voulons reconstituer dans sa pureté et moralité primitive tout ce qui est aujourd'hui stigmatisé d'" immoral " et de " péché " ; nous voulons l'élever de nouveau au degré de la sainteté. En nous basant sur la reconstitution de la conception ancienne qu'aux organes sexuels appartient la " sainteté ", et qu'ils sont dignes d'" adoration ", nous voulons réédifier la doctrine nouvelle (23)... »

Enfin la quatrième partie du système magique de Crowley reste bien sûr *le Livre de la Loi,* dicté par le *Supérieur Inconnu,* Aïfass. Dans ce fameux livre, Crowley s'identifie à la Bête, au Baphomet des Templiers, en tant que prophète du nouvel âge : l'« Eternité d'Horus ». La nouvelle religion sera la sienne, et les anciennes, telles que l'islam, le bouddhisme, etc, sont considérées comme des « religions d'esclaves ». On y relève des accents nietzschéens : « Je

---

(21) W. Gerson, *Le Nazisme, société secrète,* Ed. Belfond, coll. Initiation et Connaissance.
(22) *Ibid.*
(23) *Ibid.*
A propos du courant magico-sexuel, de l'O.T.O. et des rapports existant entre Gurdjieff et Crowley, on relève un certain nombre de points communs. Il semble que tout cela soit en partie lié à l'organisation de la *Thulé Gesellschaft* et de sa croix symbolique ou *svastika.* « Ce signe, dit E. Antebi, que la tsarine assassinée traça mystérieusement sur les murs de la maison Ipatiev... on le retrouve dans les archives des Hesse — Charles de Hesse fut en relation avec " les frères initiés d'Asie " — et dans celles des Hohenzollern. » (E. Antebi, *op. cit.*) Il semble aussi que Crowley, ainsi que Gurdjieff, aient été initiés à la secte des *Khlystys* (hérésie née de la religion orthodoxe et présentant de multiples analogies avec le *vajroli-tantra* et la « Voie de la Main Gauche »). De plus, E. Antebi dit à ce propos : « Le guérisseur Badmaïeff, ancien lama au Thibet (probablement Gurdjieff) qui comblait d'aphrodisiaques Nicolas II et qui appartenait à la même secte que Raspoutine, fut en relation avec Haushofer. » (*Ibid.*)

ne plains pas les déchus ! Je ne les ai jamais connus. Je ne suis pas pour eux. Je ne console pas. Je hais le consolé et le consolateur (24). » (11-48). Ou encore : « Je suis unique et conquérant. Je ne fais pas partie des esclaves qui périssent ; qu'ils soient damnés et morts ! Amen (25)... » Et Pierre Victor précise que Crowley « insiste sur le fait que les passages à résonance nietzschéenne doivent toujours se lire à la lumière du principe : " Chaque Homme et chaque Femme est une étoile (26) " ».

Car les faibles, les déchus ne sont autres que ceux qui ne peuvent accepter la loi de la *Vraie Volonté* (nous en retrouverons des résonances chez Gurdjieff), et il ne s'agit pas de consolation, mais de libération sur tous les plans. Précisons notre pensée ; Crowley n'est pas un homme à dédaigner. Luciférien, certes, et par là même dangereux pour des successeurs qui ne le comprennent pas. Mais sa doctrine n'est pas une élucubration gratuite, même si elle a pu s'inscrire dans la ligne générale des montées obscures de l'époque.

Il a contribué certainement à consolider les assises de la « nouvelle religion » du nazisme, mais involontairement. Bien sûr, cette nouvelle religion crowleyenne est l'évangile des « hommes royaux »... ceux qui, « rares et secrets gouverneront » ; quant aux esclaves, ils serviront. W. Gerson cite un texte de l'O.T.O. plus secret encore (et plus proche de Crowley, donc) : « Apprends à manger à l'arbre de la Science et savoure le fruit de l'arbre de la Vie. Cherche les dieux en toi-même et si tu les reconnais et découvres le lieu de leur demeure, tu as gravi la marche supérieure de l'échelle des douze degrés (27). »

Toutefois le personnage, calomnié, certainement, offre l'aspect du véritable *vamacarim* : ses disciples, ses proches finissent, comme on l'a dit, souvent très mal : sa femme Rose sombre dans l'alcoolisme, sa fille meurt, d'autres « Femmes écarlates » se prostitueront ou mourront folles, Loveday décède à Théléma, un autre disciple, Neuberg (celui qu'il nommait gentiment son « chameau ») manque de mourir de soif dans le désert, avec le Maître. Sa fiche (appartenant à l'I.S.) le définit comme un « agent assez maladroit, toujours à court d'argent, d'une moralité corrompue. A n'utiliser qu'en prenant de très grandes précautions ».

---

(24) Cité par P. Victor : *op. cit.*
(25) *Ibid.*
(26) *Ibid.*
(27) *Ibid.*

Etre bouleversant, étranger à la quiétude, sans repos lui-même, tourné vers un seul but, tel est réellement Crowley. Car la magie est dangereuse, et les textes tantriques, par exemple, mettent toujours en garde le *paçu* (l'homme vulgaire) de ne point s'essayer à ces pratiques. « Pour Crowley, la découverte de la vraie volonté se confond avec le Grand Oeuvre, avec la recherche de la lumière et de la vérité, et c'est à cette quête qu'il nous convie et dont il veut nous donner la méthode et la clé (28). » Comment ne pas songer au « moi, toujours cherchant la clef et la formule » de Rimbaud, autre personnage « brûlant » lancé lui aussi dans un dépassement de tous les sens, jusqu'au désert rocailleux de Harrar, et la mort, amputé ?

Car la méthode est excellente pour l'un, maléfique pour l'autre, et c'est courir au plus grand danger que se porter vers l'expérience tantrique, et les sens ne sont pas aussi facilement maîtrisés dans l'ivresse et l'orgie. Que se passait-il à Thélème, et quels étaient les enseignements dispensés par Crowley ?

Celui-ci semble avoir fait toute une série de réelles « initiations ». Ses contacts fructureux avec un yogi arabe et des *cakravartin*, lui avaient donné une connaissance tantrique évidente : « Crowley expose, dit J. Evola, une religion de la joie et du plaisir dans laquelle devrait entrer pourtant " une idée supérieure de la mort, à considérer comme une épreuve et une initiation " (29). » Crowley parle souvent de poisons à transformer en nourriture ; or, on sait que le tantrisme, mystique à support sexuel permettant de fondre son individualité dans le flux universel, se préoccupe de transformer les contraires, et faire servir les poisons apparents en nourriture spirituelle.

Voie du Diamant, au-delà de toute moralité, Voie des Seigneurs, le tantrisme recherche à transmuer l'énergie latente en énergie cosmique par la réalisation du yoga sexuel sacré (où la femme est assimilée à l'énergie féminine Çakti, et l'homme au flux mâle divin de Civa). Crowley énonce : « Plus grande est la polarité, d'autant plus sauvage sera la force du magnétisme et la quantité d'énergie qui se libérera à travers l'étreinte sexuelle (30). »

Aux yeux de Thérion, l'acte sexuel était devenu un sacrement, sacrement qu'il réalisait avec ses « Femmes écarlates » est peut-être à rapprocher de ce que dit J. Evola à propos de la partenaire

---

(28) *Ibid.*
(29) J. Evola, *La métaphysique du sexe,* Ed. Payot.
(30) Cité par J. Evola, *op. cit.*

tantrique : « L'image-base qu'on lui associe (ou *mantra,* ou parole de puissance) dans la pratique est celle de la déesse qui se manifeste... dans la femme-ivresse (31)... » C'est-à-dire renvoyant à l'image de Kali, nue, entourée d'un cercle de flammes, ruisselante de sang, un collier de têtes fraîchement coupées autour du cou, et dansant sur le corps de Civa-le-Principe mâle. Dans de telles conditions, on imagine que les pratiques de Crowley et de ses « femmes » reviennent à l'acte sexuel sacré, dans lequel l'éjaculation n'intervient pas : « l'unique devoir et plaisir devant être la procrastination. Ne faites pas attention si elle vous demande grâce... Rappelez-vous que si après, pendant des heures, la personne est capable de mouvoir ses membres, elle vous méprisera (32)... » Ceci est évidemment à rapprocher du Traité de *Hatayogapradipika* précisant : « Le *bindu* qui est sur le point de se déverser dans la femme, doit, par un effort extrême, être contraint à remonter ; le *yogin* qui retient son liquide séminal de cette façon vainc la mort, car de même que le *bindu* versé apporte la mort, le *bindu* retenu apporte la vie (33). » De la même façon, Evola écrit que : « Un autre principe tantrique, c'est qu'il n'est pas dit que " jouissance " et " libération " (ou détachement, renoncement) s'excluent nécessairement l'un l'autre... Comme but, on se propose de réaliser les deux à la fois, donc d'être en état d'alimenter le désir et la passion tout en se maintenant libres. » Certes, les textes tantriques rappellent que c'est là une voie aussi difficile que de « marcher sur le fil d'une épée ou de tenir en laisse un tigre ». Le danger est justement de tomber sous la puissance Yin de la femme, et de « la mort suçante » dont parle Meyrinck, ou encore la *vagina dentata* (34), selon Ficin. Mais le principe du tantrisme est justement de ne pas éviter une pratique ou une chose quelconque en raison de son danger, mais de s'y laisser glisser sans jamais s'y perdre, et au contraire de la surmonter, d'où son immense difficulté.

Il y a chez le mage toute une volonté de vivre l'excès et les expériences paroxystiques (35), qui se retrouvent (sur certains points) chez Artaud : sexe, drogue, exaltation des sens et même

---

(31) J. Evola, *Le Yoga tantrique,* Ed. Fayard.
(32) Crowley, *Autobiographie,* cité par Evola dans *La Métaphysique du sexe,* op. cit.
(33) *Bindu :* liquide séminal, et symboliquement : goutte d'énergie spirituelle. *Hindouisme,* Ed. Fayard-Denoël.
(34) *Vagina dentata :* vagin pourvu de dents.
(35) On sait qu'il déclara publiquement : « Car j'aime la chair et le sang. »

plaisir ou douleur indifféremment poursuivis et portés à la limite du possible, aux bornes de l'épuisement sans que se perde la *volonté vraie* et intégrale. Voyant dans toute femme la double polarité d'Isis et de Demeter, cruauté et douceur, il tente de les transmuer en énergie indifférenciée : « A son tour, pour Crowley, il s'agissait de cueillir ce qui vit derrière les apparences mortelles et animales de la femme, et d'atteindre « une grande déesse étrange, perverse, affamée, implacable (38). »

A quoi fait écho le personnage du baron Müller, dans *L'Ange à la fenêtre d'Occident* : « Je vois la Femme-Monde et toute la perfidie de son regard, devant moi, et son visage voilé de sainte, je la vois de derrière, ouverte du haut en bas, nue de la nuque jusqu'aux fers de ses pieds, pareille à une fosse grouillante de vipères (37)... » De la même façon, Crowley écrit : « Nous prenons des choses différentes et opposées et nous les unissons, au point de les obliger à former une seule chose ; cette union est octroyée par une extase, en sorte que l'élément inférieur se dissout dans l'élément supérieur (38). »

On voit par là même que l'enseignement de Crowley est porteur d'une plus grande valeur qu'il ne semblerait à première vue, si l'on se fiait aux calomnies lancées contre lui par la vertueuse presse anglaise de l'époque. Luciférien certes, point satanique : ne jamais sombrer dans l'avilissement, conserver sa vertu pure de toute souillure a toujours été sa morale propre. Car pour traverser l'Abîme (ainsi nomme-t-il le processus initiatique) il faut détruire le moi, bousculer les habitudes, réveiller : « Cela implique d'abord de réduire au silence l'intellect humain afin de pouvoir entendre la voix de la *Neshama...,* faculté humaine correspondant à l'idée de *Binah,* la compréhension, soit l'idée de la conscience divine qui correspond à la féminité (39). » Ainsi donc, Crowley, le supposé suppôt de Satan, nous livre son message, désireux d'abolir la dualité de la conscience par les moyens les plus extrêmes, en vue de la finalité spirituelle, et par un renversement propre au symbole livre le vrai visage de la « Bête dont le nombre est 666 » (40). Par

---

(36) J. Evola, *op. cit.*

(37) Gustav Meyrinck, *L'Ange à la fenêtre d'Occident,* Ed. La Colombe.

(38) A. Crowley, *Liber Aleph, le Livre de la sagesse ou de la folie,* cité par Evola, *op. cit.*

(39) Cité par P. Victor, *op. cit.*

(40) On présume, avec raison, que Crowley s'était dénommé ainsi dans le but de choquer, mais on peut voir beaucoup plus dans ce nom, si l'on pense au sens mystérieux de l'Apocalypse.

ailleurs, le personnage, la vie et l'œuvre d'Aleister Crowley montrent éloquemment l'exurgence de la sexualité, et des forces telluriques et isiaques au sein du XXᵉ siècle. Curieusement, nous l'avons dit, Guénon n'a jamais voulu évoquer dans ses livres (mais seulement à quelques intimes) les problèmes se rapportant à la sexualité dans l'ordre initiatique. Crowley, lui, s'est servi de ces forces en ayant su les canaliser et s'en rendre maître. Son apport, on le voit, est donc considérable, unique même dans un siècle profane. De plus, ce visage, qui, à proprement parler, est bien celui d'un autre temps, annonce un penseur certes fort différent, plus théoricien du tantrisme et du sexe que pur expérimentateur, mais empruntant lui aussi, pour sa réalisation, les mêmes courants de la Terre et du Sang, du sexe et de l'hermétisme.

Si Crowley a posé comme postulat absolu la vision unitive et la réintégration de l'Etre, ce qui, au fond, le place aussi comme le grand mage et yogi de l'Occident des temps modernes, les aspects de sa doctrine ont pu donner naissance à d'autres mouvements, totalement différents sur le fond et la forme. Nous voulons parler des sectes sataniques, principalement situées en Californie, et de la *Satanic Bible* de la Vey, qui tendent à une audience toujours plus grande en Occident et surtout en extrême-Occident. Là, nul écho de recherche spirituelle : « Jouissez de la vie... Il n'y a point de Dieu autre que l'Homme », lit-on dans cette curieuse Bible, qui, pourtant, ne représente que les tendances franchement avouées d'une « société de sur-consommation » matérielle, illusoire et glacée.

Georges Ivanovitch Gurdjieff
(1877-1949)

L'homme doit réaliser qu'il n'existe pas ; il doit réaliser qu'il ne peut rien perdre, parce qu'il n'a rien à perdre ; il doit réaliser sa nullité dans le sens le plus fort de ce terme. Cette connaissance de sa propre nullité, et elle seule, peut venir à bout de la peur de se soumettre à la volonté d'un autre. Si étrange que cela puisse paraître, cette peur est en fait l'un des plus grands obstacles que l'homme rencontre sur sa voie.

Georges Ivanovitch Gurdjieff

L'« homme qui ne dort pas »

Ecrire sur Georges Ivanovitch Gurdjieff n'est certes pas chose facile, l'homme étant très discuté, et l'empreinte de sa forte et étonnante personnalité a laissé chez beaucoup un souvenir tout à fait mitigé. Pour la plupart de ses anciens disciples, ce Caucasien fut un maître authentique, pour beaucoup d'autres, soit qu'ils se fussent éloignés de lui par impossibilité constitutive, ou qu'ils ne l'aient jugé que superficiellement, Gurdjieff apparaît comme un aventurier dangereux, un pervertisseur de la mentalité occidentale.

Nous ne partageons pas, personnellement, ce dernier point de vue ; bien sûr, pour éclairer le personnage et l'œuvre, il eût fallu une étude beaucoup plus importante. C'est dire que ce court chapitre ne saurait y suffire ; néanmoins, nous essaierons de montrer que ce slave en exil, gargantuesque, sauvage et exigeant, représente avec Crowley le double aspect de ceux que nous avons nommés mages et thaumaturges.

Sa méthode, ses buts mêmes, différaient de ceux de Thérion ; et Gurdjieff se désignait lui-même comme un simple jalon sur la route des cimes : « Je ne suis pas la réponse, je ne suis qu'un Guide sur la voie du sommet. »

Il est vrai, par ailleurs, que le milieu habituel des cercles initiatiques européens, la mentalité de ceux qui assurent toujours le public de disciples ne pouvaient que contribuer à obscurcir la « leçon » de Gurdjieff ; son magnétisme oriental et slave ne pouvait que marquer par le côté « folklorique » les êtres qui gravitaient autour de lui ; ainsi se créent les mythifications : « On continue encore à parler de lui, dit Evola, et ainsi qu'il arrive habituellement pour des cas de ce genre, une certaine " mythisation " n'a pas tardé à se créer autour de ce personnage mystérieux (41). »

Gurdjieff naît le 13 janvier 1877, dans la ville d'Alexandropol, en Arménie caucasienne qui, jusqu'alors ottomane, venait d'être conquise par le tsar. Sa famille était modeste, et son père, après avoir été un marchand relativement aisé, avait par suite de revers de fortune été contraint de se faire charpentier. Ce père d'ailleurs, que Gurdjieff ne cessa de louer et de respecter sa vie durant, paraît l'avoir fortement marqué par sa propre personnalité. Dans ses *Rencontres avec des hommes remarquables*, Gurdjieff le décrira comme un être profondément spirituel et bon, s'entretenant longuement sur Dieu, Babylone... avec son ami l'archiprêtre de Kars : « Nous étions tranquillement assis dans un coin, mon oncle et moi, sur de moelleux copeaux, à écouter mon père qui chantait ce soir-là la légende du héros babylonien Gilgamesh (42)... »

Il avait, dit-il lui-même, « acquis une grande popularité comme *ashokh*, c'est-à-dire comme conteur et poète (43) ». Or ces bardes savaient se livrer « à des improvisations sur des thèmes connus, sachant avec une rapidité surprenante changer de cadence au moment voulu et trouver la rime (44) », et ces histoires, reconnaît Gurdjieff, ont « imprimé leur marque sur toute ma vie (45) ». Condisciple de Joseph Staline au lycée grec d'Alexandropol, le jeune Gurdjieff étudie l'hypnose, les pratiques du yoga...

Le jeune Gurdjieff, il est important de le signaler, sut très vite gagner sa vie par les moyens les plus divers et les plus concrets : « Très vite, je commençai même à avoir ma propre clientèle, d'abord parmi mes camarades de classe pour qui je fabriquais divers objets tels que des fusils, des plumiers, etc. (46) » Plus tard,

---

(41) J. Evola, *Masques et Visages de la spiritualité contemporaine, op. cit.*
(42) Gurdjieff, *Rencontres avec des hommes remarquables*, Ed. Julliard.
(43) *Ibid.*
(44) *Ibid.*
(45) *Ibid.*
(46) *Ibid.*

devenu adulte, Gurdjieff, lorsque la situation l'exigera, mais aussi pour « jouer » et mystifier les sots, se fera marchand de tapis, et deviendra un véritable expert. Ainsi son enseignement même se ressent de sa formation manuelle et concrète : toujours il portera l'accent sur la pratique spirituelle immédiate.

Toutefois, la jeunesse et l'adolescence de G. Gurdjieff ne peuvent être étudiées rationnellement très longtemps, et les seuls renseignements que l'on possède sont savamment brouillés par sa plume même. Le mystère, ensuite, enveloppe la période qui suit sa première enfance. Il disparaît durant vingt ans, entreprend de lointains voyages en Orient, et en Asie centrale notamment, en compagnie d'autres chercheurs (qu'il nomme les Chercheurs de Vérité) : « Je n'étais pas seul. Il y avait toutes sortes de spécialistes avec nous. Chacun étudiait selon les méthodes de sa science particulière (47)... »

Un de ses biographes dit par ailleurs qu'il « passe pour avoir accompli, après des études médicales et théologiques, de mystérieux voyages en compagnie d'autres chercheurs en Perse, au Turkestan, au Mont Athos, en Mongolie, au Tibet où, durant dix ans, les bibliothèques auxquelles il eut accès comblent sa mémoire de traditions, de légendes, de secrets séculaires (48) ». Mais nous en sommes, quant à l'identification des compagnons de Gurdjieff, réduits à l'expectative, car il prend soin, comme toujours, de travestir soigneusement leurs portraits : Soloviev par exemple, qui devint un expert en médecine orientale, et plus particulièrement en médecine tibétaine ; il fut aussi le premier spécialiste du monde en matière d'opium et de hachisch... N'est-il pas le fameux Trebitsch-Lincoln (49), dont il dit par ailleurs : « Il prit part à plusieurs de nos expéditions. Et c'est précisément pendant l'une de ces expéditions... qu'il mourut de la morsure d'un chameau sauvage, dans le désert de Gobi (50)... » ? Car Gurdjieff, à en croire son récit, a suivi les enseignements d'un « centre » très secret au cœur de l'Asie centrale, où vivent les Frères de la Vérité : « Dans ce monastère, tous connaissent l'alphabet de ces poses, et le soir, lorsque les prêtresses dansent dans la salle du temple,... les Frères lisent dans ces poses des

---

(47) *Ibid.*
(48) Jean Biès, *René Daumal,* Ed. Seghers, coll. Poètes d'aujourd'hui.
(49) Dont nous avons déjà parlé à propos de Julius Evola.
(50) Gurdjieff, *Rencontres avec des hommes remarquables, op. cit.*

vérités que les hommes y ont insérées il y a plusieurs milliers d'années (51). »

Mais ce livre, prévient son éditeur, s'il est une autobiographie, n'est certainement pas une autobiographie au sens ordinaire de ce mot : « On ne devra pas tout prendre à la lettre, non plus d'ailleurs que tout tourner au symbole, ni essayer pour remonter aux sources de la connaissance de tenter une exploration systématique... des montagnes du Kafiristan (52)... »

C'est là aussi que Gurdjieff, semble-t-il, connut K. Haushofer, futur fondateur de la Geopolitik, et l'un des maîtres à penser du Troisième Reich. Ce centre initiatique, où l'un des adeptes est présenté comme le père catholique Giovanni (est-ce une transcription symbolique du Prêtre Jean ?), semble figurer une « extériorisation » de l'*Agarttha*, que Gurdjieff voile sous des apparences plus ou moins « théosophistes » : « Un jour où il était question des nombreuses confréries établies et organisées depuis de longs siècles en Asie, il (le père Giovanni) nous expliqua en détail ce qu'était cette Confrérie universelle où chacun pouvait entrer, quelle qu'ait été auparavant sa religion (53). » De plus, il semble aussi que Gurdjieff, malgré les dénégations de Mme Alexandra David-Neel, ait été *lama* au Tibet (et plus tard, agent du Dalaï-Lama) : « Lorsque Gurdjieff entra, Achmed Abdullah se tourna vers moi et me dit : « J'ai déjà connu cet homme. Savez-vous qui il est réellement ? Avant la guerre, il était à Lhassa comme agent du service secret russe (54). » Rom Landau ajoute dans son récit : « Certaines personnes prétendent qu'il n'était à Lhassa comme agent secret que pour dissimuler le véritable but de son séjour, qui était d'apprendre les méthodes surnaturelles des lamas (55). »

Comment déceler l'exacte vérité, et décider si Gurdjieff avait, durant ces années, une activité politique réelle, ou s'il ne se préoccupait en fait que de l'ésotérisme le plus secret ? Certains l'accusent encore (avec raison peut-être), d'avoir contribué à l'organisation du groupe Thulé (dont nous avons déjà parlé), relié avec la « Patrie-mère » du Tibet : « Les mêmes informateurs, écrit L. Pauwels, me déclarent que Gurdjieff ne perdit jamais le contact avec Haushofer... C'est lui qui aurait conseillé à Haushofer de choisir pour emblème la svastika inversée (56)... »

---

(51) *Ibid.*
(52) Introduction à *Rencontres avec des hommes remarquables, op. cit.*
(53) Gurdjieff, *op. cit.*
(54) Rom Landau, *Dieu est mon aventure,* Ed. de l'Arche.
(55) *Ibid.*
(56) Louis Pauwels, *Monsieur Gurdjieff,* Ed. du Seuil.

Délaissant cet aspect occulte de la vie de Gurdjieff, nous le retrouvons à Moscou en 1913, puis à Saint-Pétersbourg, et enfin à Essentuki où il rencontre celui qui sera en quelque sorte son disciple le plus marquant : Ouspensky.

Ce dernier, journaliste connu, revenait des Indes d'un voyage d'étude sur le « miraculeux » et les secrets « pouvoirs » magiques. Relatant leur rencontre, Ouspensky décrit l'aspect extérieur de Gurdjieff comme « l'impression inattendue, étrange et presque alarmante, d'un homme mal déguisé. C'était là un spectacle gênant, comme lorsqu'on se trouve devant un homme qui n'est pas ce qu'il prétend être avec lequel on doit cependant parler et se conduire comme si l'on ne s'en apercevait pas (57) ». C'est à cette époque que Gurdjieff organise ses premiers « groupes de travail » qui connaissent déjà un succès certain, bien qu'encore très discret. Enseignement élitaire du maître selon sa « première époque » (plus tard, en France notamment, il adaptera son enseignement à l'Occident, selon une méthode apparemment plus exotérique) : « La répartition de la connaissance se base sur un principe rigoureusement analogue. Si la connaissance devait être donnée à tout le monde, personne ne recevrait rien. Si elle est réservée à un petit nombre, chacun en recevra assez non seulement pour garder ce qu'il reçoit mais pour l'accroître (58). » Le compositeur Thomas de Hartmann, lors de sa rencontre avec Gurdjieff en 1916, à Saint-Pétersbourg, parle lui aussi de cette apparente grossièreté voulue par le maître : « L'atmosphère voulue par Gurdjieff lui-même depuis le restaurant... jusqu'au café où il avait dit à un moment donné : " D'habitude, il y a ici davantage de putains. " Tout, y compris cette remarque grossière, devait repousser le nouveau venu, ou du moins l'obliger à surmonter ses répugnances, à tenir bon, à persévérer en dépit de tout (59). »

Il fait expérimenter à ses premiers disciples le discernement intérieur de la nullité : « Oui, dit-il à Ouspensky, il est possible de cesser d'être une machine... Quand une machine se connaît, elle a cessé dès cet instant d'être une machine... Un homme — il souligna ce mot — est responsable. Une machine n'est pas responsable (60). » Dans ces groupes de travail, le maître et les disciples expérimentaient déjà un système « philosophique » puisé

---

(57) Ouspensky, *Fragments d'un enseignement inconnu*, Ed. Stock.
(58) *Ibid.*
(59) Thomas de Hartmann, *Notre vie avec Gurdjieff,* Ed. Planète.
(60) Ouspensky, *op. cit.*

à toute la Tradition et ordonné en une véritable gymnastique du corps et de l'esprit. C'est ainsi que l'on ne saurait définir le rattachement initiatique réel de Gurdjieff : on retrouve en son enseignement aussi bien des données pythagoriciennes que des aspects de la pratique tantrique en même temps que des préceptes chrétiens servant effectivement. Toute logique semble exclue de sa pensée et de son enseignement : « On ne pouvait être sûr de rien avec lui. Il pouvait aujourd'hui dire une chose et demain une autre, toute différente, sans que l'on pût, en un sens, jamais l'accuser de contradiction ; il fallait comprendre, et découvrir le lien qui unissait le tout (61). » Mais de toute façon, le magnétisme du maître était impressionnant, d'autant que son mystère restait toujours bien gardé : « Dans toutes les histoires qu'il racontait sur lui-même, dit encore Ouspensky, il y avait beaucoup d'éléments contradictoires et peu croyables. Mais je m'étais déjà rendu compte qu'il ne fallait rien lui demander d'ordinaire. Il ne se laissait réduire à aucune de nos mesures (62). »

En 1916, Gurdjieff, pressentant la Révolution, retourne chez son père à Alexandropol. Un an plus tard, en pleine tourmente révolutionnaire, il part seul pour Tiflis où il rejoint M. et Mme Salzmann et fonde son premier « Institut pour le développement harmonique de l'homme (63) ». Les groupes de travail, les *Instituts*, étaient payants, ce qui a pu être parfois jugé scandaleux, assez étonnamment toutefois. Car toujours, les maîtres, aussi bien en Inde qu'en Grèce antique, ont été rémunérés par leurs disciples : il y a là plus qu'une loi d'échange, un symbole d'achat par les richesses terrestres de l'enseignement spirituel, infiniment plus précieux. « Le premier scandale, explique P. Schaeffer, est de dire : "Je te donne ma réponse si tu me donnes ta question" — le disciple alimentant le maître par sa problématique —, et le second, de dire : "Si tu veux profiter de moi, il faut me donner de

---

(61) *Ibid.*
(62) *Ibid.*
(63) Au sujet des accusations portées contre Gurdjieff à propos des prix demandés à chaque disciple, nous savons que Thomas de Hartmann, le compositeur, parle de mille dollars annuels comme prix de son enseignement et Ouspensky écrit : « Chaque membre payait mille roubles par an, et pouvait travailler, tout en poursuivant dans la vie le cours de ses activités ordinaires... son œuvre n'était pas, ne devait pas être, du genre charitable... Si la vie d'un homme est à ce point mal organisée, disait Gurdjieff, qu'une dépense de mille roubles puisse l'arrêter, il sera préférable pour lui de ne rien entreprendre avec nous... il faut qu'une chose coûte pour qu'elle soit estimée. » Ouspensky, *op. cit.*

l'argent. " On trouve là la liaison étroite de l'angélisme et du mercantilisme (64). »

Mais déjà Gurdjieff a changé la forme de son enseignement, qui, de confidentiel, devient plus ou moins public. « Je dois avouer, confiera Ouspensky, que le programme de l'Institut... ne m'avait pas particulièrement enthousiasmé. Certes, je comprenais qu'en raison des circonstances Gurdjieff fût contraint de donner à son travail une forme extérieure quelconque... Il n'en était pas moins certain pour moi que derrière cette forme demeurait toujours la même chose, et qu'elle ne pouvait pas changer (65)... » C'est tout de même dans ces centres (car il y en eut plusieurs) qu'il livre à ses adeptes un certain nombre de connaissances sur l'« homme-machine », sur la vraie volonté, sur les théories les plus étranges, telle la gamme des molécules d'hydrogène, mais aussi sur les danses de derviche et les exercices d'un yoga assez proche des méthodes d'un Ignace de Loyola, ou du code *Bushido*. Enfin, chassé par la Révolution, Gurdjieff se réfugie avec une partie de ses disciples à Constantinople, puis donne une tournée de conférences à Berlin, Londres et Paris.

Cherchant à recréer un centre de travail en Angleterre (où il marquera déjà profondément Katherine Mansfield, le docteur Young, le journaliste Orage, etc...), il est refoulé par la gouvernement anglais, que cela ait été motivé par les délicates relations entre Londres et Moscou ou encore par les anciennes occupations de Gurdjieff, agent au Tibet du gouvernement tibétain dans sa lutte contre la mainmise anglaise. Il s'établit enfin en France, au prieuré d'Avon, à Fontainebleau, en 1922, et comme l'écrit Michel Waldberg (66), la « vie publique » de Gurdjieff commence vraiment à être manifeste à partir de cette époque. En 1923, ses élèves présentent aux Champs-Elysées un spectacle fort curieux pour le Paris de l'époque, où ils donnent une démonstration de danses sacrées inspirées de celles des derviches persans.

La plupart de ses nouveaux élèves viennent sur la recommandation d'Ouspensky, lui-même établi à Londres, après sa séparation d'avec le maître (disciple que regrettera Gurdjieff, sans l'avouer, tout au long de sa vie). La liste des personnalités parisiennes et européennes qui approchèrent la personne de Gurdjieff et qui, souvent, finirent par s'établir ou fréquenter le prieuré, est

---

(64) Interview de Pierre Schaeffer dans *Ave Lucifer*, E. Antebi, *op. cit.*
(65) Ouspensky, *op. cit.*
(66) Michel Waldberg : *Gurdjieff*, Ed. Seghers, coll. La Table d'Emeraude.

impressionnante. Qu'on en juge : se presseront à Fontainebleau, le couple Salzmann, Orage, Katherine Mansfield, Young, Louis Jouvet, Barjavel, Paul Sérant, Irène Reweliotty. M.G.E. Bechhofer, décrit ainsi le prieuré : « Près de la moitié étaient des Russes de Berlin et de Londres, ruinés par la Révolution... Parmi les Anglais, aussi bien que parmi les Russes, les femmes dominaient, la plupart d'entre elles du type " théosophique " (67). » Quant aux méthodes employées par le maître, on se rend compte qu'elles étaient exemptes de mollesse. Ce qui surprend, d'ailleurs, est qu'une telle catégorie de disciples ait pu les suivre : « Toutes les barrières personnelles devaient être démolies. Si un homme est fier, Gurdjieff l'humilie délibérément devant tous les autres élèves. S'il a une affection ou une aversion spéciale, il faut qu'elle soit exterminée... Il y a une autre méthode que Gurdjieff emploie pour favoriser l'harmonie des centres, c'est la danse (68). »

Car Gurdjieff, entreprenant des tournées de ballets à travers l'Europe et le Nouveau Monde, comptait beaucoup sur cette forme d'expression traditionnelle pour toucher et remuer les esprits occidentaux (69) : « Il essaie d'enseigner aux élèves à devenir conscients de leur corps aussi bien que de leur esprit, et dans les exercices rythmiques et danses, ils apprennent combien les deux sont intimement liés (70). » A Fontainebleau, l'ambiance générale régnante est plus austère que celle d'un monastère de trappistes : travail physique très pénible, maigre nourriture, sommeil abrégé... Tout cela évidemment soigneusement voulu par le maître. Dans l'interview qu'il a accordée à Denis Saurat, il déclare, à la question : « Quels résultats cherchez-vous à obtenir ici ?

— Donner la santé physique, élargir l'intelligence, enlever les gens à leur routine.

. . . .

— Savez-vous que plusieurs sont près du désespoir ?
— Oui, il y a quelque chose de sinistre dans cette maison, et cela est nécessaire
— Quel est le but de tout ce travail physique ?

---

(67) Article de Bechhofer dans *Monsieur Gurdjieff, op. cit.*
(68) *Ibid.*
(69) Mais aussi pour trouver les fonds nécessaires à la bonne marche du prieuré.
(70) *Ibid.*

— De les rendre maîtres du monde extérieur. Ce n'est qu'une phase temporaire (71). »

Car on a beaucoup trop accusé Gurdjieff — comme Crowley — d'avoir provoqué la mort autour de lui. On cite Katherine Mansfield, morte au prieuré, Irène Reweliotty en passe de perdre la raison, René Daumal, plus tard, qui mourra rongé par la tuberculose. Mais en réalité, Gurdjieff n'a jamais témoigné d'inhumanité, ni du désir de provoquer l'épuisement chez autrui ; Katherine Mansfield était déjà condamnée lorsqu'elle vint au prieuré, Irène Reweliotty semblait souffrir d'une angoisse tenant à sa personnalité propre ; quant à Daumal, Gurdjieff lui conseilla toujours de se soigner avant d'entreprendre ses exténuantes pratiques yogiques. Michel Waldberg écrit justement : « Quoi qu'on ait dit, bienveillance et compassion, bonté même, et surtout, sont des qualités qu'il a développées en lui au plus haut point. Mais sans jamais, précisément, les associer à je ne sais quelle inutile et sans doute nuisible douceur (72). » Car le prieuré d'Avon semble au contraire avoir représenté une authentique « école » où être élève exigeait, en retour, des qualités et surtout un désir de connaissance authentique. Loin donc les faibles et les fourvoyés, et Ouspensky précise que Gurdjieff préconisait que « la transmutation totale, c'est-à-dire la formation du corps astral, n'est possible que dans un organisme sain, fonctionnant normalement (73) ». On ne peut s'empêcher de songer que l'« aventure » Gurdjieff offre quelque chose de stupéfiant dans la France des années 20. Songeons que toute une frange de l'intelligentsia avait absolument tout abandonné pour le suivre sur ce sentier dangereux de la spiritualité, que le milieu intellectuel parisien dans son ensemble, (qu'il ait été favorable ou non), s'interrogeait sur le « cas » Gurdjieff, et nous aurons une assez bonne idée de la réalité.

Que faisait-on à Fontainebleau ? Apparemment, des travaux physiques, du calcul mental, de la danse, de la méditation. En fait, chacun pratiquait un abandon de soi, de la fausse personnalité, de l'*ego*. Mais comme écrit un de ses biographes, « nous supportons d'autant plus mal Gurdjieff qu'il s'adresse à nous dans notre langage ; nous dit, dans notre langage : prenez conscience de votre nullité. S'il eût été, par exemple, un maître zen, nous l'accepterions infiniment mieux. Mais le zen est à la mode. On accepte, dès lors,

---

(71) Article de Denis Saurat dans *Monsieur Gurdjieff, op. cit.*
(72) Michel Waldberg, *op. cit.*
(73) Ouspensky, *op. cit.*

qu'un maître traite son disciple de " sac de riz ", qu'il lui donne des coups de bâton, ou des gifles : c'est exotique (74). »

N'oublions pas enfin l'humour de Gurdjieff, « humour de croquemitaine » dit P. Schaeffer. Cela aussi faisait partie d'un plan d'enseignement concerté, mais tenait à sa nature slave. On imagine dès lors les crises de fou rire du maître, lorsqu'il faisait lire à quelques-uns de ses disciples, sérieux comme des nonces apostoliques, des passages de ses *Récits de Belzébuth à son petit-fils,* particulièrement déroutants, ou encore leur faisait répéter après lui, des phrases absurdes établies par ses soins. Mais le maître doit-il être grave, grave comme un procès-verbal ou une maladie, et le rire n'est-il pas la suprême forme de connaissance ?

En fait, Gurdjieff désirait avant tout que chacun pratiquât l'expérimentation de son néant en tant qu'individu ; expérience dangereuse, certes, mais hautement libératrice : passer de la pensée discursive à la conscience du « Soi » : « C'est pourquoi, dit Louis Pauwels, on voyait des psychologues de métier, des médecins, des écrivains, des intellectuels de toutes sortes formés par nos universités pousser des brouettes, soigner des vaches, danser, et, d'une manière générale, s'employer à " désapprendre ". Il n'était pas possible d'aborder toute cette affaire sur le plan de l'intelligence discursive où nous situons la recherche et la connaissance philosophique (74). » Et le même auteur ajoute finalement : « Il devenait indispensable de se faire une autre idée du savoir. »

Car Gurdjieff déconcerte tout son monde de disciples et de curieux ; s'exprimant en un véritable sabir tout en prétendant parler plusieurs langues, connaissant tout ce qu'il est possible de connaître, grossier, violent et tendre, attentif et faussement emporté, il ne donne pas l'image du maître spirituel que l'on s'attend à rencontrer : « Le moderne thaumaturge, dit Pierre Schaeffer, déconcerte tout le monde. Enseigne-t-il une religion ? Des pratiques ?... L'ascèse la plus subtile, celle du langage, suprême duperie, les attend. Quelqu'un s'énerve et en demande davantage, il se fait dire : " Vous être merde. "... Le nouveau suffoque. Un bon sourire. " Vous, comprendre, vous être merde (76) ? " Car il ne s'agit pas de " s'en sortir " par des

---

(74) M. Waldberg, *op cit.*
(75) Louis Pauwels, *op. cit.*
(76) Article de P. Schaeffer dans *Monsieur Gurdjieff, op. cit.*

phrases, des explications toujours séduisantes, il ne s'agit pas de retomber sur ses pattes, et sans méchanceté, le Maître extirpe ce qui " empêche " : Puis, comme si rien n'avait encore été dit ou entendu, le moderne thaumaturge qui ne sait couramment aucune langue... invente un mot : " Vous, conclut le moderne thaumaturge, absolue merdité (77). " »

Si nous empruntons ce large extrait d'une des « séances » chez le thaumaturge, c'est qu'il importe, avant de passer à l'étude de l'œuvre et des enseignements proprement dit, de retranscrire l'aspect scandaleux du maître ; Gurdjieff vient déranger l'Occident, piquer les mondains, les curieux, réveiller les êtres endormis dans une spiritualité vague et purement sentimentale. Ainsi le poème de René Daumal peut-il donner ce sens de « néant » intérieur cherchant à trouver l'absolu :

> *Je suis mort parce que je n'ai pas le désir*
> *Je n'ai pas le désir parce que je crois posséder*
> *Je crois posséder parce que je n'essaye pas de donner*
> *Essayant de donner, on voit qu'on n'a rien*
> *Voyant qu'on n'a rien, on essaie de se donner*
> *Essayant de se donner, on voit qu'on n'est rien* (78)...

En 1924, Gurdjieff, accompagné de ses élèves, va à New York donner une série de représentations de ses ballets si prisés de par le monde. Quelque temps après son retour en France, le maître auquel ses disciples avaient offert une automobile, est gravement blessé dans un accident, près de Fontainebleau. Stupéfiant les médecins par sa prodigieuse vitalité (eu égard à son âge), Gurdjieff se rétablit très rapidement et profite de sa convalescence pour écrire son premier ouvrage : *Récits de Belzébuth à son petit-fils,* en même temps qu'il ferme en partie l'Institut de Fontainebleau.

Au terme de son ouvrage d'ailleurs, Gurdjieff avoue : « Après six années de travail, vécues sans la moindre pitié envers moi-même et dans un état de tension mentale presque incessante, j'ai enfin terminé de rédiger... la première des trois séries de livres... », livres où il se proposait de réaliser « l'application pratique par un moyen déjà prévu et mis au point, trois tâches que je m'étais fixées : par la première série, détruire chez les gens tout ce qui, dans leurs fausses représentations, leur paraît exister en réalité ; en

---

(77) *Ibid.*
(78) Poème de René Daumal cité par J. Biès : *op. cit.*

d'autres termes, balayer sans merci " tout le bric-à-brac accumulé dans la pensée humaine au cours des âges " ; par la seconde, " préparer de nouveaux matériaux de construction " ; et par la troisième, " édifier un monde nouveau (79) ". » Viennent ensuite *Rencontres avec des hommes remarquables,* et enfin le troisième, non publié et d'existence hypothétique, *La Vie n'est réelle que lorsque Je suis.*

A propos des « fermetures », décidées soudainement et sans qu'il donnât la moindre explication (il avait pris la même mesure à Essentuki), on ne peut guère formuler de remarques : cela aussi faisant partie du « plan » général de Gurdjieff, et répondant à sa seule logique. « Ce ne fut pas, dit-il, sans une inexprimable impulsion de tristesse et de découragement, que je me vis contraint de prendre la décision de liquider cet institut... bref, d'abandonner ce que j'avais créé jusqu'alors par un travail surhumain. Ii me fallut pourtant m'y résoudre, parce que, trois mois environ après l'accident dont j'ai parlé... je compris que tenter de sauvegarder l'existence de cet institut, en l'absence de vrais hommes à mes côtés, aboutirait fatalement à une catastrophe (80)... »

A partir des années 1930, Gurdjieff vient donc habiter Paris, rue des Colonels-Renard. Si l'Institut n'existe plus en tant que tel, le maître organise de nouveaux groupes de travail parmi les nombreux disciples qu'il continue de compter, tant en France qu'aux Etats-Unis où il se rendra fréquemment jusqu'en 1939. C'est justement à cette époque qu'il aura une profonde influence sur Daumal et Dietrich. C'est à cet égard que Jean Biès écrit : « Avant la " Rencontre ", ne l'oublions pas, un axe manquait à la vie de Daumal. L'explication de la machine humaine, de ses fonctions et de ses centres ne pouvait contribuer qu'à le mener vers une certaine mise en ordre de son tohu-bohu intérieur (81). » Epoque aussi où Gurdjieff transforme son enseignement ésotérique en exotérisme plus adapté aux auditoires composites qu'il reçoit. Peut-être est-il las, parfois, de ce si profond sommeil chez autrui : « Un mercredi soir où le silence s'était fait plus inerte, et après un dernier regard circulaire que je n'osai affronter, relate P. Schaeffer, Gurdjieff poussa un grognement significatif : " Très bien, s'il en est ainsi... " De ce jour, il n'y eut plus ni questions, ni réponses, mais seulement des " lectures ". Ainsi fait le maître

---

(79) Gurdjieff, *Récits de Belzébuth à son petit-fils,* Ed. Janus.
(80) *Ibid.*
(81) Jean Biès, *op. cit.*

d'école, lassé de la paresse de ses élèves ; au lieu de la punition attendue, il se met à lire *Le Tour du monde en 80 jours* (82). »

Pendant la guerre, il ne quitte pratiquement plus son appartement, et si ce n'étaient les extraordinaires « agapes » ou repas communautaires qu'il préside, on pourrait le croire totalement désabusé sur sa mission. Forçant les sobres à s'empiffrer, privant les gourmets de toute nourriture, si ce n'est « a special radish from Caucase », obligeant les timorés à boire, et brocardant les Don Juan sur leur impuissance, Gurdjieff poursuit tout de même un plan, où le suprême humour n'est jamais séparé de la discipline : « L'obligation de manger et de boire, d'être attentif à autant de traquenards, de participer aux rites d'un service compliqué et de poursuivre en même temps un « travail intérieur » (que, de toute évidence, et sans que cela ait jamais été dit, il était nécessaire de poursuivre), de boire et manger encore... tout cela créait un champ de forces à la fois pieux et rabelaisien (83)... » Gurdjieff est très proche aussi d'un personnage — rendu célèbre — de Kazantzakis, Zorba, pour lequel la vie spirituelle n'est pas séparée de la jouissance des biens de ce monde, mieux même, la sanctifie et avec elle tous les actes quotidiens auxquels elle donne la profondeur. « Manger devenait un acte énorme. Parler aussi. L'échange de deux répliques, d'une place à l'autre, ressemblait à un lancer de couteaux. Chacun se prenait dans les phares de quelque belvédère, pincé en flagrant délit d'évasion... Même le verre d'alcool, à défaut d'épreuve par le fer rouge ou le poison, devenait une sorte de jugement de Dieu. A quoi peut prétendre, dans l'avancement de sa vie intérieure, quelqu'un qui n'a pas le bon esprit de se laisser soûler (84) ? ».

A quatre-vingt-trois ans, en novembre 1949, Gurdjieff mourait à l'hôpital de Neuilly, parce que, comme le dit L. Pauwels, « il n'était plus décidé à vivre ». Il est vrai que cet homme, d'une vitalité prodigieuse, finissait son existence d'une façon étrange ; lui qui pouvait — même âgé — ne pas dormir, boire durant des heures, et s'imposer une discipline de cénobite, s'éteignait doucement. « De son lit, sans bouger, il regarda un instant ses intimes, ceux qui allaient continuer, après lui, à répandre l'enseignement,... Ils auraient probablement de plus en plus " d'élèves ", et de plus en plus de moyens matériels... Il les regarda tranquillement.

---

(82) Récit de P. Schaeffer dans *Monsieur Gurdjieff, op. cit.*
(83) *Ibid.*
(84) *Ibid.*

— Je vous laisse dans de beaux draps, dit-il.

Puis il s'enfonça dans les siens et tourna les yeux vers l'intérieur (85). »

L'œuvre : l'éveil de l'« Homme Vrai ».

On a beaucoup parlé de Gurdjieff comme d'un monstre impitoyable, d'un être humain, au mieux d'un de ces faux *guru* qui clament bien haut leur « maîtrise ». Il est vrai, en tout cas, que Gurdjieff a effrayé beaucoup d'Européens, dont plusieurs confondent spiritualité, protection ou encore recherche esthétisante et culturelle. Néanmoins nous verrons que certains aspects du maître caucasien ne sont pas tous aussi clairs qu'une exigence initiatique orthodoxe pourrait le faire souhaiter. Mais l'apport essentiel de Gurdjieff — qui n'est pas niable — reste cette méthode d'éveil et de prise de conscience que l'on « n'est » pas, au sens réel du terme, par les moyens immédiats et tangibles. « Quant à son enseignement, dit M. Waldberg, il passe pour rebutant, pour aride, pour desséchant. Parce qu'on y trouve une critique impitoyable, " objectivement impartiale " de la vie des hommes... parce que la voie qu'il propose, et qui est celle de la conscience, paraît orgueilleuse au regard ordinaire et qu'on lui reproche de ne pas donner sa place à l'amour (87). » L'enseignement de Gurdjieff est d'ailleurs moins à considérer d'un point de vue théorique que pratique. A cet égard, sa « présence » est irremplaçable. D'ailleurs, lui-même n'a pas écrit d'ouvrages doctrinaux, car là n'était pas du tout sa méthode. Toutefois, le corpus « théorique » tient tout entier dans *Fragments d'un enseignement inconnu,* que consigna Ouspensky (88). Ce titre indique assez cette notion de fragmentaire, de tronqué, qu'avait l'enseignement de Gurdjieff. Le travail que le maître se proposait de donner à ses disciples tient en fait à la cassure de l'habitude, de la routine existentielle, c'est-à-dire du sommeil implacable de l'« homme-machine ».

---

(85) Louis Pauwels, *op. cit.*
(87) Michel Waldberg, *op. cit.*
(88) Mais aussi dans les récits de disciples ou d'écrivains l'ayant connu, tels P. Schaeffer *(Le Gardien de volcan),* L. Pauwels *(Monsieur Gurdjieff),* Paul Sérant *(Meurtre rituel).*

L'« Homme-machine », le travail et son but

« Pris en soi, dit-il, l'être d'un homme présente de multiples aspects. Celui de l'homme moderne se caractérise surtout par l'absence d'*unité en lui-même* et de la moindre de ces propriétés qu'il lui plaît spécialement de s'attribuer : la « conscience lucide », la « libre volonté », un « ego permanent » ou « Moi », et la « capacité de faire (89) ». « Gurdjieff, dit Ouspensky, devait revenir souvent sur cet exemple de la " prison " et de l'" évasion de la prison "... il aimait à souligner que chaque prisonnier peut un jour rencontrer sa chance d'évasion, à condition toutefois qu'il sache *se rendre compte qu'il est en prison* (90). »

Cette transposition du mythe de la caverne conduit à l'éternelle question du « départ » sur la voie spirituelle : « Mais aussi longtemps qu'un homme échoue devant cette compréhension, aussi longtemps qu'il se croit libre, quelle chance pourrait-il avoir ? » Voilà posée la prémisse essentielle de toute la fonction gurdjievienne : secouer du sommeil et de l'opacité chacun d'entre nous, qui s'identifie aux mots, à ce qu'il lui plaît de croire, en un mot à ne pas entreprendre son exurgence du « néant » : « Oui, si étonnant que cela puisse paraître, je vous dirai que le trait principal de l'être d'un homme moderne, celui qui explique *tout ce qui lui manque,* c'est *le sommeil* (91). »

Tout en nous, explique-t-il, est mécanique, du début à la fin, et cette mécanicité nous vampirise et marque notre animalité. On comprend que les disciples européens se soient souvent révoltés à cette idée : le mensonge, les petits drames intérieurs, tout ce que l'on croit être un combat entre la vérité et l'ignorance, le bien et le mal, tout cela reste pure mécanicité : « Tout cela chez l'homme est entièrement *mécanique*. S'il ment, cela signifie qu'il ne peut pas s'empêcher de mentir. S'il dit la vérité, cela signifie qu'il ne peut pas s'empêcher de dire la vérité — et il en est ainsi de tout. Tout *arrive :* un homme ne peut rien *faire,* ni intérieurement ni extérieurement (92). »

Comme dans le bouddhisme, l'accent est mis sur la passivité de l'homme : « on » s'agite, « on » se démène, « on » pense, tout cela,

---

(89) Ouspensky, *op. cit.*
(90) *Ibid.*
(91) *Ibid.*
(92) *Ibid.*

nous croyons en accomplir l'action : « L'homme naît, vit et meurt, construit des maisons, écrit des livres, non pas comme il le désire, mais comme cela arrive... L'homme n'aime pas, ne hait pas, ne désire pas — tout cela arrive... c'est une chose de saisir avec l'intellect que l'homme ne peut rien faire, et une autre de la ressentir avec toute sa masse (93)... »

Cette vérité primordiale, sans laquelle aucune démarche spirituelle ne peut être envisagée, reflète évidemment la doctrine bouddhique, sur laquelle Gurdjieff semble avoir porté son intérêt. L'homme n'est dans la plupart des cas qu'un esclave ; passif, il reste soumis à sa naissance, au destin, aux astres (qui ne reflètent en fait que ses dispositions natives). Ce qui lui manque avant tout, c'est un but : « La question des buts est primordiale. Aussi longtemps qu'un homme n'a pas défini son propre but, il n'est même pas capable de commencer à " faire " (94). » Gurdjieff part du stade où en est l'" homme-machine ", car « il y a erreur sur le sens des mots " moral " et " spirituel ". J'ai assez souvent expliqué auparavant que l'étude des *machines* commence non par celle de leur " moralité " mais par celle de leur mécanicité et des lois qui régissent cette mécanicité (95). »

Or, il importe de se connaître, et savoir ce dont nous sommes capables. Gurdjieff, se réclamant d'« un enseignement ancien, dont il subsiste des traces en de nombreux systèmes d'hier et d'aujourd'hui », et qui n'est autre que la Tradition, retrouve la théorie des « quatre corps », effectifs seulement si celui-ci atteint son développement complet. Le premier est le corps « charnel » ou physique, le second est le corps « naturel » ou « astral », le troisième se nomme corps « spirituel » ou « mental » ; quant au dernier, c'est le corps « divin » ou corps « causal ». Voilà qui, chez le lecteur, peut éveiller bien des réminiscences théosophistes ; seulement, et à la différence de ces derniers, Gurdjieff ne parle jamais d'immortalité acquise ou d'évolutionnisme triomphant. La notion d'effort, de prise de conscience, n'est jamais absente chez Gurdjieff : « En vérité, nul homme, tant que ses quatre corps ne sont pas entièrement développés, n'a pas le droit d'être appelé un homme dans le plein sens de ce mot (96). »

---

(93) *Ibid.*
(94) *Ibid.*
(95) *Ibid.*
(96) *Ibid.*

L'exemple d'un attelage conduit par un cocher, lui-même aux ordres d'un maître, explique le développement des quatre corps : la voiture est le corps physique, le cheval, le corps naturel (sentiments, désirs), le cocher assure la pensée comme corps « spirituel » (encore que cette terminologie soit quelque peu gênante), enfin le corps « causal » ou « divin », c'est le maître, ou encore la conscience. Tant que les différentes parties de l'attelage ne trouvent pas de coordination, tant que le cocher ne sait pas diriger, ou encore tant que le maître ne donne pas d'ordres véritables, rien ne va, rien ne peut assurer en l'homme une véritable autonomie. « Ainsi, l'homme véritable possède de nombreuses propriétés que l'homme ordinaire ne possède pas. Une de ces propriétés est l'immortalité. Toutes les religions, tous les enseignements anciens apportent cette idée que, par l'acquisition du quatrième corps, l'homme acquiert l'immortalité (97)... »

L'homme est lourd, disait quelque part Céline ; l'homme est si lourd qu'il ne cesse de passer d'un rêve éveillé à l'autre, dans la pénombre de son être en gésine. L'échec des sens, l'échec de l'intelligence, l'échec de l'esprit le maintiennent dans une torpeur matérielle invincible. Ainsi, Gurdjieff, en Oriental initié — entre autres initiations — dans les lamasseries bouriates, apportait à la Russie d'abord, à l'Europe ensuite, la douche froide de l'éveil (98), trop glacée peut-être pour certains : « L'une des erreurs principales à dissiper est l'idée que tous les êtres ont une âme. Il y a, en réalité, très peu d'êtres qui ont une âme immortelle. Tous les êtres sont, il est vrai, nécessaires à l'ensemble, et ceux qui font des efforts particuliers vers la vertu ou l'intelligence peuvent acquérir une âme qui devient plus ou moins immortelle, mais en gros la masse des hommes n'est guère différente des animaux (99). » Voilà ce que dit P. Schaeffer, résumant l'idée du maître.

Bien sûr, on peut lui reprocher de méconnaître une des vertus théologales, la charité. Pourtant, est-ce charité que de bercer les endormis, que de les maintenir consciemment dans leur état comateux : « Si vous continuer comme cela, disait souvent

---

(97) *Ibid*.
(98) Il y a ici l'écho de la doctrine bouddhique de l'*anatma,* laquelle nie l'existence d'un véritable « Moi » chez le *paçu*. De la doctrine d'*anatma* est issue la pratique *satipathana* (que nous retrouvons également dans l'enseignement de Gurdjieff), qui consiste à « se détacher » de tout ce qui constitue la « personne » habituelle ; ainsi est créé l'état indispensable à la contemplation illuminative.
(99) Article de P. Schaeffer dans *Monsieur Gurdjieff, op. cit.*

Gurdjieff avec son accent inimitable, vous crever comme des chiens. » La réalité est encore plus affreuse, ajoutait-il, la réalité, c'est que la mort est progressive, et nombre d'êtres qui se croient vivants sont en fait morts depuis longtemps, dans leur essence, et ne peuvent plus espérer aucun éveil !

Nous ne désirons suivre une apparence de voie spirituelle que si elle ne présente que les caractères du merveilleux et de la fable : « Ils veulent, disait un lama tibétain à A. David-Neel en parlant de la masse des gens, que les doctrines religieuses, philosophiques ou sociales qu'on leur prêche leur soient agréables, qu'elles cadrent avec leurs conceptions, qu'elles satisfassent leurs inclinations, en somme qu'ils se retrouvent en elles et se sentent approuvés par elles (100). » Ainsi va le manque de volonté réelle au royaume des hommes, qui naissent et meurent sans avoir exploité aucune des possibilités — uniques — fournies par l'état humain et la faculté volitive correspondante : « Chacun fait ce qu'il veut. Rien ne peut l'en empêcher. Mais les hommes ne savent pas vouloir (101). »

Vouloir, savoir ordonner sa volonté est, selon le savoureux langage du maître, entrer dans la « quatrième dimension », c'est-à-dire réaliser son quatrième corps, ou corps « causal » : « Pour l'homme de la quatrième dimension, tous les problèmes sont clairs, car son esprit est immédiatement conscient de la cause et du résultat... Gurdjieff est, selon ses disciples, un homme de la quatrième dimension, aux centres équilibrés et harmonisés, et capable d'aider les autres à atteindre la condition désirée. »

Les voies traditionnelles et celle de l'«Homme rusé »

Comme il existe quatre corps de développement progressif, ou encore quatre « dimensions », Gurdjieff enseigne aussi qu'il existe quatre voies pour conduire à l'immortalité, « quatre voies par lesquelles l'homme peut acquérir l'Individualité, la Conscience et la Volonté sans lesquelles la liberté dont il prétend jouir, ou la capacité, qu'il s'attribue, de faire, sont illusoires (103). » Gurdjieff, qui avant tout reste conteur dans l'âme, use à ce sujet d'une

---

(100) A. David-Neel : *Les Enseignements secrets dans les sectes bouddhistes tibétaines*, Ed. Adyar.
(101) Cité par Denis Saurat dans *Monsieur Gurdjieff*, op. cit.
(103) M. Waldberg, op. cit.

image : l'homme vit dans une maison composée de quatre chambres, mais il reste dans la plus misérable, la plus vétuste. Il ne connaît pas l'existence des autres, ou n'en possède pas la clé. L'endroit où il réside est, bien sûr, celui de l'existence *samsarique,* les autres, ceux d'états de réalisation supérieure.

Selon Gurdjieff, la première voie, qu'il nomme la voie du fakir, « est celle de la lutte avec le corps physique, c'est la voie du travail sur la première chambre (104) ». Grâce à des tortures physiques, des disciplines impitoyables, le fakir durcit sa volonté — volonté d'ordre purement physique — par laquelle il peut espérer former un jour le quatrième corps. Mais ses autres fonctions — émotionnelles, intellectuelles — demeurent non développées : « Il a conquis la volonté, mais il ne possède rien à quoi il puisse l'appliquer (105)... » En somme, si le fakir (c'est-à-dire l'ascète extrême) a acquis la volonté physique, lui-même tend à se pétrifier en elle. Il aura alors besoin des écoles de fakirs, dit Gurdjieff, pour pouvoir apprendre à perfectionner ses autres facultés. C'est, en résumé, une voie peu applicable pour l'Occidental, vivant dans une civilisation absolument inadaptée à de telles pratiques.

La deuxième voie, celle du moine, correspond au deuxième corps, celui des sentiments et des désirs : « C'est la voie de la foi, du sentiment religieux et des sacrifices. Un homme qui n'aurait pas de très fortes émotions religieuses et une imagination religieuse très intense ne peut pas devenir un " moine " (106)... » C'est aussi, il faut le préciser, un chemin extrêmement pénible et difficile. Car la réunification des émotions mondaines en une seule émotion religieuse est très ardue. « Par la foi, il développe en lui-même l'*unité*, la volonté sur les émotions, et par cette voie, il atteint la quatrième chambre (107). » Les limites de cette voie tiennent à ce que le corps physique et les facultés intellectuelles peuvent demeurer non développées. Et les développer entraîne justement à de nouveaux renoncements, et ainsi « un moine doit encore devenir yogi et fakir (108) ».

Quelle est ensuite la voie du yogi, sinon celle de la connaissance ? Du moins, et d'après la terminologie de Gurdjieff, c'est celle de l'être qui « réussit à atteindre la " quatrième

---

(104) Ouspensky, *op. cit.*
(105) *Ibid.*
(106) *Ibid.*
(107) *Ibid.*
(108) *Ibid.*

chambre " en développant son intellect ; mais son corps et ses émotions demeurent non développés, et comme le fakir et le moine, il est incapable de tirer parti de sa victoire (109) ».

Dans la première de ces trois voies, on n'a aucun besoin de maître, dans celle du moine, le maître est nécessaire, auquel on doit absolument se soumettre ; enfin, dans la voie du yogi, « il ne faut rien faire, et on ne doit rien faire sans un maître (110) ». Ainsi Gurdjieff, avec le bon sens — au sens étymologique du terme — qui le caractérise, en vient à proposer à l'homme des temps modernes une quatrième voie, celle de l'« homme rusé ». Car « toutes les voies, la voie du fakir aussi bien que les voies du moine et du yogi... commencent toutes par ce qu'il y a de plus difficile, un changement de vie total, un renoncement à tout ce qui est de ce monde (111) ».

Or, les conditions actuelles d'existence dans le monde moderne rendent pratiquement impraticables les trois premières voies de réalisation. De plus, Gurdjieff insiste avec raison sur la rareté de toute réalisation spirituelle, contre tout optimisme dans ce domaine ; plus encore que la grâce, la libération est difficile à obtenir ou à conquérir.

Car, par là même, on transgresse le devenir habituel, passif : « Le développement de ces possibilités, dit-il, n'est pas une loi. La loi pour l'homme, c'est une existence dans le cercle des influences mécaniques... La voie du développement des possibilités cachées est une voie *contre la nature, contre Dieu* (112). » A quoi bon, dès lors, tenter ce qui est le fait du petit nombre ? Ici intervient le choix profond du désir spirituel réel, ou de la stagnation dans un état indéterminé. Mais si l'on ne veut pas s'abîmer dans la « seconde mort », alors faut-il tenter de « casser » la routine et la satisfaction du moi, ce qui est effort tout intérieur : « La quatrième voie ne

---

(109) *Ibid*.

Il semble bien que nous ne puissions nous arrêter sur ce point qui nous entraînerait trop avant — que Gurdjieff ait pris les termes de *fakir* et *yogi*, qu'il déclare avoir rencontrés dans des centres asiatiques, dans une acception toute différente du sens habituel —. Curieusement, on retrouve à propos des *fakirs* cette phrase de Saint-Yves d'Alveydre : « Les fakirs sont, la plupart du temps, d'anciens élèves de l'Agarttha qui se sont arrêtés à l'entrée de hauts grades, et se sont voués à une vie religieuse... » (Saint-Yves d'Alveydre, *Mission de l'Inde, op. cit.*).

(110) Ouspensky, *op. cit*.
(111) *Ibid*.
(112) *Ibid*.

demande pas que l'on se retire du monde, elle n'exige pas que l'on abandonne tout ce dont on avait vécu jusque-là (113). » C'est la voie de l'« homme rusé » qui « atteint tous les côtés de l'être humain simultanément (114). » Avant tout, il importe de comprendre ce sur quoi l'on travaille : c'est là tout le secret des groupes de Gurdjieff. La foi n'y est pas requise, au contraire. Par contre, on devra travailler sur tous les plans à la fois, ne négligeant ni le physique, ni le mental, etc.

Ainsi, sous des aspects de théories très personnelles, voire fantasques (115), Gurdjieff enseigne-t-il nettement une voie de tradition tantrique : « Sur la quatrième voie, la connaissance est encore plus exacte et parfaite. L'homme qui la suit connaît avec précision de quelles substances il a besoin pour atteindre ses fins, et il sait que ces substances peuvent être élaborées dans le corps par un mois de souffrance physique, une semaine de tension émotionnelle, ou un jour d'exercices mentaux, et aussi *que ces substances peuvent être introduites du dehors dans l'organisme, si l'on sait comment s'y prendre* (116). »

Cette pratique, adaptée — comme nous l'avons vu précédemment — fait assez songer aux fameuses histoires, traditionnelles en Orient, qui courent sur le légendaire Mulla Nasrudin, dont Gurdjieff d'ailleurs semble incarner maints aspects : « Un jour, Nasrudin entra dans l'échoppe d'un homme qui vendait toutes sortes d'objets hétéroclites :
— As-tu du cuir ?
— Oui.
— Et des clous ?
— Oui.
— Et de la teinture ?
— Oui.
— Alors pourquoi ne te fais-tu pas à toi-même une paire de bottes ? (117).

Et Idriesh Shah auquel nous devons cette subtilité de Mulla précise : « L'histoire souligne le rôle du maître mystique, essentiel dans le soufisme, qui fournit le point de départ à l'aspirant-

---

(113) Ouspensky, *op. cit.*
(114) *Ibid.*
(115) Mais n'oublions pas toutefois que Gurdjieff, ce n'est pas douteux, a suivi ces quatre voies consécutives, lors de ses années de pratiques spirituelles à travers l'Asie...
(116) Ouspensky, *op. cit.*
(117) Idries Shah : *Les Soufis et l'ésotérisme*, Ed. Payot.

chercheur pour qu'il fasse quelque chose par lui-même, quelque chose étant le " travail sur soi " sous une direction (118)... »

L'homme rusé, ainsi, s'entoure de mystère, de discrétion, afin d'expérimenter la réalisation du « Soi ». Rien, extérieurement, ne change : « les conditions de vie où un homme se trouve placé lorsqu'il entreprend le travail... sont les *meilleures possibles* pour lui (119)... » Nous sommes loin ici de l'orthodoxie traditionnelle, tout au moins dans ses formes, qui peuvent être diverses car « il n'y a pas d'institutions qui lui soient rattachées (120) ». On comprend dès lors pourquoi Gurdjieff pouvait fermer en quelques jours ses centres, ses Instituts, comme une adaptation aux exigences extérieures, sans autre importance. Le travail ne cesse pas, il change momentanément de forme, ce qui est conforme à la voie de l'« homme rusé ».

Mais même sur cette voie, on ne peut se passer de maître, bien que d'une certaine façon dans le groupe, chacun soit maître et élève, car, dit Gurdjieff, « chaque fois qu'un homme gravit une marche, il doit mettre sur celle qu'il a quittée un compagnon. L'essentiel, dit-il, c'est qu'un " groupe " est le commencement de tout. Un homme seul ne peut rien faire, rien atteindre. Un groupe réellement dirigé peut faire beaucoup (121)... » Car échapper à l'hypnose, à la vampirisation existentielle, réclame bien autre chose qu'un savoir livresque, intellectuel, au sens vulgaire du terme ; non pour se libérer, c'est d'une connaissance « êtrique » qu'il est besoin. « L'enseignement de Gurdjieff, écrit Julius Evola, nous porte d'un pas au-delà, lorsqu'il considère la dualité de " personne " et d'" essence "... En général existe une discontinuité entre ces deux principes, à tel point que peuvent se rencontrer des hommes dont la " personne " est très développée et fort cultivée, alors que l'" essence " s'est, en eux, atrophiée, du fait que le développement de la " personne " peut très bien comporter une suffocation et un étiolement de l'essence (122). »

---

(118) *Ibid*.
(119) Ouspensky, *op. cit*.
(120) *Ibid*.
(121) *Ibid*.
(122) Julius Evola, *Masques et Visages de la spiritualité contemporaine, op. cit*.

Gurdjieff et la « parole putanisée »

Passer de la connaissance mentale à la pratique réelle de cette connaissance suppose que l'on sorte des limites habituelles, et Gurdjieff, nous en avons vu quelques exemples, ne se priva pas d'user, dans son langage, de grossièretés, de vulgarité, d'injures mais surtout d'images, d'anecdotes, bref de tout ce qui est susceptible d'éveiller l'intelligence profonde chez autrui.

Gurdjieff, le vieil Oriental, ne craint pas de court-circuiter la pesante logique, et aime à opposer, comme Mulla Nasrudin, la prise de conscience à l'intelligence scholastique : « Nasrudin passant avec un pédant à travers un mauvais cours d'eau, dit quelque chose qui n'était pas correct grammaticalement :

— N'avez-vous jamais étudié la grammaire ? demanda le savant.

— Non.

— Alors vous avez perdu la moitié de votre vie.

Quelques minutes après, Nasrudin se tourna vers son passager :

— Avez-vous jamais appris à nager ?

— Non, pourquoi ?

— Alors toute votre vie est perdue. Nous coulons (123) !

Gurdjieff, de la même façon, ne tient pas le langage littéraire en haute estime ; il écrit des ouvrages, certes, mais comme contraint, afin de donner un enseignement inhabituel, mais qui permettra à certains d'être mis « sur la voie ». Il n'est pas écrivain, et la littérature lui apparaît comme la « propagation de la parole putanisée (124) ». Le bon ton, l'éducation, la politesse ne peuvent qu'engourdir l'être profond de l'homme. Son jugement sur notre monde est d'ailleurs explicite : « Ma conviction s'est renforcée à ce sujet, ces derniers temps, pour devenir plus solide que le roc... : ceux qui s'efforcent de se développer par les moyens que leur offre la civilisation contemporaine n'acquièrent tout au plus qu'une faculté de penser digne de la première invention d'Edison, et ne développent en eux-mêmes, en fait de sensibilité, que ce que Mulla Nassr Eddin aurait appelé *la subtilité du sentiment d'une vache* (125). »

Son style, certes, n'est pas gratuit, chaque mot — même déformé, même inventé — compte ; nulle emphase, mais le souci d'un mot

---

(123) Idries Shah, *op. cit.*
(124) Gurdjieff, *Récits de Belzébuth à son petit-fils, op. cit.*
(125) Gurdjieff, *Rencontres avec des hommes remarquables, op. cit.*

« retrouvé » dans sa signification originelle. Il use de méthodes proches des auteurs hermétiques, travestissant les noms, ou accrochant des morceaux de phrases aux mots originaux, à la manière des enfants jouant à parler « javanais », court-circuitant le style, l'alourdissant afin de transformer la lecture en épreuve à surmonter.

« Il écrivit tout de même pendant une dizaine d'années, dit l'éditeur de *Rencontres avec des hommes remarquables*, trois gros ouvrages, dont l'apparente diversité répond à son intention de transmettre ses idées en trois étapes et sous trois formes différentes (126). » L'ouvrage *Récits de Belzébuth à son petit-fils ou critique objectivement impartiale de la vie des hommes*, vise, écrit Gurdjieff, « à extirper les croyances et opinions enracinées dans le psychisme des hommes à propos de tout ce qui existe au monde (127) ».

Car le grand coupable de la situation actuelle (l'« horreur de la situation »), c'est ce que l'on appelle en Occident un intellectuel, symbolisé dans *Récits* comme Lemtrohamsanine « futur Hassnamouss Universel ». C'est lui qui est responsable de la « destruction des Saints Travaux », lui qui au nom de la liberté individuelle et illusoire, au nom de la relativisation des valeurs, a contribué à reconstruire Babel, ou le « cercle de la confusion des langues » dans lequel nous vivons. Dans les *Récits*, Gurdjieff se hâte d'adapter une démarche antagoniste, ou plutôt se livre à une satire de la pédanterie et du savoir, encore inégalée ; usant d'un jargon que certains ont qualifié de Kabbale verbale, il met en scène Belzébuth décrivant l'étrange planète Terre à son petit-fils Hassin : « saliokouriapis » est employé pour « eau », les hommes accomplissent l'« emoyarno » (font l'amour), subissent le « raskouarno » (meurent)... En nous sortant du contexte habituel des mots, les moindres faits de notre vie montrent leur pauvreté intrinsèque, et les savants qui — moins que tout autre — ne connaissent rien de la vie réelle, sont ramenés à une échelle véritable. En cela, et dans l'écriture, Gurdjieff ne fait que suivre le rôle du fou (au sens médiéval), celui du maître adoptant la « voie du blâme » (identique à celle de Mulla Nasrudin) c'est-à-dire la voie scandaleuse de certaines écoles soufis : « Quand il assume ce rôle, le maître est miroir. Miroir en lequel le disciple se voit. Il caricature, exagère

---

(126) Préface de l'éditeur à *Rencontres avec des hommes remarquables*, op. cit.

(127) Gurdjieff, *Récits de Belzébuth à son petit-fils*, op. cit.

" ce qui ne va pas " dans le disciple, joue la colère, l'orgueil, la luxure au besoin et par conséquent déconcerte, car le disciple a un long chemin à faire avant de comprendre que le personnage odieux que lui montre le maître, c'est lui-même (128). »

Ce long chemin, cette guerre que René Daumal nommait sainte, celle encore par laquelle on prend conscience de l'« horreur de la situation », rejoint le désir du contact, ici et maintenant, avec la transcendance. Cela seul importe, qui évite l'engloutissement dans la seconde mort. Mont Analogue, où le ciel n'est pas séparé de la terre, Quête du Graal dont les épreuves ne sont mises exprès que pour renforcer la conquête du « Soi », le désir transcendant ne doit pas, ne devait pas être confondu avec ce que proposent habituellement philosophies ou religions abâtardies et moralistes. Avant tout, il importe de faire table rase, et de balayer sentiments, terreurs, opinions, accumulés dans notre façon de penser. « Ce qui est nécessaire, dit-il, c'est la conscience. Nous n'enseignons pas la morale. Nous enseignons comment on peut découvrir la conscience. Les gens ne sont pas contents lorsque nous disons cela. Ils disent que nous n'avons pas d'amour. Simplement parce que nous n'arrachons pas la faiblesse et l'hypocrisie mais que, au contraire, nous arrachons tous les masques (129). »

« Sans sel, pas de sucre », ou conclusion sur le thaumaturge moderne

On a dit souvent que Gurdjieff était bouddhiste, qu'il préfigurait même un « envahissement » progressif du bouddhisme sur l'Occident tout entier. « Quelques Orientaux, écrit D. Saurat, ... avec qui j'ai discuté de Gurdjieff ont même soutenu qu'il était tout simplement un bouddhiste qui, pour des raisons personnelles, était venu s'établir en Occident... (130) » Pourtant, le même auteur n'est pas si sûr de cela et poursuit qu'au contraire, « il paraît condamner formellement cette extension d'idées orientales vers l'Ouest. Il m'a dit lui-même qu'il désirait aboutir à une synthèse entre la technique et la science occidentales d'un côté et la spiritualité orientale de l'autre, mais il n'entendait pas particulièrement le

---

(128) Charles Duits, *Notes inédites,* cité par M. Waldberg, *op. cit.*
(129) Ouspensky, *op. cit.*
(130) Article de Denis Saurat dans *Monsieur Gurdjieff, op. cit.*

bouddhisme et même il considérait toutes les religions de l'Asie... comme des formes dégénérées d'une antique révélation (131). »

Qui était Gurdjieff ? Un dépositaire de l'antique sagesse orientale venu en Europe y déposer les graines de l'éveil ? Un faux maître venu contribuer à propager la contre-initiation ? « Un couteau, écrit René Daumal dans *le Mont Analogue*, n'est ni vrai ni faux, mais celui qui l'empoigne par la lame est dans l'erreur (132). »

Il importe de juger les êtres — fussent-ils des maîtres, et surtout s'ils le furent — sur leur œuvre, leur fonction. Celle de Gurdjieff, pensons-nous, fut celle d'un authentique thaumaturge, c'est-à-dire celle d'un éveilleur spirituel. Ce n'est pas sans raison profonde qu'il parut sur la scène européenne, peu après les années troubles de la Première Guerre mondiale, qui annonçait déjà la prochaine ; l'Occident voyait du même coup le dernier des maîtres authentiques amenant à la réalisation pratique. La pierre d'angle par où l'on peut tenter de scruter l'enseignement du vieux caucasien (Dieu le Père à moustaches, à défaut de barbe, dit Schaeffer), est qu'il n'a jamais proposé d'autre recherche que celle de l'homme intérieur, d'autre perspective que sa réalisation. Loin des évolutionnistes, des néo-spiritualistes de toutes sortes, il n'a jamais tenté que la conquête de soi ; et pour cela n'hésita jamais au dur nettoyage des écuries d'Augias, celles de nos psychismes encombrés de culture, de satisfactions, de peurs... bref, de tout ce qui contribue au plus animal sommeil : « Les signes sont à l'intérieur, écrit E. Antebi. L'idée fondamentale de Gurdjieff est celle d'Evola, de Guénon, de Philippe Lavastine : il n'y a pas de progrès en dehors de l'homme (133). »

Lui, qu'on a accusé des pires complots visant à l'envahissement occulte de l'Europe, à la question posée : « Maître, quelle différence voyez-vous entre l'Orient et l'Occident ? » répondait laconiquement : « Même merde, autre parfum. » Ou encore, parfois précisait-il : « L'esprit oriental est dans le vrai, mais seulement dans ses tendances et ses idées générales. L'esprit occidental est dans le vrai, mais seulement par ses méthodes et ses techniques (134). » On le voit, l'opposition n'est toujours pas réduite entre la tradition occidentale du guerrier, dans le sens de

---

(131) *Ibid.*
(132) René Daumal, *Le Mont Analogue,* Ed. Gallimard.
(133) E. Antebi, *Ave Lucifer, op. cit.*
(134) Cité dans *Monsieur Gurdjieff,* de Louis Pauwels, *op. cit.*

l'œuvre d'Evola, et celle, d'esprit plus sûrement oriental, du brahmane illustrée par Guénon.

Un des disciples de Gurdjieff, l'architecte américain F. Lloyd Wright dira, après la mort du maître : « Dans la vie de Gurdjieff, dans son œuvre et dans sa parole, il y a une philosophie, sortie des profondeurs de la sagesse d'Asie, il y a *quelque chose* que l'homme d'Occident peut comprendre. Et dans l'œuvre de cet homme et dans sa pensée — dans ce qu'il a fait et dans la matière dont il l'a fait — l'Occident rencontre vraiment l'Orient (135). »

Le « cas Gurdjieff » démontre-t-il, ainsi que l'a dit Raymond Abellio, l'impossibilité d'un enseignement pratique en Occident ? Il eût fallu connaître Gurdjieff, l'approcher, se placer ou non sous sa direction, afin de pouvoir en parler à plus juste propos ; tel est l'éternel dilemme de chaque thaumaturge, dont l'absence est toujours trop lourde. C'est pourquoi le disciple s'écrie, angoissé : « Cet homme va mourir, je le sais. Mourir avant que j'aie pu lui poser ma question (136). » Cette question est pourtant le dernier résidu de lâcheté et de sommeil. Encore une fois, le robot se croit un être vivant.

Il importe de s'éveiller, de réaliser ce qu'il en est d'être vraiment un homme, un homme seul. C'est pour cela surtout que Gurdjieff est venu : si la question appartient à tous les hommes-machines, la réponse, elle, appartient à celui-là seul qui accepte sa part du *travail*...

« Quand une machine se connaît, disait-il, elle a cessé dès cet instant d'être une machine ; du moins n'est-elle plus la même machine qu'auparavant. Elle commence déjà d'être responsable pour ses actions... Un homme est responsable (137). »

---

(135) Cité par E. Antebi, *op. cit.*
(136) Article de P. Schaeffer, dans *Monsieur Gurdjieff, op. cit.*
(137) Ouspensky, *op. cit.*

CONCLUSION

Après la mort de Georges Ivanovitch Gurdjieff, il semble que la maîtrise spirituelle en Occident ait achevé son existence, visible tout au moins. Quelle leçon ont laissée les êtres — exceptionnels à tous égards — par nous évoqués ? Et surtout, quel semble devoir être l'horizon de la spiritualité occidentale ? C'est ce que nous allons essayer de définir dans les pages suivantes.

« Nous vivons, annonçait déjà Berdiaeff, dans un monde où la culture symbolique du passé, qui n'a pas encore complètement rompu avec la terre, est en train de mourir. Mais cette culture symbolique n'est pas la seule moribonde : notre civilisation industrielle et technique est ébranlée jusqu'en ses fondements ; elle périt, succombant sous les coups des forces qu'elle a créées elle-même (1). »

Ce monde moderne, que nous nous sommes attachés à décrire, à travers les œuvres de Guénon ou d'Evola, nous en observons chaque jour tous les signes avant-coureurs de mutation profonde, en même temps que sa désagrégation se fait plus précise, plus étendue. Certes, nous parlons ici du monde occidental ; mais qui pourrait prétendre que la planète tout entière ne suit pas un chemin identique, au jour où nous écrivons ces lignes ? On peut ainsi prendre conscience de la situation actuelle, qui, bien que participant de l'équilibre universel, ressent à présent les soubresauts précurseurs de la fin (l'Oeuvre alchimique passe, elle aussi, par l'épreuve de la putréfaction).

« Nous sommes dans une époque de panique. Comme pour un homme qui va mourir et qui sent qu'il doit faire ses comptes, les peuples aussi doivent faire leurs comptes. Il est temps de rappeler les vérités historiques oubliées de tout le monde et par-dessus les faux enseignements des Ecoles d'en revenir à la vérité (2) », écrit

---

(1) N. Berdiaeff, *Vérité et Révélation,* Delachaux et Niestlé.
(2) Antonin Artaud, *Notes sur les cultures orientales* (œuvres complètes, Gallimard, T. VIII).

Antonin Artaud dans ses *Notes sur les Cultures orientales*. De la même façon, Eliade observe que notre passion de l'histoire, dans son acharnement à structurer le passé, ressemble à la récapitulation fugace de tous les actes de la vie chez un homme en train de se noyer.

Signe des temps : la Tradition se « retire », si la soif du salut — obtenue à tout prix et par n'importe quel moyen — s'affirme chaque jour un peu plus. « Seuls les hommes sauvés aux derniers jours seront ceux de la dévotion », affirme la Tradition, ce qui indique assez le nécessaire caractère de l'occultation et de la perte accélérée de toute connaissance, et de l'attitude virile (3).

Toutefois, cette recherche de la dévotion correspond à un mouvement général, qu'on ne saurait passer sous silence. Si l'on veut bien considérer en tant que telles les nouvelles tentatives de recherche spirituelle (ou pseudo-spirituelle) qui sont apparues en Occident depuis quelques décennies, on pourra alors porter un regard nouveau sur la mutation profonde du monde contemporain.

Notre époque est plus désespérée que celle du siècle précédent mais, dans le même temps, on peut dire également qu'elle est plus « colorée », qu'elle offre davantage d'opportunités, de liberté d'action. Cette autonomie individuelle se paie certes par l'angoisse et la peur ; celles-ci cachent-elles un signe de changement, ou encore des « germes » laissés par telle ou telle « volonté » supérieure ? Peuvent-elles enfin servir à l'étude de soi et du monde ? Là réside tout le problème, qui consiste à définir le véritable apport de ces nouvelles tentatives, épousant, ou peu s'en faut, toutes les formes et les expressions. Toutefois, il ne faudra pas y rechercher une forme de spiritualité traditionnelle, telle que nous avons tenté de la définir, mais le signe d'une époque affolée. Car on peut penser que la véritable élite spirituelle, dont ont parlé les auteurs selon la Tradition, se raréfie de plus en plus, et qu'elle adopte un tout autre but que celui du plus grand nombre.

L'image de l'humanité actuelle et de son devenir évoque l'image du fameux triangle pyramidal : au sommet justement, cette élite présidant au possible redressement spirituel ; en bas, la masse au sein de laquelle les « germes » dévotionnels ont déjà commencé de lever ; au milieu enfin, la moyenne intellectuelle qui, mal armée

---

(3) On voudra bien voir en ces termes (féminisation, virilité) la qualification indispensable à l'attitude intérieure de l'initié suivant la « voie du Gerrier », telle que nous l'avons définie, sans y mêler des notions de sexualité profane.

d'un seul bagage culturel et « mental », ne trouvera point de recours dans un assez proche futur.

Un siècle finissant est de toute façon en proie aux plus grands changements, aux plus impressionnantes ruptures ; le nôtre n'échappe pas à la règle, et la recherche des chemins de la dévotion et de l'extase prend le visage affirmé de la confusion et du paroxysme.

Néanmoins, ces tendances sont suivies par des millions de jeunes dans le monde. N'est-ce pas parce que chacun de nous pressent un bouleversement cosmique, tel que Lovecraft le décrit : « Dans la marche lente et rampante de l'humanité, le dernier cycle du cosmos se baratta lui-même en un autre avatar passager, et toutes choses redevinrent ce qu'elles avaient été, d'incalculables kalpas auparavant. La matière et la lumière étaient nées de nouveau telles qu'autrefois l'espace les avait connues ; les comètes, les soleils et les mondes s'élancèrent flamboyants dans la vie sans que rien ne survécût pour dire qu'ils avaient existé et avaient disparu, toujours sans commencement ni fin (4). »

Plusieurs courants se sont fait jour en Occident, qui prennent leurs racines dans des aspirations déjà anciennes : l'Orient, le retour à l'état de nature, le refus du cul-de-sac matérialiste contemporain, la tentation luciférienne. Antonin Artaud, la Beat Generation, des romanciers comme Hermann Hesse, Aldous Huxley, des essayistes tels qu'Alan Watts, mais aussi la « religion psychédélique » de Timoty Leary et le mouvement « hippie », de valeur non égale, sont témoignages de ce refus d'une époque à bout de souffle. Rimbaud n'avait-il pas déjà annoncé, dans sa *Saison en enfer* : « Je connais le travail ; et la science est trop lente. Que la prière galope et que la lumière gronde... C'est trop simple et il fait trop chaud ; on se passera de moi (5). » ?

Antonin Artaud et l'alchimie poétique

Il semble que tout ait été écrit au sujet d'Antonin Artaud qui, s'il effraya bon nombre de ses contemporains, est aujourd'hui considéré par une grande partie de la jeunesse comme le précurseur d'une révolte brutale, poétique et spirituelle. Si nous ne

---

(4) Lovecraft, *Démons et Merveilles,* Bibliothèque 10/18.
(5) Arthur Rimbaud, *Une saison en enfer,* OEuvres complètes, Gallimard, La Pléiade.

nous proposons pas, au terme de ce long ouvrage, l'étude de son œuvre et de sa vie, il importe de reconnaître à ce poète singulier, qui, de toute évidence, dépassait dans toutes ses expressions la simple normalité, une importance considérable. Mais Artaud avait aussi une bonne connaissance ésotérique qui témoignait de sa recherche authentique, et qu'on retrouve tout au long de son œuvre. Dans la même perspective, il reçut une initiation chez les Indiens Tarahumaras. On peut d'ailleurs se demander jusqu'à quel point cette cassure ontologique conduisit une existence déjà très exaltée et tournée vers une transcendance brutale, mais sans « réalisation » spirituelle correspondante. Car, individu marginal, aussi bien à la spiritualité qu'à tout autre domaine, mal à l'aise dans l'existence, Artaud ne pouvait que réclamer le dépassement de toute forme connue : « Je vis et je suis né avec la tentation illimitable de l'être... Et je ne sais pas si, à ma mort, j'aurai fini de choisir, de combattre, de repousser (6). »

Artaud, lui aussi, dénonce l'Occident contemporain, le « laminage » de l'esprit : « L'Europe logique écrase l'esprit sans fin entre les marteaux des deux termes, elle ouvre et referme l'esprit. Mais maintenant, l'étranglement est à son comble, il y a trop longtemps que nous pâtissons sous le harnais. L'esprit est plus grand que l'esprit, les métamorphoses de la vie sont multiples (7). »

Esprit acide, tourmenté, souffrant d'un arrachement, d'une dualité de l'être de la pensée et du corps qui le torturera sa vie durant. Cette unité perdue en lui, il cherchera à la reconstituer à travers l'aventure surréaliste, le théâtre, l'amour, la poésie : « Je souffre que l'Esprit ne soit pas dans la vie et que la vie ne soit pas dans l'Esprit, je souffre de l'Esprit-organe, de l'Esprit-traduction, ou de l'Esprit-intimidation des choses pour les faire entrer dans l'Esprit (8). »

Dans ses recherches de théâtre, on note, chez Artaud, une activation du souffle dans le jeu de l'acteur, qui transcende la vie même : « Car le souffle qui nourrit la vie permet d'en remonter les échelons par stades. Et un sentiment que l'acteur n'a pas, il peut y repénétrer par le souffle, à condition d'en combiner judicieusement les effets ; et de ne pas se tromper de sexe. Car le souffle est mâle et femelle ; et il est moins souvent androgyne (9)... »

---

(6) Antonin Artaud. Supplément au *Voyage au pays des Tarahumaras*.
(7) Artaud, Lettre aux écoles du Bouddha, in *L'Ombilic des Limbes*.
(8) A. Artaud, *Le Théâtre et son double*.
(9) A. Artaud, Un athlétisme effectif, dans *Le Théâtre et son double*.

Ainsi, le souffle crée-t-il l'unité des rapports entre la pensée et l'esprit telle que la définit la tradition yogique, comme combinaison des contraires. Ainsi écrit-il dans *Le Théâtre alchimique* : « L'opération théâtrale de faire de l'or, par l'immensité des conflits qu'elle provoque, par le nombre prodigieux des forces qu'elle jette l'une contre l'autre et qu'elle meut, par cet appel à une sorte de rebrassage essentiel débordant de conséquences et surchargé de spiritualité, évoque finalement à l'esprit une pureté absolue et abstraite (10)... »

Car le théâtre, comme la poésie, sont pour Artaud le moyen de retourner à l'esprit en faisant voler en éclats l'habitude du quotidien : « Ces symboles qui sont des forces mûres, mais jusque-là tenues en servitude, et inutilisables dans la réalité, éclatent sous l'aspect d'images incroyables qui donnent droit de cité et d'existence à des actes hostiles par nature à la vie des sociétés (11). »

Et, pour le poète, la crise européenne est significative de sa pauvreté intellectuelle présente : « Si l'Europe conçoit la culture comme un vernis, c'est qu'elle a oublié ce que fut la culture aux époques où elle existait vraiment ; les mots ont en effet une signification rigoureuse, et il n'est pas possible d'extirper du mot culture son sens profond, son sens de modification intégrale, magique même pourrait-on dire, non de l'homme mais de l'être dans l'homme, car l'homme vraiment cultivé porte son esprit dans son corps et c'est son corps qu'il travaille par la culture, ce qui équivaut à dire qu'il travaille en même temps son esprit (12). »

Mais c'est, bien sûr, surtout dans la relation de son initiation *tarahumara* et du rite du peyotl qu'Artaud révèle son intuition métaphysique de la vie, qu'il nous « reverse de l'autre côté des choses », comme lui-même le fut : « Le peyotl ramène le moi à ses sources vraies. Sorti d'un état de vision pareille, on ne peut plus comme avant confondre le mensonge avec la vérité. On a vu d'où l'on vient et qui l'on est, et on ne doute plus de ce que l'on est... Mais il y a dans l'être humain un autre plan, celui-là obscur, informe, où la conscience normale n'est pas entrée, mais qui l'entoure comme d'un prolongement inéclairci ou d'une menace... Et le peyotl est la seule barrière que le Mal trouve de ce côté (13). »

---

(10) A. Artaud, *Le Théâtre alchimique* dans *Le Théâtre et son double, op. cit.*
(11) *Ibid.*
(12) A. Artaud, *Bases universelles de la culture.*
(13) *Le Rite du peyolt chez les Tarahumaras : Les Tarahumaras.*

Ce qu'Artaud apprend chez les Indiens, c'est à retrouver le respect du nom de Dieu « Vécu » et l'approche de la transcendance ; « Il y a, dit-il (il s'agit d'un Indien qui parle), dans tout homme un vieux reflet de Dieu où nous pouvons encore contempler l'image de cette force d'infini qui un jour nous a lancés dans une âme et cette âme dans un corps et c'est à l'image de cette Force que le peyotl nous a conduits parce que Ciguri nous rappelle à lui (14). » Dans cette sierra *tarahumara* (qu'il déclare avoir été visitée par les Rois Mages), au sein de cette race rouge, Race-Principe dit-il et descendant des antiques Atlantéens, Artaud est révélé au souffle de l'esprit à l'état sauvage (qu'on nous pardonne l'expression). Comme plus tard, pour Carlos Castaneda, il survient une révélation en toute conscience, qui n'est d'ailleurs pas étrangère aux rites chamaniques des vieux sorciers indiens, mais où l'on retrouve aussi la pensée fondamentale, déchirante d'Artaud, son vieux fond dualiste absolu : « Mais une chose par-dessus tout me frappa dans leur manière de se menacer, de se fuir, de s'entrechoquer... C'est que ces principes n'étaient pas dans le corps, ne parvenaient pas à toucher le corps, mais demeuraient obstinément comme deux idées immatérielles suspendues en dehors de l'Etre, opposées depuis toujours à Lui, et qui se faisaient d'autre part leur corps propre, un corps où l'idée de matière est volatilisée par Ciguri (15). »

Qu'Artaud ait voulu assumer un destin de catalyseur, de pôle de la révolte intellectuelle et poétique vécue dans un Occident refermé sur ses propres aberrations, qu'il ait accepté l'asile, au nom, comme il le dit, « de l'honneur humain », marque certainement le moment où le mythe entre dans sa vie, mais un mythe activé, dense et incisif, tout autant que sa langue adamantine, telle du moins que le révèle la Danse du peyotl : « Je n'avais pas vaincu à force d'esprit cette invincible hostilité organique, où c'était moi qui ne voulais plus marcher, pour en ramener une collection d'imageries périmées... Il fallait désormais que le quelque chose d'enfoui derrière cette trituration pesante et qui égalise l'aube à la nuit, ce quelque chose fût tiré dehors, et qu'*il servît,* qu'il servît justement par mon *crucifiement* (16). »

---

(14) *Ibid.*
(15) *La Danse du peyotl,* dans *Les Tarahumaras, op. cit.*
(16) *Ibid.*

La Beat Generation et le Psychédélisme

Si le mouvement américain des années 50, appelé la Beat Generation, et qui marque le début de la révolte spontanée et poétique de la jeunesse contre la société moderne ; si la Beat Generation découvrit, durant ces années-là, une certaine sagesse orientale, ce fut bien justement pour s'en servir afin de se dégager du rôle uniquement social qu'offre la société américaine à chacun de ses ressortissants. Comme Ginsberg, Kerouac dans *On the road,* par exemple, propose cette errance existentialiste, liée à l'ivresse et l'hallucination contrôlée : « Be high » sera le mot d'ordre du détachement social : « Moloch ! Moloch ! Cauchemar de Moloch ! Moloch le sans amour ! Moloch, dont la pensée est mécanique pure ! Moloch, dont le sang est de l'argent qui coule (17) ! »

Et Kerouac, dans son *Credo et technique de la prose moderne,* écrit de la même façon : « Sois possédé d'une naïve sainteté de l'esprit... Accepte de tout perdre (18). »

La Beat Generation, ce refus de la culture déprimante et servile, débouchera aussi sur la porte de l'invisible, l'absorption d'hallucinogènes que certains, comme Charles Duits, préfèrent nommer lucidogènes, et à propos desquels le Dr L. Lewin dit : « Les aliments seuls exceptés, il n'est pas sur la terre de substances qui aient été aussi intimement associées à la vie des peuples, dans tous les pays et dans tous les temps (19). »

Certes, le *Rig-Veda* cite déjà le *soma,* l'*amrita,* ou breuvages sacrés d'« immortalité ». Bien qu'il s'agisse de tout autre chose dans le nouveau courant qui naît dans les années 60, le psychédélisme et le mouvement « hippie » retrouvent, dans l'absorption de drogues, une vision dilatée de la vie. Eclatement, fusion des corps, des consciences, qui ouvrent, semble-t-il, la possibilité d'une désintégration positive ou négative selon chacun : « Un million de soleils naissent en éclatant / un libre pas de cercle autour de moi sauf mon propre désir / je tiens l'embryon de la foudre entre mes bras (20)... »

Que penser de telles expérimentations, sinon qu'elles présentent un double aspect, paradisiaque ou infernal, lucidogène ou

---

(17) A. Ginsberg, cité par J.-J. Lebel, *La Poésie de la Beat Generation,* Denoël.
(18) J. Kerouac, cité par D. Odier et Marc de Smedt, *Les Mystiques orientales,* CAL.
(19) Dr L. Lewis, *Phantastica,* Edit. Payot.
(20) G. Andrews, cité par J.-J. Lebel, *op. cit.*

abrutissant. Tout tient dans le but et l'attitude profonde de l'expérimentateur, et, comme l'écrit Alan Watts dans *Joyeuse Cosmologie,* « au sens le plus strict, les drogues ne communiquent pas plus de sagesse que le microscope la connaissance. Elles procurent, tout au plus, les matières premières de la sagesse et sont utiles dans la mesure où l'individu peut intégrer ce qu'elles révèlent dans le cadre de sa conduite, dans le système global de ses connaissances (21). »

Ce que peut apporter la prise d'hallucinogènes, selon lui, c'est l'aide expérimentale à une connaissance venant des sources traditionnelles, aidant à un nouveau mode de pensée et de vivre, afin d'éviter le dessèchement de l'âme qui guette notre civilisation. Ces sources, que Watts retrouve dans le *zen* ou le *tao,* il les exprime ainsi : « Car l'illumination, ou accord conscient avec le tao, ne peut survenir aussi longtemps qu'on la considère comme un état particulier à obtenir et pour lequel il existerait critères et norme. L'illumination, c'est d'abord la liberté d'être le raté que l'on est. Aussi invraisemblable qu'elle paraisse, c'est sur cette liberté amorale et démesurée que repose tout accomplissement spirituel (22). »

Bien sûr, nous sommes loin, ici, d'un apprentissage initiatique orthodoxe, ou même d'une quelconque discipline spirituelle. Aussi bien, répétons-nous qu'il ne s'agit plus, dans ces nouveaux courants, d'une recherche de la Connaissance, mais d'une dévotion, d'un nouveau mode de pensée qui se cherche. Ce qui apparaît confirmé par Huxley lorsqu'il écrit dans *Les Portes de la perception :* « Je ne suis pas assez sot pour égaler ce qui se produit sous l'influence de la mescaline ou de toute autre drogue préparée... à la prise de conscience de la fin et du but ultime de la vie humaine : l'illumination, la vision de la béatitude. Tout ce que je hasarde, c'est que l'expérience de la mescaline est ce que les théologiens catholiques appellent une grâce gratuite, non nécessaire au salut, mais utile en puissance et qu'il faut accepter avec gratitude si elle devient disponible (23). » Aldous Huxley, par ailleurs dénonciateur de notre civilisation aberrante, a tenté d'intégrer enseignements orientaux et vision dissociée de la vie quotidienne : « Il se retourna et, appuyé sur la canne, il contempla la place du marché... Sous la clarté des lampes à arc, la mairie brillait rose, tel un monumental sorbet à la framboise. Sur la tour

---

(21) A. Watts, *Joyeuse Cosmologie,* Fayard, coll. Documents spirituels.
(22) A. Watts, *Amour et Connaissance,* Ed. Denoël-Gonthier.
(23) A. Huxley, *Les Portes de la perception,* Ed. Pygmalion.

du temple, on pouvait distinguer chaque détail de l'exubérant chaos de sculpture indienne — éléphants, démons, femmes aux fesses et aux seins monstrueux, Shiva gambadant, rangées de Bouddha passés et à venir, perdus dans une extase paisible (24). »

Dans le même esprit s'inscrit aussi l'œuvre de Hermann Hesse, qui connut, après sa mort, un fantastique succès auprès des jeunesses occidentales. Hermann Hesse, lui aussi, voulut créer un humanisme nouveau, fondé sur des valeurs qui ne fussent pas celles que nous connaissons actuellement. Ami de Romain Rolland (qui écrivit une *Vie de Ramakrishna* fort connue) Hermann Hesse se caractérise par un pacifisme et une recherche de la sérénité intérieure, que l'on peut juger certes diversement. Mais toutefois, avec *Le Loup des steppes* et *Demian,* il correspondait à ce que la jeunesse des dernières années attendait : ce refus de la vie profane et le désir de vivre « en dehors ». Tous ces auteurs, tous ces mouvements ne rappellent-ils pas d'ailleurs le vieux rêve des sectes gnostiques des premiers siècles ? Désir de vivre marginalement à toute société établie, amour « libéré », religion tournée vers une connaissance fondée plus sur la recherche extatique que sur une discipline orthodoxe et traditionnelle : ainsi peuvent être caractérisés, semble-t-il, les divers mouvements déjà évoqués. Ce que déclare le personnage de Pistorius, dans *Demian,* semble le confirmer : « Contemplez le feu, contemplez les nuages, et dès que les pressentiments seront venus et que la voix de votre âme commencera à parler, écoutez-les, sans vous demander auparavant si cela plaît à monsieur le professeur ou à monsieur votre papa, ou à un bon Dieu quelconque, car de cette façon, l'on nuit à soi-même... notre Dieu se nomme Abrasax, et il est Dieu et Satan à la fois... Abrasax n'est contraire à aucune de vos pensées, à aucun de vos désirs (25)... »

Cette volonté de s'exposer à la fois au divin et au démoniaque, de traverser le chaos pour mériter un accomplissement, c'est bien la caractéristique propre aux tendances gnostiques, enrichissantes et dangereuses, si toutefois elles ne débouchent sur aucun contrôle. Le même Hermann Hesse n'est pas dupe, par ailleurs, des menaces qui pèsent sur le monde moderne : « Nous approchons d'une ère critique... le monde s'apprête, une fois de plus, à déplacer son centre de gravité. » Or, le centre de gravité, en matière de spiritualité, n'est-ce pas, précisément, l'Orient ? Le fait que la recherche de nouvelles tentatives soit née d'une « vague »

---

(24) A. Huxley, *L'Ile,* Ed. Plon.
(25) H. Hesse, *Demian,* Ed. Stock, Le cabinet cosmopolite.

orientalisante est pourtant un fait significatif : l'on doit bien s'avouer que l'Orient aujourd'hui se déplace et vient à l'Occident. L'auteur, dans *Le Voyage en Orient,* décrit la situation de la recherche spirituelle contemporaine : « Le goût était alors très répandu des secrets et des cultes de l'Inde, de l'ancienne Perse et d'autres pays d'Orient, et de là est venu que notre ordre, dont l'origine est si ancienne, soit apparu à la plupart comme une de ces hâtives floraisons du moment, et qu'au bout de quelques années, il soit tombé, en leur compagnie, soit dans l'oubli, soit dans le mépris et le décri (26). »

La « vague » orientale et les sectes

Car il est de fait que la mode indianisante de ces dernières années, qui s'est traduite, par ailleurs, par l'implantation de nombreuses sectes, n'a souvent présenté qu'une caricature des enseignements véritables. C'est ainsi que l'on vit la multiplication de mouvements dédiés à telle ou telle voie krishnaïte ou civaïte, tel intérêt soudainement affiché pour le taoïsme ou le tantrisme. Il ne peut donc être question d'accorder à ces formes nouvelles un intérêt en tant que tradition réelle ; par contre, elles témoignent d'un « manque » religieux occidental maintes fois évoqué au cours de cet ouvrage. De la même façon que toute une grande partie des illuministes du XVIIIe siècle se tournait vers « l'Eglise intérieure », on constate l'orientation vers une religiosité syncrétiste, comblant parfois un besoin profond de dévotion, mais plus souvent encore un amour de « soi ». En témoignent la création de groupes religieux, la multiplication d'*ashrams* dans l'Ancien et le Nouveau Monde. Plus tardivement, on assista à la venue de gurus, maîtres parfois douteux, tels guru Maharadji ou Maharishi Yogi. Enfin, ces derniers temps, chacun est sensibilisé par les agissements de groupes satanistes défrayant parfois la chronique, telle la « family » de Charles Manson, et l'aspect tellurique inquiétant de sectes où le douteux mélange (religieux) asiatico-chrétien sert de « couverture » à d'autres perspectives, ainsi qu'on le constate avec la secte *Moon*.

Nous l'avons dit, nous ne prétendons pas pouvoir opérer un tri quelconque dans cette prolifération de mini-sociétés, aussi diverses que nombreuses, où le pire côtoie souvent le meilleur. Comment

---

(26) H. Hesse, *Le Voyage en Orient,* Ed. Calmann-Lévy.

départager ces tendances, ces forces antagonistes, qui, au travers de ces sectes mêmes, poursuivent l'éternel combat de la spiritualité authentique et de sa parodie. Tri qui est justement rendu possible par les « germes » spirituels que la Providence et l'élite spirituelle laissent dans le sillon des âges.

Approchons-nous, comme l'écrit Edgar Morin, « d'une frontière, soit pour nous y briser, soit pour faire demi-tour, soit pour la franchir » ? « Rien n'est vraiment ouvert, rien n'est vraiment bouché, dit-il. Une nouvelle aventure est possible (27). » Et plus loin, concluant sur le problème majeur de l'homme, problème qui ne peut être résolu ni par la science, ni encore moins par ses dérivés technologiques, ni par la culture desséchée, le même auteur écrit : « L'homme porte le mystère de la vie qui porte le mystère du monde (27 bis). »

Rôle et nature de l'élite spirituelle

Quel est, en définitive, et dans une pareille perspective, le rôle de la Connaissance, et quel doit être le rôle de l'élite, sinon celui, préconisé par Julius Evola, de l'homme différencié au sein d'une pareille époque (comparable, selon le taoïsme, à celui qui chevauche le tigre : il ne peut ni n'en doit descendre, mais doit s'efforcer de le dompter). Loin donc de céder à l'attitude anarchique et abandonnée de la néo-religiosité, cet homme aura pour but de « se mesurer à la vie, dans un monde opposé au monde de la Tradition (28). » S'il ne peut se bercer d'illusions sur la possibilité d'une initiation telle que nous l'avons définie dans l'absolu, du moins pourra-t-il « se grandir » en observant les signes avant-coureurs du cataclysme, et en vivant, à l'exemple du sage, au sein du règne de la quantité et de la matérialité, afin d'en retirer tous les enseignements possibles, sans y participer vraiment (29). « Le désert grandit », dit le Zarathoustra de Nietzsche... « malheur

---

(27) E. Morin, *L'Homme et la Mort,* Ed. Le Seuil.
(27 bis) *Ibid.*
(28) Julius Evola, *Chevaucher le tigre,* Ed. La Colombe.
(29) Un des signes de notre époque étant aussi la quantité appliquée à l'être, et qui reste la plus grave faute contre l'Esprit. Ainsi lit-on dans l'*Ancien Testament :* « Satan s'éleva contre Israël, et il excita David à faire le recensement d'Israël. Alors David dit à Joab et aux chefs du peuple : " Allez, faites le recensement des Israélites, depuis Beer-Sheba jusqu'à Dan ; puis venez me faire connaître à combien s'élève leur nombre... " Ce recensement déplut à Dieu, qui frappa Israël. » Chroniques I, 21.

à celui qui recèle un désert... » Ainsi pourra-t-il se prévaloir de la distanciation, attribut de la vision profonde. Certes, il est assurément plus simple de parler de cette entreprise d'auto-édification que de la vivre en acte... Aussi précisons-nous qu'elle est celle du « sage » dans l'acceptation taoïste et, par là même, réservée à l'« élite » spirituelle :

> *Atteins à la suprême vacuité,*
> *et maintiens-toi en quiétude,*
> *devant l'agitation fourmillante des êtres*
> *ne contemple que leur retour* (30).

Pareil être, finalement, ne s'occupera pas de sauver ce qui tombe ; il n'y participera pas, mais s'efforcera toutefois de semer des « germes spirituels », sans faire pour autant œuvre de prosélytisme : « Ne donnez pas aux chiens ce qui est saint et ne jetez pas vos perles devant les pourceaux, de peur qu'ils ne les foulent aux pieds et que, se retournant, ils ne vous déchirent (31). » Il n'est pas question, non plus, de s'identifier au mythe de « l'humanité » ; l'adepte se préoccupant justement d'œuvrer d'abord en lui-même, avant de songer à autrui.

Pour être difficilement tenable, cette attitude sera bien celle du gnostique des derniers jours (32), et après tout, la Connaissance s'adresse bien toujours uniquement à l'être lucide et solitaire, et délivré aussi des poisons de l'espoir et des félicités vulgaires, car « cette intelligence, l'homme ne peut l'acquérir par une attitude évasive en prenant la fuite devant les choses pour se réfugier dans la solitude, loin du monde extérieur ; il faut, au contraire, qu'il fasse l'apprentissage d'une solitude intérieure, où qu'il se trouve et en quelque compagnie que ce soit (33) ».

Une telle perspective cosmique fait prendre conscience du caractère providentiel du message des « Grands Initiés ». Que se prépare-t-il, sinon la fin du présent *manvantara*, et la destruction de toute trace de passage humain ? Notre situation est semblable en beaucoup de points à celle de l'humanité pré-diluvienne : « Je

---

(30) Tao Tö-king, *op. cit.*
(31) Evangile selon saint Matthieu : VII, 6.
(32) Voilà qui contredit catégoriquement toutes les pseudo-spiritualités évolutionnistes, de Blavatsky à Teilhard de Chardin, en passant par l'Anthroposophisme de Steiner, etc. L'évolutionnisme, restant dans le domaine psychique, participe en réalité bien peu de ce dont il se réclame, la spiritualité authentique, par nature métaphysique au sens exact du terme.
(33) Maître Eckhart, *Traités et sermons*, Ed. Montaigne.

ferai venir sur la terre le déluge, l'inondation, pour détruire sous le ciel toute créature animée du souffle de la vie : tout ce qui est sur la terre périra. » (Genèse VI, 17). Comme Noé construisit l'Arche d'Alliance, où furent sauvés les représentants des espèces terrestres, les Grands Initiés ont, eux aussi, contribué à construire la Nouvelle Arche d'Alliance, où sont d'ores et déjà déposés les germes spirituels futurs du prochain Age d'Or, qui apparaîtra après le cataclysme.

Dès maintenant, le pôle spirituel s'est déplacé en quittant l'Orient condamné ; le nouveau centre se tiendra à nouveau au Nord hyperboréen et polaire, ainsi que le nouvel *Agarttha*. C'est pour cette raison que les textes insistent sur la Grande Bataille de *Shambala* (entre les forces du Bien et les forces du Mal) où, pour la première fois, le Roi du Monde se montrera à tous. L'Orient et l'Occident sont aussi et dès à présent des concepts géographiques et culturels dépassés : dans le prochain cycle cosmique, tout au moins dans son Age d'Or, l'axe spirituel, l'orientation donc, sera hyperboréenne, symbolisée par le *Mont Meru* reliant le Ciel et la Terre.

La fin de notre cycle va subir, nous le savons, une occultation, suivie d'une « remanifestation » : le Taureau du *Dharma,* après s'être écroulé, reposera à nouveau sur la Terre, et l'Esprit soufflera à nouveau sur les eaux.

« Bien que je sois le non-né, bien que je sois impérissable dans Mon existence propre, bien que je sois le Seigneur de toutes les existences, cependant je repose sur Ma propre nature... » déclare Krishna dans la *Gita* (IV, 6) (34).

Mais pour les êtres du futur Age d'Or, les germes spirituels actualiseront alors notre passage au sein de l'Océan cosmique. Dans les espaces infinis, la Nuit marchera sur la Nuit, et dans les souffles tourbillonnants du Temps réactualisé, les voix et les présences actuelles sortiront à nouveau de l'Arche, descendront du Nord essentiel, vers les plaines de l'humanité :

« Au milieu de la place de la ville et sur les deux bords du fleuve se trouve l'arbre de vie, qui donne douze récoltes, produisant ses fruits chaque mois ; et les feuilles de cet arbre sont pour la guérison des nations. Il n'y aura plus d'anathème ; le trône de Dieu et de l'Agneau sera dans la ville ; ses serviteurs le serviront ; ils verront sa face, et son nom sera sur leurs fronts. » (Apocalypse, XXII, 1-5).

---

(34) *Bagavad-Gita,* trad. et commentaires de Sri Aurobindo, *op. cit.*

BIBLIOGRAPHIE

I. *« Les Grands Initiés »* : *Oeuvres principales.*

Nous ne citons dans cette bibliographie que les ouvrages essentiels dont nous nous sommes servis, ou que nous signalons à titre d'orientation de lecture.
Ne figurent pas ici les dates des éditions originales.

FABRE D'OLIVET :
Lettres à Sophie sur l'histoire, Ed. Lavilette et Cie, Paris 1801.
La Langue hébraïque restituée, Ed. La Proue, coll. Delphica, Lausanne 1971.
La Musique, considérée comme science et comme art (inachevé), Ed. La Proue, coll. Delphica, Lausanne 1972.
La Vraie Maçonnerie ou la Céleste Culture, Ed. La Proue, coll. Delphica, Lausanne 1973.
Histoire philosophique du genre humain (2 tomes), Editions Traditionnelles, Paris 1974.

GUENON RENE :
Introduction générale à l'étude des doctrines hindoues, Ed. Véga, Paris, 1952.
*La Grande Triade,*Gallimard, coll. Traditions, Paris 1957.
Orient et Occident, Ed. Véga, Paris 1964.
Etudes sur la Franc-Maçonnerie. Ed. Traditionnelles, Paris 1965.
Le Théosophisme, histoire d'une pseudo-religion, Ed. Traditionnelles, Paris, 1965.
Initiation et réalisation spirituelle, Ed. Traditionnelles, Paris 1967.
Le Règne de la quantité et les signes des temps, Gallimard, coll. Idées, Paris 1970.
L'Erreur spirite, Ed. Traditionnelles, Paris 1972.
Le Roi du monde, Gallimard, coll. Traditions, Paris 1973.
Aperçus sur l'ésotérisme islamique et le taoïsme, Gallimard, coll. Les Essais, Paris 1973.
L'Homme et son devenir selon le Vedanta, Ed. Traditionnelles, Paris 1974.

La Crise du monde moderne, Gallimard, coll. Idées, Paris 1975.
Mélanges (recueils d'articles), Gallimard, coll. Les Essais, Paris 1976.
Aperçus sur l'ésotérisme chrétien, Ed. Traditionnelles, Paris 1976.

EVOLA JULIUS :
— Oeuvres traduites

Doctrine de l'éveil, Trad. Pierre Pascal, Ed. Adyar, Paris 1956.
Tradition hermétique, Trad. Yvonne J. Tortat, Ed. Traditionnelles, Paris 1963.
Chevaucher le tigre, Trad. Gabriel Robinet, Ed. La Colombe, Paris 1964.
La Métaphysique du sexe, Trad. Yvonne J. Tortat, Ed. Payot, Paris 1968.
Les Hommes et les Ruines, Ed. Les Sept Couleurs, Paris 1972.
Masques et Visages du spiritualisme contemporain, Trad. Pierre Pascal, Ed. de l'Homme, Montréal 1972.
Révolte contre le monde moderne, Ed. de l'Homme, Montréal 1972.
Le Yoga tantrique, Trad. Gabriel Robinet, Fayard, Documents spirituels, Paris 1973.
Le Mystère du Graal et l'idée impériale gibeline, Trad. Yvonne J. Tortat, Ed. Traditionnelles, Paris 1974.

— Oeuvres non traduites

Saggi sull'idealismo magico, Todi 1925.
Introduzione a la magia quale scienza dell'Io, 1927-1929.
L'Individuo e il divenire del mondo, Roma 1930.
Sintesa d'una dottrina della razza, Milano 1941.
Il Mito del sangue, Milano 1942.
Lo Yoga della potenza, Milano 1949.
Il Fascismo, saggio di una analysa critica del punto di vista della Dresta, Note sul 3° Reiche. Roma. G. Volpe 1970.

CROWLEY ALEISTER
— Oeuvres non traduites

Moonchild, London 1929.
Magick in theory and practice, Edited by Samuel Weisser, New York 1969.
The Confessions of Aleister Crowley. An autohagiography, Edited by John Symonds and Kenneth Grant, London 1969.
The Magical Record of the Beast 666, Edited by John Symonds and Kenneth Grant, London 1972.

The Complete Astrological Writings, Edited by John Symonds and Kenneth Grant, London 1974.
The Book of Law.
The Book of Thoth.

GURDJIEFF GEORGES IVANOVITCH
Récits de Beelzébuth à son petit-fils, Janus, Paris 1956.
Rencontre avec des hommes remarquables, Julliard, Paris 1960.

II. *Bibliographie générale.*

Figurent ici les ouvrages cités dans le cours du texte et ceux pouvant servir d'orientation de lecture.

ABELLIO RAYMOND
Numéro spécial Guénon, Planète Plus, avril 1970.
La Fin de l'ésotérisme, Flammarion, Paris 1972.

ALLEAU RENE
Introduction au Dictionnaire hermétique, Bibliothèque hermétique, Denoël, Paris 1972.

AMADOU ROBERT :
L'Illuminisme au XVIIIe siècle, Dans La Tour Saint-Jacques, n°II, III, IV, Paris 1960.

ANAGARIKA GOVINDA (LAMA) :
Les Fondements de la mystique tibétaine, Coll. Spiritualités vivantes, Albin Michel, Paris 1976.

ANTEBI ELIZABETH :
Ave Lucifer, Calmann Levy, Paris 1970.

ARTAUD ANTONIN :
L'Ombilic des Limbes (tome I). Oeuvres Complètes, Gallimard, Paris 1963.
Le Théâtre et son double (tome IV). Oeuvres Completes, Gallimard, Paris 1965.
Fausse supériorité des élites, Notes sur les cultures orientales (tome VIII). O.C. Gallimard, Paris 1971.
Voyage au Pays des Tarahumaras (tome V). O.C. Gallimard, Paris 1971.

AUROBINDO SRI :
Bagavad Gita, Trad. et commentaires, Albin Michel, Paris 1974.

BARDO-THODOL :
Ed. Maisonneuve (Evans-Wentz), Paris 1972.

BENOIST LUC :
L'Esotérisme, Ed. P.U.F., « Que sais-je », Paris 1975.

BERDIAEFF NICOLAS :
Vérité et Révélation, Ed. Delachaux et Nieslé, Neuchatel, Paris 1954.

BESANT ANNIE :
Les Lois fondamentales de la théosophie, Conférence d'Adyar 1910, Ed. Publications théosophiques, trad. G. Revel, Paris 1911.

BIES JEAN :
René Daumal, Ed. Seghers, « Poètes d'Aujourd'hui », Paris 1973.

BLAVATSKY H.P. :
Isis dévoilée, Trad. P. Thorin, Ed. Adyar, Paris 1871.

BOEHME JACOB :
De la triple vie de l'homme, Ed. Migneret, Paris 1809.

BROSSES MARIE-THERESE (de) :
Entretiens avec Raymond Abellio, Ed. Belfond, « Entretiens », Paris 1956.

CELLIER LEON :
Fabre d'Olivet. Contribution à l'étude des aspects religieux du Romantisme, Ed. Nizet, Paris 1953.
Introduction et notes à La vrai Maçonnerie ou La Céleste Culture, Ed. La Proue, coll. Delphica, Lausanne 1973.

CHACORNAC PAUL :
Eliphas Lévi, Chacornac Frères, 1926.
Voile d'Isis, n°150, 1932.
La Vie simple de René Guénon, Ed. Traditionnelles, Paris 1958.
Grandeur et adversité de Jean Trithème, Ed. Traditionnelles, Paris 1973.

COOMARASWAMY A.K. :
Hindouisme et Bouddhisme, Gallimard, Idées, Paris 1968.

COURT DE GEBELIN ANTOINE :
Le Monde primitif, analysé et comparé avec le monde moderne considéré dans son génie allégorique et dans les allégories auxquelles conduisit ce génie, Paris 1793.

DAUMAL RENE :
Le Mont analogue, Gallimard, Paris 1952.

DECOTTIGNIES JEAN :
Prélude à Maldoror, Armand Colin, Paris 1973.

DESJARDINS ARNAUD :
Opinion d'un pèlerin. Numéro spécial « Ramakrishna », Planète Plus, Paris février 1970.

DURING JEAN :
Numéro spécial *René Guénon*, Planète Plus, Paris, avril 1970.

ECKHART MAITRE :
Traités et Sermons, Ed. Montaigne, Paris 1942.

ELIADE MIRCEA :
Le Yoga, Payot, Paris 1954.
Histoire des Religions, Ed. Payot, Paris 1974.

ENCAUSSE PHILIPPE :
Papus, sa vie, son œuvre, Ed. O.C.I.A. Paris 1948.
Article dans La Tour Saint-Jacques, « *L'Illuminisme au XVIIIe siècle* », Paris 1960.

FABRE DES ESSARTS :
Les Hiérophantes, Chacornac, Paris 1905.

FAIVRE ANTOINE :
L'Esotérisme au XVIIIe siècle, Ed. Seghers, La Table d'Emeraude, Paris 1973.

FOUCHET MAX-POL :
L'Art amoureux des Indes, Ed. Gallimard, Idées-Arts, Paris 1957.

FRERE JEAN-CLAUDE :
René Guénon, numéro spécial Planète Plus, Paris 1970.
L'Occultisme, Ed. Grasset, *Histoire des Personnages mystérieux et des sociétés secrètes*, Paris 1974.

FULCANELLI :
Les Mystères des cathédrales, J.J. Pauvert, Paris 1970.

GERSON WERNER :
Le Nazisme, société secrète, Belfond, coll. Initiation et Connaissance, Paris 1976.

GRAD A.D. :
Le Temps des Kabbalistes, Ed. A la Baconnière, Neuchâtel 1967.

GUYON RENE :
Anthologie bouddhique, Ed. Crès, Paris 1939.

HARTMANN THOMAS (de) :
Notre vie avec Gurdjieff, Planète, Paris 1968.

HATHA - YOGA - PRADIPIKA :
Trad. Tara Michaël, Fayard, Documents spirituels, Paris 1973.

HESIODE :
Les Travaux et les Jours. Texte établi et traduit par P. Mazou, « Les Belles Lettres », Paris 1967.

HESSE HERMAN :
Demian, Stock, Paris 1974.
Le Voyage en Orient, Calmann-Levy, Paris 1976.

HUTIN SERGE :
Aleister Crowley, Marabout, coll. Univers secrets, Paris 1973.

HUXLEY ALDOUS :
L'Ile, Plon, Paris 1963.
Les Portes de la perception. Pygmalion, Paris 1975.

IDRIES SHAH :
Les Soufis et l'ésotérisme, Payot, coll. Aux confins de la science, Paris 1972.

KARDEC ALLAN :
Le Livre des médiums, Ed. Leymairie, Paris 1912.
La Genèse, les Miracles et les Prédictions selon le spiritisme, Bibliothèque de philosophie spirite, Paris 1923.
Le Livre des esprits, Ed. du Griffon d'Or, Paris 1947.

KING FRANCIS :
Magie, Le Seuil, Paris 1975.

KINGSFORD ANNA :
La Voie parfaite : The perfect way of the finding of Christ, Ed. Field and Tuer, Londres 1890.

KIRCHER ATHANASE :
De la Chine, Paris 1660.

LANDAU ROM :
Dieu est mon aventure, Ed. de l'Arche, Paris 1952.

LANTIER JACQUES :
Le Spiritisme, Grasset, Paris 1971.

LEADBEATER :
L'Occultisme dans la nature, Entretiens d'Adyar, Publications théosophiques, trad. G. Revel, Paris 1911-1913.

LEBEL JEAN-JACQUES :
La Poésie de la Beat Generation, Denoël, Paris 1965.

LEROUX PIERRE :
La Grève de Samarez.

LEVI ELIPHAS :
Histoire de la Magie, Ed. Baillière, Paris 1860.
Le Grand Arcane ou l'occultisme dévoilé, Ed. Chamule, Paris 1898.
Dogme et Rituel de haute magie, Ed. Niclaus, Paris 1960.

LEWIN L. :
Phantastica, Payot, Paris 1970.

LOVECRAFT :
Démons et merveilles, Bibliothèque 10/18, n°72.

MARCY GUY :
Tiphaigne de la Roche, magicien de la raison, Ed. Le Méridien, Rodez/Montpellier 1972.

MARQUES RIVIERE JEAN :
Histoire des doctrines ésotériques, Payot, Paris 1971.

MASSON HERVE :
Dictionnaire initiatique, Belfond, Sciences secrètes, Paris 1970.

MATZNEFF Gabriel :
Le Dieu intérieur, Numéro spécial « Jung », Planète Plus, Paris novembre 1970.

MASSUI JACQUES :
Article dans *Les cahiers de l'Homme-Esprit*, n°3, Paris 1973.

MATGIOI :
La Voie métaphysique, Ed. Traditionnelles, Paris 1956.
La Voie rationnelle, Ed. Traditionnelles, Paris 1957.

MEYRINK GUSTAV :
L'Ange à la fenêtre d'Occident, Ed. La Colombe, Paris 1962.

MILLET YVES :
Article dans *Les Cahiers de l'Homme-Esprit*, n°3, Paris 1973.

MORIN EDGAR :
L'Homme et la mort, Le Seuil, Paris 1971.

NEEL ALEXANDRA-DAVID :
Mystiques et Magiciens du Tibet, Plon, Paris 1929.
Initiations lamaïques, Ed. Adyar, Paris 1930.
Les enseignements secrets dans les sectes bouddhistes tibétaines, Adyar, Paris 1950.

NELLI RENE :
Dictionnaire des hérésies méridionales, Ed. Privat, Toulouse 1968.
Préface à *Croisade contre le Graal*, d'Otto Rahn, Ed. Stock, coll. Monde Ouvert, Paris 1974.

NOVALIS :
Henri d'Ofterdingen, 10/18, Paris 1967.

ODIER DANIEL et SMEDT MARC (de) :
Les Mystiques orientales, C.A.L., Paris 1972.

OSSENDOWSKY FERDINAND :
Bêtes, Hommes et Dieux, Ed. Plon, Paris 1924.

OUSPENSKY P.D. :
Fragment d'un enseignement inconnu, Trad. Philippe Lavastine, Ed. Stock, Paris 1974.

PAPUS :
Le Diable et l'Occultisme, Ed. Chamuel, Paris 1895.
Traité des sciences occultes, Ed. Dangles, Paris 1969.

PASCAL PIERRE :
Avertissement de la Doctrine de l'éveil, de J. Evola. Ed. Adyar, Paris 1956.

PASQUALLY MARTINEZ (de) :
Traité de la réintégration des Etres, Ed. Traditionnelles, Paris 1974.

PASSE SANS PORTE :
Editions Traditionnelles.

PAUWELS LOUIS :
Monsieur Gurdjieff, Le Seuil, Paris 1971.

PERNETY DOM :
Dictionnaire hermétique, Bibliotheca Hermetica, Denoël, Paris 1972.

PINASSEAU :
Documents pour servir à une biographie de Fabre d'Olivet. Extrait du Bulletin de l'histoire du Protestantisme n°3, Paris juillet septembre 1931.

PLATON :
Timée. Traduit et établi par Albert Rivaud. Les Belles Lettres Paris 1963.

RAHN OTTO :
Croisade contre le Graal, Ed. Stock, Le cabinet cosmopolite, trad. R. Pitrou, Paris 1974.

RAWSON PHILIP :
Le Tantrisme, Le Seuil, Paris 1973.

REMORA LOYS (de) :
Les Doctrines et les Pratiques du spiritisme, Guyot, Paris 1894.

RIBADEAU-DUMAS FRANÇOIS :
Histoire de la Magie, Belfond, Sciences secrètes, Paris 1970.

RIMBAUD ARTHUR :
Une Saison en enfer, Oeuvres Complètes, Gallimard « La Pléiade », Paris 1963.

SAINT-YVES D'ALVEYDRE :
Mission des Juifs, Calmann-Lévy, Paris 1884.
Pro Domo, Calmann-Lévy, Paris 1887.
Mission de l'Inde en Europe, Ed. Dorbon aîné, Paris 1910.

SAUNIER JEAN :
La Synarchie, Ed. Grasset, *Histoire des personnages mystérieux et des sociétés secrètes*, Paris 1971.

SAURAT DENIS :
Article dans *Monsieur Gurdjieff*, Paris 1971.

SCHAEFFER PIERRE :
Article dans *Monsieur Gurdjieff*, Paris 1971.

SCHURE EDOUARD :
Les Grands Initiés, Librairie Perrin, Paris 1960.

SCHUON FRITHJOF :
L'œil du cœur, Ed. Gallimard, 1950, coll. Traditions.
Unité transcendantale des religions, Ed. Gallimard, coll. Traditions, Paris 1968.
Numéro spécial *René Guénon*, Planète Plus, Paris avril 1970.

SEDIR :
Introduction à *Histoire philosophique du genre humain*, de Fabre d'Olivet, Ed. Traditionnelles, Paris 1974.

SERANT PAUL :
Au seuil de l'ésotérisme, Ed. Grasset, Paris 1955.
Numéro spécial *René Guénon*, Planète Plus, avril 1970.

TANNER ANDRE :
Gnostiques de la Révolution, tome 2. Choix de textes et notes. Luf-Egloff, Paris-Fribourg 1946.

TAO-TO-KING :
Trad. Liou-Kia-Hway, Gallimard, Idées, Paris 1967.

THOUBTEN NORBOU :
Le Tibet, Stock, Paris 1968.

TOURNIAC JEAN :
Propos sur René Guénon, Dervy-Livres, Paris 1973.

UPANISHAD MANDUKYA :
Cité dans *L'Hindouisme. Textes et traditions sacrés*, Fayard-Denoël, coll. Trésors spirituels de l'humanité, Paris 1972.

VARENNE JEAN :
Les Upanishad du Yoga, Gallimard, Idées, Paris 1967.

VIATTE ALEXANDRE :
Les Sources occultes du Romantisme, Ed. Champion, Paris 1928.

VICTOR PIERRE :
Aleister Crowley et sa Magie, dans La Tour Saint-Jacques n°11-12, Paris 1957.

VULLIAUD PAUL :
Sepher di Tzeniutha. Le livre secret. Ouvrage essentiel du Sepher-ha-zohar, Ed. Nourry, Paris 1930.

WALDBERG MICHEL :
Gurdjieff, Ed. Seghers, La Table d'Emeraude, Paris 1973.

WATTS ALAN :
Amour et connaissance, Denoël-Gonthier, Paris 1971.
Joyeuse Cosmologie, Fayard, Documents spirituels, Paris 1971.

WEISS JACQUES :
La Synarchie, Robert Laffont, coll. Les Portes de l'étrange, Paris 1976.

L'IMPRESSION ET LE BROCHAGE DE CE LIVRE
ONT ÉTÉ EFFECTUÉS PAR FIRMIN-DIDOT S.A.
POUR LE COMPTE DES ÉDITIONS BELFOND
ACHEVÉ D'IMPRIMER LE 13 JUIN 1978

Imprimé en France
Dépôt légal : 2ᵉ trimestre 1978 — N° d'impression : 141